Introduction to Modern Intellectual Property Law

现代知识产权法概论

（第四版）

曲三强 ◎ 主编

北京大学出版社
PEKING UNIVERSITY PRESS

图书在版编目（CIP）数据

现代知识产权法概论/曲三强主编. —4 版. —北京：北京大学出版社，2023.6
ISBN 978-7-301-34054-7

Ⅰ．①现⋯　Ⅱ．①曲⋯　Ⅲ．①知识产权法—中国—高等学校—教材
Ⅳ．①D923.4

中国国家版本馆 CIP 数据核字（2023）第 099891 号

书　　　　名	现代知识产权法概论（第四版）
	XIANDAI ZHISHICHANQUANFA GAILUN（DI-SI BAN）
著作责任者	曲三强　主编
责 任 编 辑	孙战营
标 准 书 号	ISBN 978-7-301-34054-7
出 版 发 行	北京大学出版社
地　　　　址	北京市海淀区成府路 205 号　　100871
网　　　　址	http://www.pup.cn
新 浪 微 博	@北京大学出版社　　@北大出版社法律图书
电 子 信 箱	编辑部：law@pup.cn　总编室：zpup@pup.cn
电　　　　话	邮购部 010-62752015　发行部 010-62750672　编辑部 010-62752027
印 刷 者	北京溢漾印刷有限公司
经 销 者	新华书店
	730 毫米×980 毫米　16 开本　14 印张　290 千字
	2013 年 9 月第 1 版　2014 年 8 月第 2 版
	2015 年 8 月第 3 版
	2023 年 6 月第 4 版　2024 年 6 月第 2 次印刷
定　　　　价	39.00 元

本书编委会

主　编　曲三强

副主编　孙国瑞　陶　乾

编委会　(姓氏笔画)

仇蕾安　曲三强　朱　冬　孙国瑞　李　华

杨华权　侯仰坤　郭德忠　陶　乾

第四版说明

　　本教材 2013 年 9 月初版,2014 年 8 月和 2015 年 8 月两次再版,一直用于北京理工大学本科生必修课"知识产权法基础"教学。现基于使用过程中收到的授课教师和学生的有益建议,及在此期间知识产权法在理论和实务领域的变动发展,编委会决定于 2022 年启动本教材的第三次改版工作,2023 年 5 月成稿。2019 年《商标法》的第四次修正、2020 年《著作权法》的第三次修正、2020 年《专利法》的第四次修正、《中华人民共和国国民经济和社会发展第十四个五年规划和 2035 年远景目标纲要》对知识产权保护作出的部署等内容,均在本教材中有所体现,为知识产权法的教学提供理论和实践的最新动态。

　　本次修订由曲三强教授主持,陶乾教授负责全书各章节的修订工作。

　　真诚希望读者继续对本教材提出批评改进意见。

曲三强

2023 年春于北理法学院

第三版说明

    本教材 2013 年 9 月初版,2014 年 8 月再版,一直用于北京理工大学本科生必修课"知识产权法基础"教学之用,在使用过程中收到了授课教师和学生的有益意见,编委会认为有必要将这些意见反映到书稿中,故于 2015 年 6 月启动教材的第三次改版工作,8 月成稿。教材的本次修订除吸收教学实践中的有益意见外,还反映了 2014 年 8 月再版后我国知识产权法理论和实践的最新进展,如:全国人大常委会决定在北京、上海、广州设立知识产权法院;《专利法》第四次修改等。

    本次修订由主编曲三强教授主持,孟兆平博士负责全书各章节的修订工作。

    真诚希望读者继续对本教材提出批评改进意见。

曲三强

2015 年夏于北理法学院

第二版说明

本教材自 2013 年 9 月初版印刷后，首先使用于北京理工大学 2013 级本科生必修课"知识产权法基础"。承蒙读者厚爱，本教材在过去的一段时间内进行了多次印刷，在印刷时未对本教材内容进行变动。

为贯彻 2014 年 5 月 1 日施行的修改后的《商标法》，国务院公布了修订后的《商标法实施条例》，并与新商标法同步实施。作者根据上述变化的内容对教材中的相关部分进行了修改。同时结合实际教学中教师及学生的反馈，作者在本次修订中对教材的章节和内容进行了增删，具体如下：

第一章 导论

第二章 著作权法

第三章 专利法

第四章 商标法

第五章 其他知识产权

第六章 知识产权的国际保护

第七章 知识产权的管理和运用

本次修订由主编曲三强教授主持。孟兆平博士负责第二章至第六章的修订工作，北京大学法学院博士研究生汤辰敏、朱冬分别负责第一章、第七章的修订工作。

真诚希望读者继续对本教材提出批评改进意见。

曲三强

2014 年夏于北理法学院

序

在人类历史上,自从科学技术成为生产力,知识就与权利和财富紧密相连。因此,人们提出知识产权概念,并逐步建立了相关法律来保护人类智力创造成果,以激发科技创新、文化创新的积极性,保护工商业者的商标、商誉,维护正常的市场竞争秩序。纵观西方发达国家的近现代史,知识产权在国家工业化过程中起到了不可替代的作用,尤其是促进了这些国家的科技创新。

进入 21 世纪以来,我国加速建设创新型国家,知识产权的作用日益凸显。因此,中国共产党第十八次全国代表大会报告提出:实施知识产权战略,加强知识产权保护。《国家知识产权战略纲要》提出:加强知识产权宣传,提高全社会知识产权意识。广泛开展知识产权普及型教育……在全社会弘扬以创新为荣、剽窃为耻,以诚实守信为荣、假冒欺骗为耻的道德观念,形成尊重知识、崇尚创新、诚信守法的知识产权文化。

大学是发现知识和传播知识的教学和科研机构,追求以探索客观真理作为己任之境界,实现以掌握精深学术造福人类之理想。因此,2004 年发布的《教育部 国家知识产权局关于进一步加强高等学校知识产权工作的若干意见》指出:高等学校要在"法律基础"等相关课程中增加知识产权方面的内容,并积极创造条件为本科生和研究生单独开设知识产权课程。

作为一所具有国防科技特色的国家重点高校,北京理工大学承担着为建设创新型国家培育高层次人才、产出原创性成果的使命,因此高度重视知识产权教育和研究。学校为此建立了产学研相结合的自主知识产权创造体系,强化研究开发立项前的知识产权信息检索,促进自主创新成果的知识产权化、商品化、产业化,实现知识产权的市场价值,发展了具有国防特色的知识产权中介服务,并已开始探索在境外取得知识产权。学校从 2006 年起对一年级学生统一开设"知识产权法基础"必修课程,迄今已完成 7 个年级超过 2.3 万名学生的知识产权课教学。这门课程教学目的是培养学生的知识产权意识,使其掌握知识产权的基本概念、基本理论和基本制度,形成较为合理的知识结构,并初步具备分析和解决知识产权问题的能力;此外使学生了解有关国防知识产权、知识产权应用与管理等方面的知识。课程内容涉及著作权法、专利法、商标法、反不正当竞争法、知识产权国际公约、专利文献检索、知识产权管理实务、企业知识产权战略、国防知识产权实务等。

　　根据上述教学内容,我校法学院教师曾于 2006 年编写了《知识产权法简明教程》。鉴于近年来知识产权理论不断更新、知识产权法律和法规屡次修订、我校的教学实践不断丰富,法学院院长曲三强教授带领部分骨干教师重新编写了《现代知识产权法概论》。该教材主要用以满足非法学专业本科学生的学习需求,内容涉及知识产权法学的主要内容,包括当前国际、国内最新知识产权公约、法律、法规和司法解释;为了兼顾我校国防科技特色,增加了有关保密和国防知识产权的相关内容。该教材的特点是简明易懂,形式活泼,突出实务,注重知识产权基本素养、基本技能的培养。

　　我希望,《现代知识产权法概论》一书的出版对于进一步提升我国高校的知识产权教育水平、增强学生的知识产权意识、形成知识产权文化起到十分有益的促进作用。

北京理工大学校长

中国科学院院士

2013 年 7 月

目　录

第一章　导论

本章对知识产权制度追根溯源,论述了一百多年来知识产权制度在中国的产生、嬗变以及当代知识产权制度的发展趋势;介绍了知识产权的概念、范围、性质和特征等基本理论;阐述了知识产权与物权的本质差别。

第一节 知识产权制度的形成

▶ 一、知识产权制度在西方的形成

纵观西方国家法律体系的发展历史,知识产权制度与经济发展、技术进步的关系极为密切。商品经济的发展是知识产权制度产生的经济基础,科学技术的进步及其作用的发挥是知识产权制度产生的更为直接的因素。欧洲中世纪的中后期,在封建社会内部产生了资本主义的萌芽,商品经济得到了快速发展,技术在经济发展中开始发挥了一定的作用。因此,这一时期的欧洲出现了最早的专利法。公元1474年,威尼斯共和国颁布了世界上第一部最接近现代专利制度的法律《威尼斯专利法》,该法的目的就是要把工艺师们的技艺当作准技术秘密加以保护。专利制度对中世纪的欧洲国家吸引技术人才起到了积极作用,也为其他国家所积极效仿。公元16世纪和17世纪,欧洲资本主义国家在地理大发现、宗教改革和文艺复兴的推动下,经济得以迅速发展,科学技术也有了长足的进步,由此,现代意义上的知识产权制度逐渐形成。在该时期,最具代表性的立法成果,是英国议会于1623年制定的世界上第一部具有现代意义的专利法——《垄断法案》和1709年制定的世界上第一部著作权法——《为鼓励知识创作而授予作者及购买者就其已印刷成册的图书在一定时期内之权利的法令》(简称《安娜法》)。18—19世纪,知识产权制度继续稳步推进,法国于1857年制定了世界上第一部商标法,即《关于以使用原则和不审查原则为内容的制造标记和商标的法律》,该法在法国全国统一适用。受英、法两国的影响和基于国际经济贸易发展的需要,欧洲其他国家以及美国、日本等国家也纷纷创立了知识产权法律制度。与此同时,为了适应世界各国加强经济贸易、科学技术与文化交流的需要,国际社会分别于1883年、1886年缔结了《保护工业产权巴黎公约》(以下简称《巴黎公约》)和《保护文学艺术作品伯尔尼公约》(以下简称《伯尔尼公约》)。

▶ 二、知识产权制度在中国的萌芽

著作权法是随着印刷术的普遍采用而出现的法律现象,这一点似乎已经无可争议。联合国教科文组织在其1981年的出版物《版权基本知识》中指出:"有人把版权的起因与15世纪欧洲印刷术的发明联系在一起,其实,更早的印刷术在很多世纪以前,就已经在中国和朝鲜存在了,只不过欧洲人还不知道而已。"

雕版印刷术为中国的方块字插上了翅膀,使得大规模的图书印刷成为可能。我国五代后唐时期的国子监应该是世界上第一个官办的、以营利为目的大规模印制图书的出版机构。据宋、元两代的史料记载,自后唐田敏在国子监主持校正并印售《九经》开始,天下书籍遂广。另据宋罗罗壁《识遗》记载,北宋朝廷曾下令禁止黎民百姓擅自刻印《九经》(即"禁擅镂")。欲刻印者,必先请求国子监的批准。这种做法实际上就是保护国子监对《九经》蓝本刻印的垄断权,与英国第一部著作权法颁布之前英、法、威尼斯等地的君主或封建统治集团赐予印刷出版商的翻印特权极为相似，但比欧洲的这类特权出现得更早。君主赐予印刷出版者的特殊垄断权，往往是通过君主（或代表君主的地方政府）发布禁令的形式获得的，这种为私人刻印出版书籍给予特权的方式与近代民法中的版权似乎相契合。宋代毕昇发明活字印刷术一个多世纪之后，相同的禁例确实在我国出现过。在晚清出版的版本学家叶德辉所著的《书林清话》一书中，对禁止私人刻印出版书籍有比较详细的记载。在该书第二卷"翻板有禁止例始于宋人"中，有一则宋代的"版权标记"和两例宋代保护"版权"的官府榜文以及一项宋代国子监禁止翻版的"公据"。在所有这些禁例中，都包含有禁止原刻印出版者以外的其他人"嗜利翻版"的规定。南宋时期的私宅刻书之眉山程舍人宅刊《东都事略》一书目录后有一刊记云："眉山程舍人宅刊行，已申上司，不许覆板。"在这条刊记中，出版者为"眉山程舍人"保留声明为"不许覆板"。虽然具体出版年份不详，但是"已申上司"的表述，说明出版者的出版应该受到保护。这种宣示与我国现今图书版权页上的"版权标记"颇为相像。

我国对商标的保护，则源自民间行会的控制。通常君主或其代表都会授予行会专门的特权去实施这种控制。在中国古代的商业活动中，普遍存在重"招幌"、轻"商标"的现象。究其原因，主要是因为当时还未出现大规模、流动性的商业销售活动。绝大多数顾客都是从商品生产者、销售者所在地域或者店铺、门面识别商品的来源。在中国封建社会"重农抑商""农本商末"的经济指导思想之下，商事活动总是受到歧视，而不是像创作作品的作者那样普遍受到尊重。宋代流传下来的旨在保护自己制品所标示出的记号，作为一种强制性规定出现在13—14世纪。我国现代意义上的知识产权法律保护制度，是清朝末年才开始出现的。

第二节　中国知识产权制度的发展历程

在中国历史上虽然出现过一些知识产权制度的萌芽，但真正现代意义上的知识产权法律制度的建立，却是发轫于清朝后期，即鸦片战争之后。不同于知识产权制度在西方国家的自生自发，中国知识产权法律制度在长达百年的发展期间，总体上是非自愿的，无奈的，被动的，甚至是屈辱的。

▶ 一、晚清中国知识产权法的肇始

（一）在西方炮口下学习法律

早在1792年，英国国王乔治三世（1738—1820）就曾经提出希望与中国发展外交和经贸关系，但当时在位的乾隆皇帝在写给英王的信中却傲慢地表示，他的大清王朝对外国的产品和思想从来就不感兴趣。然而，就在乾隆皇帝的"豪言壮语"余音未消之际，西方列强就用它们的坚船利炮攻破了尘封数千年的中国大门，在炮口的逼迫下，中国不得不开始学习用法律的形式去保护那些在中国人看来毫无价值的外

国商品。①

　　在那个强权就是公理的时代,中国的忍让并未换来西方列强的同情,相反,却使西方列强觉得中国软弱可欺,变本加厉地推行它们的帝国主义政策。19世纪下半叶,西方列强竟然厚颜无耻地以我国司法制度落后为由,向清政府提出"治外法权"的非分要求。② 伴随着列强的经济侵略与文化渗透,知识产权制度被引入中国。

　　(二) 西方法律的入侵

　　19世纪下半叶,西方帝国主义不断加紧对我国侵略。随着西方国家与我国之间经济贸易的不断发展,侵犯知识产权案件频繁发生。一些中国商人和企业在生产和销售过程中侵犯外国企业的名称和商标的现象不断出现。造成这种状况的主要原因有两个:其一,中国商人盗用外国公司的名称,不但可以逃避清朝政府专为中国商人设置的税例,而且资金和商品周转起来也比较方便;其二,使用外国公司的名称,可以不受或少受地方官吏假借执法之名而实施的刁难和勒索。③

　　至20世纪初,知识产权侵权现象变得更为严重,侵权人往往将目光投向从外国进口的畅销产品和外国公司在中国生产的名牌产品。几乎是在同一时期,国际社会对知识产权保护也开始给予前所未有的关注。1883年签订的《巴黎公约》就是专门保护包括专利和商标在内的工业产权的国际公约。1886年又达成了保护文学艺术作品的《伯尔尼公约》。在这种情形之下,西方国家的商人希望他们在自己本国注册的商标和获得的专利权,同样能得到中国法律的保护。④抱着这种心理,他们不顾当时的中国既不是上述两个公约的成员方,也未加入任何有关知识产权国际公约的事实,将一系列根据国际公约而产生的保护知识产权的义务强加给中国。⑤ 对于这种霸权行径,就连他们自己国家的学者都看不过去,他们批评西方政府只是一味地将他们的价值观念强加给中国,却对赖以保护他们知识产权的中国法律制度本身毫无兴趣。这充分反映了西方国家对其毫无所知的中国政治法律制度所采取的普遍轻蔑的态度。⑥

　　西方国家热衷于在中国建立一种符合西方价值标准、反映西方国家经济利益的国际贸易环境,他们迫使清朝政府取消当时通行的税例,建立全国统一货币,制定、修订法律管制矿业和合资企业,保护知识产权。⑦ 他们允诺,如果中国清政府能够满足上述条件,他们将命令帝国海关重新厘定关税,并限制对中国的鸦片进口,甚至还

---

　　① John Fairbank, Trade and Diplomacy in China Coast: the Opening of Treaty Ports (Harvard University Press 1953).

　　② The International Relations of the Chinese Empire(reprined Taipei,1966) I Ⅲ at 7.

　　③ 郝燕平:《中国十九世纪的商业革命》,上海人民出版社1971年版,第265页。

　　④ Morse:The International Relations of Chinese Empire 378 (reprint 1996).

　　⑤ Id. at I,Ⅲ,7.

　　⑥ F. L. Hawks Pott, A Sketch of Chinese History 34—53 (Kelly and Walsh 1923). See also Macgowan-John, Sidelight on Chinese Life 272—296(Paul, Trench, Trubner edition, 1907).

　　⑦ 关于缺乏统一国家货币的问题,参见 Frank H. H. King, Money and Monetary Policy in China (Harvard University Press 1965)。

可以考虑待中国法制状况改善后取消"治外法权"。① 这种所谓的"互惠"条件十分荒谬！"鸦片进口"和"治外法权"，本来就是西方列强强加给中国的屈辱条件，到头来却成为西方列强换取在华利益的砝码，简直荒谬至极。

（三）西方法律侵入的影响

从西方列强的立场看，知识产权保护乏力的局面对经济上占优势的西方国家是不利的。为了保护它们在华的知识产权利益，西方国家进一步给清政府施加压力，并围绕知识产权保护问题与清政府展开了一系列的双边谈判。然而，谈判的结果不是中国与西方列强之间达成协议，而是在西方国家之间建立了一种司法合作关系。譬如，一个在意大利已经注册商标的美国人，可以向意大利驻中国的领事法庭起诉另外一个受该法院管辖的人，反之亦然。如此一来，清政府连最起码的法律尊严都被剥夺殆尽。这就是西方"文明"国家在清朝后期给中国的知识产权启蒙。

（四）清政府的被动反应

腐败的清王朝面对西方列强的卑劣手段无计可施，不得不先后与英国、美国和日本分别签订了一系列商务条约，保护商标和著作权成为这些条约的重要内容。根据1902年9月5日签订的《中英续议通商行船条约》，清政府必须为英国的商标提供保护，防止中国人侵权和仿制。《中英续议通商行船条约》第7条第7款规定：英国本有保护华商贸易牌号，以防英国人民违犯、近迹假冒之弊，中国现亦应允保护英商贸易牌号，以防中国人民违犯、近迹假冒之弊。由南、北洋大臣在各管辖境内设立牌号注册局所一处，派归海关管理其事。各商到局输纳秉公规费，即将贸易牌号呈明注册，不得借给他人使用，致生假冒等弊。

1903年，在西方国家的直接干预下，清政府开始了商标立法，并制定出一部商标法草案。②然而，由于西方列强之间的经济利益冲突，以及清王朝各部门之间的矛盾，该商标法草案一直未能付诸实施。1906年至1908年，清政府陆续颁布了一些关于印刷业和报刊业的法律，并在1910年颁布了《大清著作权律》。不过这些法律无论是立法初衷，还是立法目的都是旨在控制媒体和舆论宣传，而并非保护著作权。

在知识产权保护问题上，西方列强要求中国加强知识产权保护的目的，在于维护其在中国市场的经济利益，他们从来没有真正尝试过把保护知识产权法之于国家的意义传授给中国政府，也从未真正帮助过中国政府对其官员进行知识产权方面的培训和教育，更没有认真严肃地支持过中国建立一个能够保护知识产权的法律制度。而清政府配合西方列强进行知识产权法律建设的动机同样并不在于知识产权保护本身，封建保守的清政府最关心的是如何控制人们的思想和维持社会秩序，而

---

① Feuerwerker Albert, China's Early Industrialization（Harvard University Press 1958）.

② 1904年，当时的中国清廷外事部邀请英国海关（1854年西方列强根据条约建立）参加起草商标法。在英国官员和商人的积极参与下，起草了一个商标法草案。该草案基本上照搬了英国法的内容，当然照顾英国利益的条款很多，其中最明显的是在中国使用的外国商标，即使它们在中国境内或境外均未注册，也有权获得保护。

不是保护作为一种私权的知识产权。当然,在某些场合下,清政府出于政治或外交上的考虑,不得不敷衍一下西方列强的要求,但他们从骨子里根本就无意保护知识产权利益或者培养思想意识的市场。[①] 清政府梦寐以求的愿望是在满足了西方国家提出的保护知识产权的立法和改革要求之后,换取西方列强取消在中国"治外法权"的承诺。当事实证明西方列强并不急于践行它们的承诺取消"治外法权"的时候,清政府最初的立法冲动便随之消退。清朝灭亡之后的民国政府最终意识到西方列强根本无意撤回它们在中国享有的政治和法律特权时,便一改建立知识产权制度的初衷,在1913年明确表示拒绝加入《伯尔尼公约》。[②]

在上述历史背景下,已经被迫打开国门的中国,自北洋政府到国民党执政期间,陆续制定和颁布了《专利法》《商标法》和《著作权法》等知识产权法律法规。

▶ 二、20 世纪 80 年代重启国门

进入 20 世纪 80 年代,我国实行改革开放政策之后,再一次感受到来自西方发达国家有关知识产权保护的巨大压力,因此着手重建知识产权制度。发生在这一时期的知识产权制度的建设和发展,与其说是来自保护知识产权的客观需要,毋宁说是外来政治和经济压力的结果。时过境迁,昨日重现。知识产权制度在中国上演了百年轮回:以美国为首的西方发达国家仍旧扮演着蛮横霸道的"文明代表"形象,只不过它们的手段由"鸦片贸易"和"治外法权"换成了"经济制裁"和"最惠国待遇",而我国总体上依然处于被动地位。

科学技术的快速发展为后工业社会的资本主义国家带来了生机,高科技含量的知识产品所创造的价值,在西方国家国民生产总值中所占的比例愈来愈高。以美国为首的发达国家的知识产品行销全世界,为这些国家带来巨额利润。其中最有代表性的就是计算机产业。对以美国为代表的发达国家而言,知识产权法律保护的意义早就超越出知识产权保护自身而演化成为一种经济竞争的工具和手段。伴随着知识产品行销全球,美国人不仅将他们的文化和价值观念灌输到地球的每一个角落,而且还适时地将他们的法律理念和法律标准强加给其他国家。当然,美国这样做的目的绝不是为了提高其他国家的法治水平,而是为了保证美国在全球的政治和经济

---

① Breman Daniel K., Words Like Labored Glass: the Role of the Press in Taiwan's Democratization Process 10—21(Westview Press 1992).

② 1928 年,南京国民政府颁布《著作权法》。制定该法的目的,一方面是为结束长期分裂、混乱的局面打下一个法律基础,另一方面,也是要使西方列强相信,治外法权已不再"合理"了。正如亨瑞·威尔指出的那样:"中国引进知识产权的根本动机是来自对外开放的需求:寻求贸易、吸引外资以及从西方获得迫切需要的技术设备。"在这种功利的动机驱动之下,这部《著作权法》大量地引进大陆法系的德国法和日本法的内容。然而,由于该法的规定与现实生活的距离太大,致使在实际执行过程中大打折扣。对于这部《著作权法》,我国著名法学家钱端升教授曾经评论道:就立法者而言,这部法典总的看来是不错的,然而,由于涉讼的难度、法官的素质,特别是司法行政机关以外的权力机关的干预等因素,它究竟能否被适当地付诸实施则成为值得怀疑的事情。

利益以及维护其"知识霸权"的地位。①

（一）知识产权压力

1986年3月，由杜邦、通用电气和IBM公司等13家美国公司组成一个知识产权委员会，旨在推动关贸总协定（GATT）乌拉圭回合谈判将与贸易有关的知识产权纳入议题。1988年，该委员会与日本经济团体联合会（Keidanren）和欧洲的工业及资方联盟（UNICE）共同提出了一份题为《关贸总协定关于知识产权的规定的基本框架》的报告，建议GATT通过一部独立的知识产权法典，报告被一并送交美国、欧洲共同体、欧洲各国和日本政府参考。该报告特别强调了工业化国家因其他国家未能给予其充分的知识产权保护而蒙受的巨大损失。报告还进一步强调，由于缺乏严格和统一的知识产权保护的国际标准，美国公司因此遭受巨大损失。美国产品仅在1986年所遭受的损失就大约在430亿至610亿美元之间。因此，美国成为将知识产权保护纳入GATT的主要倡导国家。至于欧洲和日本政府，虽然与美国在知识产权保护问题上存在分歧，但是，加强知识产权保护对它们而言仍然有利可图。因此，欧洲和日本也同意把知识产权纳入GATT框架。

乌拉圭回合谈判进行得异常艰苦。就发达国家而言，由于它们在提供技术密集型产品上具有优势，因此，积极主张贸易自由化措施。而发展中国家的竞争优势在于劳动密集型产品，因此，劳务贸易自由化对发展中国家比较有利。所以，发达国家与发展中国家在维护各自利益方面存在着尖锐的对立。在持续两年多的谈判过程中，以美国为代表的西方国家软硬兼施，终于使发展中国家接受了西方国家所提出的基本条件，于是，《与贸易有关的知识产权协议》（TRIPs协议）宣告达成。

在此之前，美国《1974年贸易法》规定了"特别301条款"，其效力就是授权美国总统对违反国际条约或者采用不公平、不合理或歧视性手段限制美国贸易的国家的贸易行为进行制裁。在这些场合下，美国总统有权根据实际情况增加关税，甚至可以直接禁止侵权国家的产品或服务向美国进口。"特别301条款"的主要特征是，遭受这些制裁措施影响的产品不一定与遭受禁止的产品或服务相关。就在《1974年贸易法》出台的第二年，美国总统即指令美国贸易代表提交一份关于制裁朝鲜的议案，其理由是朝鲜在知识产权领域实行不平等贸易，朝鲜法律不能为粮食、化工和药品提供专利保护。而且朝鲜的版权法也不能保护美国作者的作品。1986年，美国在推动关贸总协定乌拉圭回合谈判的过程中，就是利用这个"特别301条款"逼迫泰国、印度尼西亚、墨西哥和巴西等发展中国家就范的。相比之下，中国的境遇并不比上述国家好。自1986年以后，几乎每年中国都要遭受美国根据《1974年贸易法》

---

① 1998年，比尔·盖茨在《财经》杂志上曾公开表示，中国人不喜欢花钱买软件，而是更喜欢偷软件。"如果他们要偷，就让他们偷我们的软件好了。"他相信用户会上瘾，并把希望寄托在未来的收益上。比尔·盖茨的言论在中国同行业内引起强烈反响，认为这是发达国家"知识霸权主义"的表现，呼吁要重新审视对软件知识产权的保护，建立合理的保护秩序。参见方兴东、王俊秀：《起来：挑战微软霸权》，中华工商联合出版社1999年版，第12—15页。

"特别 301 条款"提出的警告。①

1989 年,美国政府在总结与中国关于知识产权保护的谈判时威胁说,如果中国不依照美国的意愿修订有关计算机保护的法律,美国将对中国实施空前严厉的制裁。为了缓和与美国在知识产权问题上的激烈争端,1992 年 1 月 17 日,我国与美国签订了《关于保护知识产权的谅解备忘录》,1995 年 2 月、1996 年 6 月,我国与美国签订了两次双边知识产权协议。

（二）重建知识产权制度

在西方国家的强大压力之下,我国的知识产权无论是从立法、司法还是行政管理、教育研究等方面均发生了一系列的变化,从 20 世纪 80 年代到 21 世纪初的 20 年又可以分为两个阶段。

第一个阶段是 20 世纪 80 年代的 10 年,主要工作集中在制度建设上。分别于 1982 年、1984 年、1990 年颁布了《中华人民共和国商标法》(以下简称《商标法》)、《中华人民共和国专利法》(以下简称《专利法》)和《中华人民共和国著作权法》(以下简称《著作权法》)。这三部法律奠定了中国知识产权制度的基本构架,同时,我国积极参与知识产权国际保护进程,在 1980 年加入了世界知识产权组织,1985 年加入了《巴黎公约》,1989 年签署了《关于集成电路的知识产权条约》,同年,我国加入了《商标国际注册马德里协定》。

第二个阶段是 20 世纪 90 年代的 10 年。此时我国改革的重心已经从农村转移到城市。在国际方面,为了履行与美国达成的《关于保护知识产权的谅解备忘录》,并为我国恢复关贸总协定缔约国地位创造有利条件以及后来出于加入世界贸易组织的需要,我国的知识产权制度建设在这十年左右的时间里进入与国际接轨的关键时期。② 在这一阶段,我国知识产权保护的主要法律法规根据国际标准进行了修改,并制定了一些新的法律法规。比如,1991 年颁布《计算机软件保护条例》,1992 年第一次修改《专利法》,1993 年第一次修改《商标法》,1993 年颁布《中华人民共和国反不正当竞争法》(以下简称《反不正当竞争法》),1994 年颁布《关于惩治侵犯著作权的犯罪的决定》,1997 年修改的《中华人民共和国刑法》(以下简称《刑法》)增加知识产权犯罪的专节规定,2000 年第二次修改《专利法》,2001 年第一次修改《著作权法》,第二次修改《商标法》。我国还制定了不少与知识产权保护相关的行政法规与部门规章,颁布了不少与知识产权保护相关的司法解释。

1992 年,我国分别加入《伯尔尼公约》《世界版权公约》和《保护录音制品制作者

---

① Henry J. H. Wheare Has China Fulfilled Its Pledge to Protect Foreign Intellectual Property Right, in China Law and Practice Hong Kong, November 1996.

② 中国是关贸总协定的创始缔约国之一。1950 年 3 月,台湾当局非法以中国名义"退出"关贸总协定,1986 年 7 月,中国政府正式提出恢复关贸总协定缔约国的申请,但由于主要发达国家的阻挠始终未能"复关"。1995 年 1 月 1 日起,世界贸易组织正式取代关贸总协定,成为一个独立于联合国的全球性经贸机构,之后直至 2001 年,我国又为加入世界贸易组织进行了艰苦的努力。不论是"复关"还是"入世",都是我国知识产权制度的重要外部推动力量。

防止未经许可复制其录音制品公约》，1993 年加入《专利合作条约》并签署了一些双边或多边知识产权保护协议。在这一阶段，我国在知识产权司法保护和行政保护方面的进步亦十分显著。自 1993 年起，全国主要省市的高级、中级人民法院建立了知识产权审判庭，同时还进一步加强行政管理部门保护知识产权的执法职能。

（三）存在的问题

我国在立法、行政和司法方面所作出的努力具有积极意义，至少在客观上改善了我国知识产权法律保护的形象。然而，这种在强大的外界政治、经济压力下的立法和修法不可避免地要迎合西方国家的要求，如此则势必会牺牲中国知识产权法律应有的独立品格。正如美国哈佛大学威廉·阿尔福特教授所说："在知识产权问题上，美国对华采取的政策的目的是要保护美国人的财产利益，尽管有时它也会打出国际社会的旗号，但绝不是为了全世界人的利益。正是由于这一点才能够解释为什么中国的法律很难运作，因为这个制度在极大程度上是为美国人而非中国人设计的。"①

同时，令人忧虑的是，在我国过去的立法、司法以及学术领域，也普遍存在着一种不切实际的想法，即设法提高中国知识产权保护的水平，以适应西方发达国家主导的国际社会对中国知识产权保护的要求的倾向。在这种情况下，法律的水土不服在所难免。我国知识产权立法与司法、理论与实践的脱节，致使威严的法律在一定时期内遭遇现实社会的冷淡应对而陷入十分尴尬的境地。

造成这种状况的主要原因有三个：其一，中国从开始提出保护知识产权的动机和目的都是在知识产权保护之外的。其二，数千年的中国传统文化和道德习惯对国人认知和行为的影响巨大。知识产权和知识产品自身的多重性格，使得对知识产权的保护从来都不像对物权的保护那样理所当然和天经地义。"付钱使用"的知识产权观念不仅仅是在该不该付钱、付多少钱上打转，而且透露出文化和道德的价值取向。中国的历史传承从汉朝以来一直是以儒家文化为核心，到了近代，东方的儒家文化遇到了来自西方的马克思主义，两者的融合造就了我国当今社会占统治地位的意识形态。无论是马克思还是孔夫子，似乎都排斥知识产权观念。儒家传统文化与马克思主义的结合，刚好形成了一道排斥知识私有化的思想屏障。中国与西方国家迥然不同的文化传统，使得国人很难找到对知识产权的认同感。在这样一种文化传承和意识形态的影响下，知识产权制度在我国的推行必然会面临很大的困难，这也是我国目前知识产权保护存在着诸多问题的重要原因。其三，传统的"公"与"私"的观念影响着我国立法者对知识产权性质的准确认识。②

有鉴于此，中国知识产权法律制度必须尽量摆脱各种外界压力的困扰，追求自

---

① W. P. Alford, To Steal a Book Is an Elegant Offence: Intellectual Property Law in Chinese Civilization (Stanford University Press, 1995).

② 我国《刑法》（2020 年修正）仍旧将侵犯知识产权犯罪安排在"破坏社会主义市场经济秩序罪"，而不是"侵犯财产罪"中便是明显的例子。

己的独立品格。制度创立的关键是要立足于中国的国情,当然这并不意味着要排斥外国或国际上合理的理论和经验。就我国的文化传统而言,它既可能是法律的价值源泉,同时也可能成为发展现代知识产权制度的一个主要障碍。我国切实可行的知识产权法律保护体系必须是建立在对我国政治、经济体制的深刻理解之上,建立在以权利意识为基础的价值体系之上,建立在与国际标准适度结合的基础之上。

▶ 三、新世纪新篇章

不论是清末修法,还是20世纪80年代开始的新一轮知识产权法制建设,中国社会自身也或多或少地存在一些对于知识产权保护的内部需求。截至20世纪末,我国知识产权制度建设从总体上讲是被动的,是被西方发达国家推着打着走的。

然而,从21世纪初直至目前,国际国内形势发生了深刻的变化。在基本完成了农村经济改革和城市国有企业改革之后,中国生产力得到了明显的解放,实现了国内生产总值的高速增长。随着国家综合实力的不断增强,科技创新在生产力要素中占据的地位越来越重要,同时,随着经济全球化的日益深入和信息技术时代的到来,国家之间的竞争已经转变成科技硬实力和文化软实力的竞争。中国传统的优势产业逐渐失去优势,国家的核心竞争力需要转向高科技产业,而不断壮大并渐渐走出国门的我国企业,也面临着越来越多的来自国内外知识产权问题的挑战。至此,知识产权制度建设在我国已经成为一个不容轻视的问题,我国产生了强大的提高自我创新能力、促进本国创新发展的内部需求。当然,对我国提高知识产权保护水平的外界压力始终存在,而TRIPs协议规定的知识产权高水平保护与我国国情的契合度也绝非严丝合缝。但是,我国对于知识产权制度,从清末在炮口下被迫接受的舶来品,到20世纪八九十年代的被动应对,时至21世纪的今天,第一次具有了主动进行制度安排的强烈愿望。

2008年6月5日,国务院发布的《国家知识产权战略纲要》明确提出建设创新型国家的目标,该目标的主要内容为:到2020年将中国建设成为知识产权创造、运用、保护和管理水平较高的国家,在5年内争取自主知识产权水平大幅度提高,运用知识产权的效果明显增强,知识产权保护状况明显改善,使整个社会的知识产权意识普遍提高。

在《国家知识产权战略纲要》的指引下,我国立足于自身经济社会发展的实际,对知识产权法律制度中的主要组成部分开启了新一轮的修订工作:2008年、2020年完成了《专利法》的第三次和第四次修改,2013年、2019年完成了《商标法》的第三次和第四次修改,2010年、2020年完成了《著作权法》的第二次和第三次修改。

除了对主要法律进行修改外,我国在知识产权司法制度层面也结合经济社会发展的实际作出了适当的安排。2014年8月31日,第十二届全国人民代表大会常务委员会第十次会议通过了《关于在北京、上海、广州设立知识产权法院的决定》。根据该决定,北京、上海、广州分别设立了专门审理知识产权案件的审判机构,2019 年 1 月 1 日,最高人民法院知识产权法庭成立。由"一庭三院"来回应国家发展战略改变对知识产权司法保护提出的新要求。2020 年 12 月 31 日,我国第四个知识产权法院——海南自由贸易港知识产权法院设立。此外,截止到 2021 年 7 月底,我国还分别在南京、苏州、武汉、成都、杭州、宁波、合肥、福州、济南、青岛、深圳、天津、郑州、长沙、西安、南昌、兰州、长春、乌鲁木齐、海口等地设立了 20 个知识产权法庭,在北京、江苏、山东等 25 个省建有 50 家知识产权保护中心。在广东、浙江等 11 个省建有 25 家快速维权中心。

当下,我国正在从知识产权引进大国向知识产权创造大国转变。《中华人民共和国国民经济和社会发展第十四个五年规划和 2035 年远景目标纲要》对健全知识产权保护运用体制作出战略部署,要求"完善知识产权相关法律法规,加快新领域新业态知识产权立法",保护知识产权就是保护创新,知识产权制度为新领域、新业态科技成果运用、产业转型升级和高质量发展提供制度保障。《知识产权强国建设纲要（2021-2035 年）》要求建立面向社会主义现代化的知识产权制度。

我们欣喜地看到,我国保护知识产权的动机和目的正在逐步完成由外而内的转变,即由外在压力为主转变为内生需求为主。具有我国独立品格的、基本符合我国经济与社会发展状况的知识产权法律制度逐步形成。

第三节　知识产权制度的发展趋势

▶ 一、知识产权制度的基本发展趋势

20 世纪后半叶是世界知识产权制度发展的重要时期。在此期间,知识产权法律制度获得了系统、全面的发展,主要表现在以下几个方面。

（1）知识产权保护客体多元化。知识产权新类型不断涌现,知识产权的保护范围从传统的专利、商标和著作权扩展到包括计算机软件、集成电路、植物新品种、商业秘密等。世界各国在不断解决科学技术发展所带来的新问题的过程中,逐步完善知识产权制度。

（2）知识产权保护领域不断拓宽。从 20 世纪 70 年代开始,知识产权保护的领域被不断拓宽,许多国家开始对已有的知识产权法律制度进行修订,西方发达国家将专利保护的范围扩展到了非常广阔的领域。这种发展变化也直接影响了一些国际公约。例如,TRIPs 协议规定:一切技术领域中的任何发明,无论产品发明或方法发明,只要具有新颖性、包含创造性特征并可付诸工业应用,均应有可能获得专利。

（3）知识产权的保护期呈现延长的趋势。知识产权作为一种民事权利,其时间效力受到法律的限制。但是随着经济社会的发展,知识产权日益成为生产的重要因素。由此产生的变化是,西方发达国家普遍采取对知识产权强保护的立场,纷纷通过制定或修改法律,延长知识产权的保护期。

（4）加大对知识产权侵权处罚力度。在西方国家对知识产权强保护的立场影响下，世界各国也在不断强化对知识产权侵权的处罚力度，具体表现为：侵权责任不断加重，侵权赔偿数额不断增大。

（5）值得特别提出的是，国际社会在强调高标准、高水平保护知识产权的同时，还要对发展中国家的公共健康、基本人权、技术引进、使用和转让等问题给予足够关注。以 TRIPs 协议为核心的国际知识产权保护制度并不完美，因此有必要继续推动对现行知识产权制度的改革。在强调保护知识产权的同时，也要防止知识产权的垄断和滥用，以实现私权保护和知识分享两个方面的利益平衡。

▶ 二、法典化的呼声渐高

现代科学技术的发展将全世界带入一个以知识财产权为财产主流的时代，财产的意义和价值均发生了实质性变化。知识产权在整个财产权体系中脱颖而出，在国际贸易中的地位由附属向主导转化，引发了世界各国及许多区域性、国际性组织对知识产权的极大关注，掀起了知识产权法典化立法的浪潮，并且取得了举世瞩目的成就。比如，世界贸易组织（WTO）历史性地将国际贸易中的知识产权保护问题统一到 TRIPs 协议中，这表明，制定一部系统的知识产权法典是现代高科技发展对知识产权立法的必然要求。知识产权法的法典化反映了在知识经济时代和数字化网络技术背景下，知识产权保护的历史性变革以及知识产权法律价值与地位的时代变迁。传统的旧结构体系正面临着巨大的挑战，著作权与工业产权的分工也正变得越来越模糊，权利的交叉规范和保护成为必要和现实。这些必然影响知识产权立法的模式和内容。

1992 年 7 月，法国突破传统的立法体例，颁布了独立于《民法典》之外的《知识产权法典》（法律部分）。在知识产权领域率先创造了与民法典分庭抗礼的独立的法典形式，刷新了知识产权立法的历史。就我国的法律体系来看，知识产权立法最初是由 1986 年《中华人民共和国民法通则》（以下简称《民法通则》）中有关知识产权的一般规定和一系列单行法律法规共同构成的。

《民法通则》（1986）在长期的适用过程中未做任何修改，其中有关知识产权的一般规定不能起到提纲挈领、协调统一知识产权各单行法的作用。2017 年颁布的《中华人民共和国民法总则》和 2020 年颁布的《中华人民共和国民法典》（以下简称《民法典》）也存在同样的问题。由于缺少一般性规定，各单行法律法规有关具体制度的规定不可避免地存在着一定的冲突，所以，制定统一的知识产权法典可行且必要。从实质上看，专利权、著作权和商标权属于知识产权的不同形式，都是民事权利，具有内在的逻辑关系，在立法上不应彼此独立，应当成为一个有机整体。制定统一的知识产权法典，有利于消除权利之间的冲突，实现规范体系的内在和谐。

第四节　知识产权的基础问题

▶ 一、知识产权的概念、范围和类型

（一）知识产权的概念

知识产权，也被称为智慧财产权或智力财产权，是指民事主体对其智力创造成果依法享有的民事权利。通常是在特定期限内赋予创造者就其创造成果的使用所享有的独占权或专有权。① 1967 年 7 月在瑞典首都斯德哥尔摩缔结的《建立世界知识产权组织公约》明确提出了知识产权的概念，时至今日，知识产权已经成为科学技术、文学艺术和经济贸易领域内智力成果法律化的通用术语，并为相关的国际公约、国内立法以及国际和国内贸易实践所广泛接受。

关于知识产权的概念，学术界历来存在着不同的观点，其中最具代表性的观点有两种：一种观点认为，知识产权是人们就其智力创造成果所依法享有的专有权利。② 另一种观点认为，知识产权是智力成果的创造人依法享有的权利和经营活动中标记所有人所依法享有的权利的总称。③ 上述两种观点其实并没有本质上的区别，不同点仅在于前者的概括性比较强。前者所指的智力创造成果不仅包括各类文学艺术作品和发明创造，而且将商标和商号等具有识别功能的商业标志囊括其中。而后者则将商业标志单列出来，并与作品等狭义的智力成果相并列。从总体上看，前一种定义的抽象性较强，从逻辑学的角度略胜一筹。而后一种定义则是从常识和经验出发，更有利于人们的理解。

知识产权是知识产权法调整的对象，其本身就包含着知识共享和知识独占之间的矛盾。从知识论的角度看，可以将满足人们审美需要的作品和满足人们实用需要的发明和商标等视为某种知识，而从社会论的角度看，知识属于全社会，是整个人类的共同精神财富。④ 在现实生活中，由于知识的"公共物品"属性，致使知识创造者无法在事实上对之加以有效的控制。为了保护智力创造成果，防止被他人"搭便车"等投机行为，鼓励知识创新，保护智力创造者的积极性，知识产权制度的建立便成为经济社会健康发展之必需。

---

① "知识产权"一词的英语是 Intellectual Property，德语是 Geistiges eigentum，法语是 propriété intellec tuelle，确切含义都是"智慧财产权"或"智力财产权"，不过自 1967 年 7 月在斯德哥尔摩签订《建立世界知识产权组织公约》后，国际社会开始接受"知识产权"的概念。在中国台湾、香港和澳门地区，一般将 Intellectual Property 译成"智慧财产权"或"智力财产权"，但是在中国大陆，自 20 世纪 70 年代以来，该词一直被翻译为"知识产权"，至今已为大多数人所接受并在立法中得到普遍使用。参见林刚主编：《知识产权法学》，中国法制出版社 1999 年版，第 1 页。

② 郑成思主编：《知识产权法教程》，法律出版社 1993 年版，第 1 页。

③ 刘春田主编：《知识产权法教程》，中国人民大学出版社 1995 年版，第 1 页。

④ 汪丁丁：《知识印象》，中信出版社 2003 年版，第 221 页。

（二）知识产权的范围

《建立世界知识产权组织公约》和 TRIPs 协议是迄今为止最为全面和系统地调整知识产权的国际公约。根据《建立世界知识产权组织公约》第 2 条的规定,知识产权的客体主要包括下列内容:

（1）文学、艺术和科学作品。

（2）表演艺术家的表演以及唱片和广播节目。

（3）人类一切活动领域的发明。

（4）科学发现。

（5）工业品外观设计。

（6）商标、服务标记以及商业名称和标志。

（7）制止不正当竞争。

（8）在工业、科学和文学艺术领域内由于智力创造活动而产生的其他权利。

从上述所列内容不难看出,《建立世界知识产权组织公约》划定的知识产权范围还是比较宽泛的。不过,真正能够把知识产权国际公约所列举的知识产权内容全部作为国内法保护对象的国家并不多见。①

TRIPs 协议并未对知识产权给出一个完整的定义,只是在其第 1 条第 2 款规定了知识产权的基本类型:

（1）著作权和邻接权。

（2）商标权。

（3）地理标记权。

（4）工业品外观设计权。

（5）专利权。

（6）集成电路布图设计权。

（7）未披露信息专有权。

同此前其他有关知识产权的国际公约相比,TRIPs 协议增加了一些新权利,如集成电路布图设计权。重点强调了一些权利,如地理标记权、未披露信息专有权。但是,无论如何应该承认,TRIPs 协议所确定的知识产权的范围并非缔约国之间平等协商的结果,而是主要反映了西方发达国家在对外贸易中保护本国利益的需要。②

随着经济社会的发展和科学技术的进步,知识产权法已经与市场经济和贸易紧密地联系在一起。许多新的知识财产被不断地整合到已有的知识产权法的范畴之中,从而使得知识产权的客体范围不断扩大,与之相应的知识产权法亦呈现扩张的趋势。

（三）知识产权的类型

可以从广义和狭义两个角度分析知识产权。就广义而言,上述两个国际公约所

---

① 郑成思:《知识产权法（第二版）》,法律出版社 2003 年版,第 5 页。

② 同上书,第 57 页。

确定的知识产权的范围，涵盖了当今知识产权的全部内容。而就狭义而言，知识产权仅包括著作权、专利权和商标权三项内容。而根据功能和用途，还可以再把狭义的知识产权分为两类：即文学艺术产权和工业产权。文学艺术产权主要是满足人类的精神需求或者审美需求，工业产权主要是满足人类的物质需求或者说对实用的追求。

文学艺术产权是指文学、艺术和科学作品的创作者和传播者依法所享有的专有权利。其本质在于将具有原创性的作品和传播这种作品的形式纳入保护范围，从而在创作者的思想表达形式领域内形成知识产权保护的独特领域。① 文学艺术产权主要包括著作权和邻接权。目前国际社会保护这两类产权的国际条约主要是《伯尔尼公约》《保护表演者、音像制品制作者和广播组织罗马公约》（以下简称《罗马公约》）和《视听表演北京条约》。在我国，《著作权法》对上述两种权利一并予以保护。

工业产权是指工业、商业、农业、林业和其他产业中的民事主体对其发明创造以及区别性商业标志等依法享有的专有权利。可见，所谓"工业产权"只是一种历史上沿用下来的、约定俗成的说法，严格说来实为"产业产权"。工业产权所保护的客体十分复杂，其中最主要的是专利权和商标权。保护工业产权的国际条约主要是《巴黎公约》，它在十分宽泛的领域为各种工业产权提供了基础性的国际法保护。在我国，保护工业产权的法律主要是《专利法》和《商标法》。

随着科学技术的进步和经济社会的发展，传统的文学艺术产权和工业产权的"两分法"逐渐变得模糊起来，某些处于中间状态的客体开始出现。如汽车的外观设计，既要满足消费者的审美需要，使之类似于美术作品，同时还必须能够在生产线上被加工制造，从而具备类似发明的实用特点。对于这类情况，如果单独沿用已有的专利法和著作权法等传统的保护形式已经显得力不从心。因此有些国家特别制定了保护工业品外观设计的单行法。类似的对象还有计算机软件、集成电路布图设计、印刷字体等，许多国家也是通过制定单行的工业版权法来实施保护的。生物工程、遗传基因和植物新品种等领域的科技新成果，为知识产权的基本类型库增添了新的内容。此外，遗传资源、传统知识和民间文学艺术也都成为知识产权的保护对象。

▶ 二、知识产权的形态及其与物权的区别

（一）知识产权的权利形态

大陆法系将法律分为公法与私法，权利也被相应地分为公权和私权。"以政府生活上之利益为内容者，为公权。以社会生活之利益为内容者，为私权。"②前者如政府对社会、经济、文化的行政权力等，后者如民事主体所拥有的物权和债权等。区

---

① 吴汉东、刘剑文等著：《知识产权法学（第三版）》，北京大学出版社 2005 年版，第 2 页。
② 史尚宽：《民法总论》，中国政法大学出版社 2000 年版，第 19 页。

分公法和私法的意义在于两者有着不同的规范原则。私法以个人自由意志选择为特征,公法则以强制或拘束为内容。私法强调自主决定,公法则需有法律的依据及一定的权限,亦即国家为更高的价值或公益而实施强制或干预时,应有正当理由。①由此可见,理论上对于公法和私法、公权和私权的分类,最终的目的在于,当国家权力介入私人生活,尤其是私人的经济事务时,应该特别坚守谦抑和节制的原则。

相对于有着悠久历史的物权、债权等传统民事权利,知识产权是一种年轻的权利形态。在已失效的《民法通则》(1986)中,知识产权作为一种民事权利,与物权、债权、人身权等民事权利并列。TRIPs 协议在其序言中明确宣布知识产权是私权,在国际范围内知识产权的私权属性已经得到了广泛的认可。知识产权作为私权是近代社会经济发展和制度变迁的结果,经历了由封建社会的特权向资本主义的财产权嬗变的历史过程。历史证明,对知识产权私权属性的确认,为私人在制度层面提供了获取财产的新方式。②

（二）知识产权与物权的区别

关于知识产权与物权的关系问题,存在着不同的观点。一种观点认为,应将知识产权与物权并列为支配权。③ 另一种观点认为,应当建立一种"大物权"的概念,即通过将物权的客体扩充至智力创造成果,使知识产权成为一种特殊的物权。④ 还有一种观点认为,知识产权作为民事权利具有特殊性⑤,与物权相比有很大的不同⑥。知识产权首先应被理解为一种排他权。⑦ 无论如何,知识产权与物权的区别和联系已经成为知识产权法律制度中最基础的理论问题之一。

1. 知识产权客体与物权客体的区别

法是源于客观事物性质的必然关系,由于客观事物的性质不同,因此法律的调整方式和形式亦不相同。⑧ 知识产权的客体是人们通过智力劳动而产生的智力成果。就智力成果而言,本质上属于一种信息或知识,通过与其接触,他人可以掌握这些信息和知识,一般说来,智力成果具有"开发难、复制易"的特点,并且随着复制技术的进步,智力成果的复制成本也在不断地降低,使大规模的复制成为可能。此外,智力成果不会因为其被复制而发生任何损耗,某种智力成果被人们弃而不用,并非

---

① 王泽鉴:《民法概要》,中国政法大学出版社 2003 年版,第 4 页。

② 吴汉东等:《知识产权基本问题研究》,中国人民大学出版社 2005 年版,第 8—9 页。

③ 〔德〕卡尔·拉伦茨:《德国民法通论》,谢怀栻等译,法律出版社 2004 年版,第 218 页;史尚宽:《民法总论》,中国政法大学出版社 2000 年版,第 25 页;魏振瀛主编:《民法》,北京大学出版社、高等教育出版社 2000 年版,第 38 页。

④ 尹田:《法国物权法》,法律出版社 1998 年版,第 122 页;周林彬:《物权法新论——一种法律经济分析的观点》,北京大学出版社 2002 年版,第 38 页。

⑤ 郑成思:《知识产权法——新世纪的若干研究重点》,法律出版社 2004 年版,第 59—73 页。

⑥ 吴汉东、刘剑文等著:《知识产权法学(第三版)》,北京大学出版社 2005 年版,第 5—6 页。

⑦ 〔印度〕甘古力:《知识产权:释放知识经济的能量》,宋建华等译,知识产权出版社 2004 年版,第 125 页;〔日〕富田彻男:《市场竞争中的知识产权》,廖正衡等译,商务印书馆 2000 年版,第 20 页。

⑧ 〔法〕孟德斯鸠:《论法的精神》(上册),孙立坚等译,陕西人民出版社 2001 年版,第 5 页。

是由于智力成果本身与其产生之初相比有所损耗，而是由于产生了更好的智力成果而被代替，是市场选择的结果。智力成果具有可传递性、复制性和非损耗性的特点，这些特点决定了智力成果在同一时间可以满足多人的同质性利用的需求。

物权的客体一般是指有体物。为了使法律关系明确，便于公示以保护交易安全，一般采取物权标的物特定原则。① 由于物权的客体为特定的有体物，因此，可以对该有体物进行自然意义上的人力控制，即在同一时间，特定的有体物只能被某一主体所占有和使用，在对有体物的利用方式上，主要是围绕该有体物自身实现其相应的使用价值，而无需也无法通过复制来扩充自身的存在，亦不存在将有体物作为知识的利用或是将有体物作为其他物的智力内核来利用的可能。

民事权利客体的属性不同，不但决定了权利效力上的不同，甚至在某种意义上决定了相关法律制度的整体。我们认知某一民事权利制度的逻辑起点显然是该客体的特殊属性。因此，不论是在客体的特征上还是在利用方式上，作为知识产权客体的智力成果与作为物权客体的有体物相比，都存在着明显的不同，由此决定了知识产权在权利效力上不同于物权的显著特征。

2. 物权首先是支配权，知识产权首先是排他权

"所谓支配权者系指直接对于权利之标的，得为法律所许可范围内之行为的权利也。支配权概有排他性，即使他人不得为同一行为也。"② 采用这样的定义解释物权的效力，无疑是具有说服力的，因为物权的积极效力和排他效力在范围上具有一致性。当谈到物权是支配权的时候，也就意味着他人被排除在该物权之外。对于知识产权而言，其积极效力和排他效力在范围上并不总是具有严格的一致性，知识产权积极效力的发挥，往往是以排他效力的实现为前提的。因此，在许多场合下，知识产权更多地表现为排他效力，而不是积极效力。

物权主要表现为一种支配权。由于物权的客体是特定的有体物，能够通过占有实现对特定物的控制，并进而实现物上的各种利益。因此，物权在本质上被视为一种物的归属权，即法律将特定物归属于某个权利主体直接支配并享受其利益，排除他人对该支配领域的任何侵害或干预，这是物权的本质所在。③ 换言之，就物权制度的设计而言，立法首先追求的是保证权利人对某一有体物的占有和控制，使该物能够圆满地归属于他。"对物的支配和控制"在物权的制度安排中永远处于统率地位。④ 从这种意义上说，物权首先是一种支配权。如果对某一有体物的占有和支配能够实现，则意味着在同一时空条件下，其他民事主体不能对同一有体物实施同样的支配行为，这样物权作为排他权的属性便得以实现，也就是说，物权作为支配权被实现的同时也就意味着排他权的实现，物权人积极的支配行为的实施也就意味着他人

---

① 王泽鉴：《民法物权(1) 通则·所有权》，中国政法大学出版社 2001 年版，第 52—53 页。
② 史尚宽：《民法总论》，中国政法大学出版社 2000 年版，第 25 页。
③ 王泽鉴：《民法物权(1) 通则·所有权》，中国政法大学出版社 2001 年版，第 37 页。
④ 郑成思主编：《知识产权——应用法学与基本理论》，人民出版社 2005 年版，第 118 页。

不可能在相同条件下实施相同的支配行为。因此,物权的支配权和排他权在效力范围上是一致的。

与物权的支配权本质属性不同,知识产权首先应被理解为是一种排他权,这是因为:

(1) 排他权是知识产权的本质属性。以改进发明为例,由于某改进发明包含了在先发明的全部必要技术特征,即使改进发明人对该改进发明享有专利权,但如未经许可将改进发明进行生产经营性实施,必然会侵犯在先发明专利权人的权益。因此,改进发明的权利人所享有的专利权实际上为一种排他权,即排斥他人(包括在先发明人)实施该改进发明,但其支配权的落实有赖于在先发明专利权人的授权。

(2) 知识产权更多地表现为排他权。例如,就商标权作为支配权而言,其权利的效力范围相对比较狭窄,但是就商标权作为排他权而言,其权利的效力范围却相对比较宽泛,驰名商标尤其如此,亦即商标权所蕴含的排他性和支配性在效力范围上并不平衡,排他性效力远远大于其所体现的支配性效力。

(3) 对智力成果的生产经营性支配还需要具备其他物质和法律条件。在将智力成果投入生产经营时,除了拥有知识产权之外,至少还必须具备其他两个条件:物质条件和经营资格。从某种意义上说,智力成果还只是一种"准财产",有待于对其进行"填附补充"方能形成财产。① 事实上,在许多情况下,有关知识产权的生产经营并不能仅在知识产权法的框架下完成,还必须符合有关行政法或经济法的要求。

(4) 对智力成果的形式上占有要求知识产权必须具有排他性。与物权的情形不同的是,知识产权权利人无法实现对智力成果的完全控制,因为智力成果在知识产权利用过程中往往会面向社会公开,如在商标公告中需要公开该注册商标"清晰"的商标图样。在专利公告中,通过说明书会使专利技术方案被清楚、完整地展现,使普通技术人员可以实施,而且智力成果在生产中还必须与物质载体相结合方能以商品形态进入市场。例如,文字作品以图书、期刊等知识商品的形态进入市场,专利技术以专利产品为承载物进入市场,商标则以商标标识为第一载体,进而以附着该商标标识的相关商品为第二载体进入市场,社会上的每一个消费者都有可能接触该智力成果,而在巨大的经济利益的诱惑下,每一个人也都有可能成为侵权人。由于侵权的生产成本不高,侵权产品的售价低廉,因此,在知识产权领域就会出现一种"劣币驱逐良币"的现象,整个社会的创新创造热情将会遭受打击并因此而发生萎缩。由此可见,就知识产权的效力而言,问题的关键不在于知识产权的支配性,而在于它的排他性。

3. 作为支配权的物权与作为支配权的知识产权的区别

(1) 就支配范围而言,物权是对有体物的全面支配,而知识产权则是对智力成果的有限支配。

---

① 龙文懋:《知识产权法哲学初论》,人民出版社 2003 年版,第 63 页。

在一般情况下，物权的客体都是特定和独立之物①，唯有如此才能满足支配的需要和公示的需要，如果要现实地支配某个实物，则必须首先占有该物并进而发挥该物的相应使用功能，在权利人控制、使用该物的同时，其他人是无法从事相同的行为的。正是在这种意义上，物权被视为一种典型的支配权，尤其是所有权可以实现对相应有体物的全面支配。

相形之下，知识产权则仅仅是对某一智力成果的有限支配，这种有限支配主要表现在两个方面：第一，知识产权具有时间性和地域性的限制。第二，知识产权权利人仅仅是独占性地支配该智力成果的生产和利用，而对于智力成果的许多方面，权利人是无能为力的。由于智力成果具有可传递性、可复制性和非损耗性等特点，智力成果通过复制自身并与有形载体相结合，便可以形成无限多个"同一"的存在。例如，专利权人实施一项专利技术，生产并销售了1000件专利产品，事实上在这1000件专利产品里面含有一个共同的技术方案，在这种情况下，每一个购买者都可以通过使用该专利产品间接地利用该技术方案，或者说对其进行支配，同时，该技术方案经过专利公告后便成为一种公开的技术资料，科学技术人员可以对其做进一步的研究，也可以把这种情况理解为实现科学研究意义上的支配。由此可见，对智力成果的支配至少存在以下三种情况：一是作为一种知识被支配；二是该智力成果自身被复制并与有形载体相结合作为知识商品被销售，被称为生产经营性支配；三是购买了知识商品的人通过使用知识商品而间接支配该智力成果。知识产权法并未赋予知识产权权利人对上述三种支配方式的完全控制，事实上，知识产权作为一种支配权，只能实现上述的第二种对智力成果的支配，亦即生产经营性支配，至于第一种情况，知识产权法并不禁止为科学研究和学习目的而使用权利人智力成果的行为。第三种情况则属于知识产权权利穷竭的情形，当购买人合法地购买了知识产权产品之后，进一步使用或销售并不侵权。

（2）就支配后果而言，物权支配力的作用仅仅局限于物的本身，而知识产权支配力的作用则具有极强的衍生性。

尽管物权所有人可以全面支配某一有体物，但是其支配力的行使显然受制于该有体物的物质形态。因此，占有、使用或处分的行为都只能针对有体物本身。从支配后果上看，支配权的实现只能是使有体物自身的物质状态或权利状况发生变化，而不会对有体物之外的其他有体物产生直接影响，更不会对有体物所归属的市场产生决定性的影响。相比之下，尽管知识产权权利人只是对智力成果进行生产经营性的支配，但是，如果从现实后果上看，该生产经营性支配作用的发挥却显现出极强的衍生性，即知识产权权利人通过对智力成果的生产经营性支配，能够控制相关的有

---

① 史尚宽：《物权法论》，中国政法大学出版社2000年版，第8页。

形载体或有体财产,并进而形成一种垄断性的市场支配力量。① 为了实现对智力成果的复制和销售,仅凭信息和知识本身是无法实现智力成果的商品化的,只有借助有形载体才能够实现。在一般情况下,智力成果的商品化会使用或吸引大量的社会物质性资源。这样一来,知识产权权利人便可以通过对智力成果的支配权对生产经营活动进行支配,并进而对社会物质性资源的配置产生影响。②

通过知识产权权利人独占智力成果并支配生产经营活动的法律机制,控制知识产权资本化的过程,可能会影响一国的国内市场甚至国际市场。由于以智力成果为核心的知识商品的生产和销售会受到知识产权权利人强有力的控制,所以,知识产权很有可能成为一股左右国内市场和国际市场的垄断性力量。

综上所述,知识产权和物权在本质属性上存在着根本差异,物权首先是支配权,而知识产权首先是排他权。因此,应当充分理解和重视知识产权与物权的这种差别,避免盲目地将民商法领域的制度适用于知识产权法领域,还应当进一步加强知识产权理论研究,以更好地指导知识产权法律实践。

▶ 三、知识产权的特征

关于知识产权的特征,理论上存在着不同的观点。一种观点认为,知识产权具有无形性、专有性、地域性、时间性和可复制性五个基本特征。③ 另一种观点认为,客体的非物质性是知识产权的本质特征,此外还具有专有性、地域性、时间性三个特征。④ 还有一种观点认为,知识产权的特征实际上只有两个,即时间性和权利内容的多元性与多重性,至于专有性、地域性等并非知识产权的特征。⑤ 本书所持的立场是,知识产权具有客体的可复制性、专有性、地域性、时间性四个特征。

(一) 客体的可复制性

知识产权客体的可复制性,是指知识产权保护的客体可以被固定在有形物上,并可以重复再现、重复利用的特性。换句话说,就是通过对知识产权的利用,将其客体和其本身体现在某种产品、作品及其复制品或其他物品等物质性的载体之上。

知识产权客体具有可复制性是知识产权被视为一种财产权的原因之一,就法律

---

① 对智力成果的生产经营性支配所产生的衍生性社会作用并不仅局限在经济领域,在政治上也有所反映。比如,Peter Drahos 认为,在抽象物(大致类似于本文中的智力成果)上设立财产权、知识产权的后果:一是会产生威胁权力,强化人身依附关系;二是通过权利扩张,使社会制度的分配越来越不均衡。See Peter Drahos, A Philosophy of Intellectual Property, Dartmouth Publishing Company Limited 1996, pp. 152-164.

② Peter Drahos 这样描述知识产权资本化的简单过程,即在许多生产资料、产品(及服务)的背后存在着抽象物的支持,而通过知识产权法,这些抽象物可以成为单独所有和控制的对象,抽象物本身为生产资料,可以在交易市场中买卖。See Peter Drahos, A Philosophy of Intellectual Property, Dartmouth Publishing Company Limited 1996, pp. 156-157.

③ 郑成思:《知识产权论(第三版)》,法律出版社 2003 年版,第 63—76 页。

④ 吴汉东等:《知识产权基本问题研究》,中国人民大学出版社 2005 年版,第 15—24 页。

⑤ 刘春田:《知识财产权解析》,载《中国社会科学》2003 年第 4 期,第 120 页。

意义而言,知识产权是一种财产,是一种特殊的无形商品,具有价值和使用价值,这是知识产权可以被利用和交易的客观基础。知识产权的使用价值在于它是专有的,而且通过使用可以为权利人带来持续的经济利益。知识产权的价值和使用价值可以体现在与之相关的某种产品、作品及其复制品或其他物品等物质载体中。正是由于知识产权的客体具有可复制性,才使知识产权向其他客体物质载体的价值转移成为可能。

知识产权客体的可复制性也是构成知识产权独立的一个必要条件。无论是某种知识、信息还是智力成果,都具有可复制性的特点,通过对知识产权客体的复制,才能将其重置扩充并借助有形的物质载体使知识产品最终进入市场。从可复制性的角度来看,复制对于著作权和工业产权具有不同的意义。对于著作权而言,复制的含义比较宽泛,既包括从平面到平面、从立体到立体的重复再现,也包括从平面到立体、从立体到平面的变化再现,以及从无形载体到有形物质载体的固定。对于工业产权而言,"复制"的含义相对比较狭窄,只包括从平面到平面、从立体到立体的重复再现。

(二) 专有性

知识产权的专有性,也称为独占性、排他性或垄断性。就理论意义而言,知识产权的专有性主要表现为以下几个方面。

(1) 权利人依法对其知识产权享有独占权利。

(2) 知识产权具有排他性。在权利的有效期内,未经知识产权权利人的许可,在规定的地域内,任何人不得利用此项权利,否则将构成侵犯知识产权的行为。从这种意义出发,可以将知识产权所保护的客体,即符合知识产权法保护条件的智力成果与公有领域的智力成果加以区分,即知识产权的客体必须处于"专有领域"并且具有"专有性",如果进入"公有领域",则不能再受法律保护。

(3) 对于一项智力成果,国家所授予的某一类型的知识产权应是唯一的,不能再对同一智力成果授予他人同一类型的知识产权,以确保知识产权的权利主体具有唯一性,这体现了知识产权授予的专有性。不过,知识产权的专有性并不排除知识产权的共有。

知识产权的上述特征体现了知识产权与有形财产权的区别。有形财产权的所有者如拥有一台计算机的物权人,其权利范围仅限于对他的这台计算机的使用权和处分权,对其他同样的计算机则无权使用或处分,更无权禁止他人制造、销售同样的计算机,而对于取得这台计算机产品专利权的专利权人来讲,不仅具有禁止他人制造、销售相同的计算机的权利,而且可以阻止他人就相同的计算机取得专利权。可见,对于某一类有形物而言,有形财产权的"专有"才能称得上是真正的"专有"。

知识产权的专有性直接来自法律的规定或国家的授权,这是知识产权的专有性不同于物权和人身权专有性的地方。知识产权的专有性的核心是对于知识产权利用的支配。对知识产权的控制支配和对有形财产的控制支配相比,二者具有实质性的区别。在有形财产制度中,财产所有权人可以凭借对有形财产的占有而实施形式上的控制支配,因此,法律无须再对其加以专门授权,而且在很大程度上,对有形财产的利用是遵循意思自治原则,相形之下,知识产权却有所不同。由于知识产权的无形性,对知识产权的客体对象的利用需要借助知识产权法律的明示规定,即由法律界定出知识产权人行使权利的特定范围,这个特定范围便构成了知识产权的专有领域。

（三）地域性

知识产权的地域性,是指知识产权作为一种专有权在空间上的效力不是无限的,其效力在地域上受到限制,具有严格的领土性特征。根据一国法律所获得的知识产权,仅在该国主权管辖的领域内有效,在其他国家原则上并不发生效力。知识产权的地域性包括四个方面的含义:

（1）在每个国家的知识产权效力,由该国法律决定。

（2）知识产权仅影响在其被授予地域内的活动。

（3）该权利仅能由被授予国的国民或通过法律赋予相似地位的其他人主张。

（4）该权利仅在被授予的地域内有效,各国相互承认和保护彼此授予的知识产权。

由于知识产权客体的无形性和可复制性的特点,极容易受到来自国外的侵权,并由此产生了对知识产权的保护突破国界的需求。事实的确如此。自 19 世纪末以来,以保护知识产权为宗旨的国际条约日渐增多,缔约方也越来越多,效力越来越强。在这些国际条约中一般都规定有最低保护条款、国民待遇原则、独立保护原则等。TRIPs 协议还首次规定了保护知识产权的最惠国待遇原则。受这些条约的影响,世界各国的知识产权国内立法日益趋同,或者说知识产权的地域性特点在遭受经济全球化和一体化的挤压和影响。

知识产权的地域性还蕴含着知识产权法制独立的意义。各国的国情不同,出于法制本土化的考虑,各国的知识产权法制亦应各具特色,唯有如此,才能更好地维护本国的利益。然而,以 TRIPs 协议为代表的带有强制色彩的知识产权国际条约正在逐步融合各国的知识产权法,一些大型跨国公司及其游说集团借助于发达国家的强权,通过各种纵横捭阖的手段构建"信息封建主义"。[①] 在关于知识产权的地域性问题上,西方发达国家和发展中国家采取了不同立场。西方发达国家想方设法削减知识产权的地域性,发展中国家竭尽全力坚持知识产权的地域性,以应对知识产权的国际化和标准化。

（四）时间性

知识产权在时间上的有限性是世界各国为了促进科学文化发展、鼓励智力成果

---

① 〔澳〕彼得·达沃豪斯、约翰·布雷斯韦特:《信息封建主义》,刘雪涛译,知识产权出版社 2005 年版,第 1—3 页。

传播所普遍采用的原则。根据各类知识产权的性质、特征及本国实际情况，各国法律对著作权、专利权、商标权和其他知识产权都规定了相应的保护期限。根据知识产权的时间性要求，在法定的保护期限内权利是有效的，超过了保护期限则权利终止。这也是知识产权区别于有形财产权的一大特点。有形财产权的有效期限以其标的物的存在为前提，一般情况下，法律不能规定有形财产权的有效期。

知识产权的终止或失效只是意味着其权利的丧失，而作为权利客体的智力成果依然存在，只不过是由"专有领域"进入"公有领域"。知识产权的时间性表明，知识产权仅在法律规定的期限内受到保护，一旦超过法律规定的有效期限，知识产权自行消灭，相关智力成果成为全社会的公共财富。法律之所以要对知识产权设定一个保护期限，主要是为了有效地推动科学技术的发展和文学艺术的传播，从而达到知识产权人利益与社会公众利益之间的平衡。知识产权的时间性特征反映了建立知识产权制度的社会需要，创设知识产权的目的在于采取特别的法律手段，调整因智力成果创造或利用而产生的社会关系。这一制度既要促进文化知识的广泛传播，又要注重保护智力成果创造者的合法利益，从而协调知识产权专有性与智力成果社会性之间的矛盾。

第二章　著作权法

　　著作权法保护的直接对象是著作权。作品是指文学、艺术和科学领域内具有独创性并能以一定形式表现的智力成果。邻接权是与著作权有关的权利，保护的是出版者、表演者、录音录像制作者、广播电台和电视台在作品传播活动中所付出的创造性劳动。本章主要介绍了著作权的主体、客体、内容、保护期限、归属、行使与限制以及法律保护，同时介绍了邻接权的概念以及版式设计者权、表演者权、录音录像制作者权和广播组织权的相关规定。

第一节　著作权法基本概述

▶ 一、著作权法保护的对象是著作权

目前,世界各国一般规定了七大类知识产权,分别是著作权法、专利法、商标法、植物新品种权保护法、地理标志保护法、集成电路布图设计保护法、反不正当竞争法(包含对商业秘密的保护)。其中,著作权法、专利法、商标法由于制定的时间早,对社会的作用和影响范围广,因此属于比较重要的三类知识产权法。

著作权法保护的直接对象是著作权。通过对这种权利的保护达到保护作品的目的,然后借助对作品的保护来实现保护人们创造成果的目的,从而促进整个社会科学文化事业的发展,促进人类社会的文明和进步。

▶ 二、著作权是一项法定的权利

在人类社会的发展历史中,尤其在人类社会的早期,人们通过长时间的社会交往,逐渐培养出了一定的生活习惯和社会规则,包括人们为人处世的基本要求和相互交往的基本礼节。随着社会的发展,其中有些礼节被逐渐地提炼和固定下来,上升为一种社会性地被人们普遍接受和遵守的道德规范,并且开始指导和约束人们的行为方式,这种道德规范就具有一定的社会权利属性。例如,对于那些符合社会道德规范的事情,人们做起来就会感到心安理得,并且在自己的内心里给予肯定和认可,内心也会感到舒坦和踏实。相反,对于那些违背道德规范的事情,一方面不愿意去做,另一方面即使被迫去做了,内心深处往往也是矛盾的,甚至会感到愧疚和不安,其他人也会理直气壮地去否定和反对这样做,这些现象都是道德规范对社会产生的作用。

现在所讨论的"著作权"这类权利与社会道德不同,它是由著作权法这种法律明确规定的。凡是由法律明确规定的权利都被称为法定权利,这类权利与道德规范产生的权利不同,违背法定权利就要受到法律的追究,而不是受到道德的制约和谴责。对于侵害法定权利的行为,法律代表国家的意志,借助国家的公权力,通过公检法机关进行惩治。

▶ 三、获得著作权的条件和方式

(一)在我国获得著作权的条件

按照我国《著作权法》(2020)的规定,只要在作品的内容上,以及在作品的创作过程未涉及下列情形,在我国就能获得著作权。反之,只要存在下列任何一种情形,在我国就不能享有著作权的保护。

1. 对作品内容的要求

（1）作品中不能包含违背我国法律规定的内容。

例如，作品的内容中不能包含宣扬邪教、伪科学、封建迷信、暴力、色情、吸毒、盗窃抢劫和其他犯罪内容，也不能包含宣扬国家分裂、民族分裂、危害国家的内容，以及法律规定的其他禁止性内容。根据《著作权法》（2020）第4条的规定，国家对作品的出版、传播依法进行监督管理。

（2）下列内容在我国不能享有著作权。

① 法律、法规，国家机关的决议、决定、命令和其他具有立法、行政、司法性质的文件，及其官方正式译文；② 单纯的事实消息；③ 历法、通用数表、通用表格和公式。

2. 对创作过程的要求

在创作过程中不能存在抄袭和剽窃他人作品的行为。

（二）在我国获得著作权的途径和方式

根据我国《著作权法》（2020）的规定，作品创作完成以后，只要符合获得著作权的条件，就能自动形成一项著作权，不需要办理任何手续。

（三）获得著作权的时间

作品创作完成以后，不论是否发表，只要符合获得著作权的条件，就自动享有著作权。

例如，甲写了一首怀念自己中学生活的诗歌，在这首诗歌创作完成的当天就享有著作权，甲就是著作权人，从这一天起这一著作权就开始受到我国《著作权法》（2020）的保护。

▶ **四、权利的基本结构**

基于社会常识，人们对于"权利"这一术语的含义都会有所理解，虽然每个人对于这一术语所理解的含义可能存在一些差异，但是在总体上不会存在很大的区别，也不会影响人们在日常的工作、生活、学习中利用这一词语进行正常的沟通和交流。

可能令人意想不到的是，到目前为止，在世界范围内，无论是在理论界还是在实务界，人们对于"权利"这一术语的科学定义一直还没有确定下来。在中外历史上，许多著名的法学家、哲学家以及其他学科领域中的著名专家学者都对"权利"的概念提出了自己的认识和学说，这些观点和学说虽然都有一定的合理性，但又都存在着一些缺陷和不足，从而导致"权利"的科学定义无法确立。

目前，比较有代表性并且能够被人们所普遍理解和接受的一种学说是把"权利"视为一种"能够去做某一件事的资格"。例如，我买了一张从北京去上海的火车票，这样我凭借这一张火车票就有了去乘坐这一趟火车的资格，这也就是一种权利，在正常的情况下其他人都不应当阻止我去乘坐这一趟火车。这样也比较符合人们的社会习惯和现实情形。当然，把"权利"理解为"资格"也有一些不足，有些社会问题用这种观点去理解和解决也不够圆满和合适。

另外,"权利"是一个社会性的术语,它并不专属于法学领域,也不仅仅被使用于法律中。因此,在这种状况下想要对"权利"这一术语确定一个能够被全社会都接受和认可的定义就比较困难。

需要说明的是,虽然目前对于"权利"这一术语的概念还没有确定下来,但是这并不影响人们对于这一事物自身的特点进行深入的分析和研究。通过研究人们发现,任何一项权利都必须具备一种结构才能成立,也只有这样才能在社会中发挥作用。权利的这种结构就是任何一项权利都必须同时具备权利的主体、权利的客体和权利的内容这三部分,三者缺一不可,这就是权利的基本结构。

权利 = 权利主体 + 权利客体 + 权利内容

例如,甲写了一篇称赞家乡发生了巨大变化的散文,这篇散文就是一部作品,由于这篇散文的内容不违背我国的法律规定,写作中也没有抄袭行为,因此这篇散文在我国能够享有著作权。甲是这篇散文的作者,因此也是这篇散文的著作权人。

在这里,甲是这篇散文的著作权人,代表着这一著作权的权利人,体现着这一著作权的归属,甲是这一著作权的主体。这一著作权是基于这一篇散文而形成的,也就是这一著作权是在这一篇散文的基础上形成的,这一篇散文就是这一著作权的权利客体。如果把这一著作权比喻成一幢楼房,这篇散文就像这一幢楼房的地基。对于这一著作权来说,它所包含的内容都在我国的《著作权法》(2020)中作了明确规定,这些内容将在下面的章节中讲述,著作权的内容是由法律规定的,不是由哪一个人可以自己确定或者修改的。

这样,甲通过写作这篇散文成为著作权的主体,这一著作权因为这一篇散文而形成,这一著作权基于我国《著作权法》(2020)中所规定的著作权的内容而包含具体和明确的权利内容。

▶ 五、世界上第一部著作权法以及世界上保护著作权的主要国际条约

(一) 世界上第一部著作权法是由英国颁布的《安娜法》

1709 年,英国的国王是安娜女王,英国国会通过了世界上第一部有关保护作者利益即著作权的法律,这一法律在颁布后的在第二年生效,被简称为《安娜法》。在此之前的英国社会,作者创作了作品以后,基于作品所产生的社会利益主要都被出版商获取了。这一法律颁布实施以后,在世界上第一次把作者视为作品的主要权利人,并且明确规定基于作品产生的社会利益主要由作者享有,从而建立起来了一种崭新的现代意义上的著作权法律制度。本质上,这也是人类社会自身发展进步的一种结果。目前,在世界范围内颁布实施的各国著作权法律基本上都是依据这一理念建立起来的。

(二) 保护著作权最早的国际条约是《伯尔尼公约》

世界上第一部保护著作权的国际条约是《伯尔尼公约》,于 1886 年 9 月 9 日在瑞士的伯尔尼签订,也是目前最重要的保护著作权的国际公约,我国也是这一国际

公约的成员方。

截止到目前,世界上有关著作权和邻接权的国际条约如下:

① 保护文学艺术作品伯尔尼公约

② 世界版权公约

③ 世界知识产权组织版权条约

④ 保护表演者、音像制品制作者和广播组织罗马公约

⑤ 保护录音制品制作者防止未经许可复制其录音制品公约

⑥ 关于播送由人造卫星传播载有节目的信号的公约

⑦ 避免对版权使用费双重征税多边公约

⑧ 避免对版权使用费双重征税多边公约的附加议定书

⑨ 世界贸易组织协定中《与贸易有关的知识产权协议》(TRIPs 协议)

⑩ 世界知识产权组织表演和录音制品条约

⑪ 视听表演北京条约

⑫ 关于为盲人、视力障碍者或其他印刷品阅读障碍者获得已出版作品提供便利的马拉喀什条约

▶ 六、我国的著作权法律制度及其对作品的保护历史

（一）我国对作品的保护具有悠久的历史和有效的方式

众所周知,我国是世界四大文明古国之一。与古埃及、古印度和古巴比伦不同的是,这三个文明古国的历史都被外来的国家和民族长期地占领和统治过,它们与现在的埃及、印度以及在原古巴比伦地域上建立起来的伊拉克等国家不同,它们在政治、经济、宗教和文化上都出现了割裂和断层,都没有一脉相承地延续下来。

而我们古老的中华民族却不同,从原始社会到奴隶社会,再到漫长的封建社会,最后到社会主义社会,虽然先后经历过很多的战乱和朝代更迭,以汉族作为主体的国家也先后被蒙古族和满族等中华民族中的少数民族统治过,但是,中华民族作为一个整体,作为一个独立的民族,在人类历史上始终是一脉相承地延续的。这样,中华民族在历史上形成和沉淀出来的核心的文化、哲学、宗教、伦理道德都是延绵不断地流传下来的,并没有被中断过。我国的这种独特的历史和民族文化为我国充分有效地保护作品和作者的利益创造了得天独厚的条件,虽然在我国的历史上没有颁布实施过现代意义上的著作权法律制度,但是,在漫长的历史长河中,借助中华民族的伦理道德和聪明智慧,我国勤劳善良的广大劳动人民充分有效地保护了历史上浩瀚的作品,这是对作品保护做出的杰出贡献。

例如,今天的人们可以阅读到距今两千多年以前的《诗经》和《论语》,也可以阅读到具有上千年历史的数量庞大的脍炙人口的唐诗宋词,这些事实说明,一方面在我国漫长的历史上人们早就已经开始对作品这类事物进行了有效的搜集整理和保护,从而使得这些作品能够流传下来;另一方面,对于这些作品,作者的姓名既没有

被替换,作品的内容也几乎没有被篡改。这说明,我国从古代开始就一直在利用我国的传统文化和社会伦理道德来保护作品,这种保护方式和保护理念都是非常有效的。

（二）我国对著作权法律制度的引进和适用

1. 我国从国外引进著作权法的法律制度

清朝末年,在内忧外患的情况下,受到外国列强的逼迫,1910 年,清朝政府引进和颁布了《大清著作权律》,把英国的这一法律制度引进中国。

1911 年辛亥革命以后,在北洋政府和国民党执政期间,通过对《大清著作权律》的修订和名称更换,使这一法律制度一直在中国得以延续。1949 年后,这一法律制度也继续在中国台湾地区使用。

1949 年,中华人民共和国成立以后,在中国共产党的领导下完全废除了封建落后的旧法律,其中就包括国民党在大陆统治时期实施的著作权法。中华人民共和国成立初期,国家已经注意到对作者以及合法获得著作权的出版单位的权利保护。1950 年全国第一届出版工作会议《关于改进和发展出版工作的决议》中指出:出版业应尊重著作权及出版权,不得有翻版、抄袭、篡改等行为;1953 年当时的出版总署发布的《关于纠正任意翻印图书现象的规定》中指出:一切机关团体不得擅自翻印出版社出版的图书图片以尊重版权。

2.《著作权法》的制定和修正

随着改革开放步伐的加大,1990 年我国颁布了中华人民共和国成立以来的第一部著作权法——《中华人民共和国著作权法》,该法从 1991 年开始实施。随着社会的发展变化,该法又先后于 2001 年、2010 年和 2020 年进行了三次修正,目前正在实施的是 2020 年的修正文本。

第二节　著作权的主体

▶ 一、作者的概念和特征

对于作者的含义和基本特征,我国的《著作权法》(2020)和《中华人民共和国著作权法实施条例》(以下简称《著作权法实施条例》)中做了如下规定:

（1）创作作品的自然人是作者。

（2）由单位主持,代表单位的意志创作,并由单位承担责任的作品,单位视为作者。

这里的单位是指法人或者非法人组织。

由此可见,在我国单位也可以被视为作者,需要注意的是这里是被"视为"作者,真正的作者应该还是自然人。

（3）在作品上署名的自然人和单位为作者,但有相反证明的除外。

在一般情况下,在作品上署名的人就是这一作品的作者,能够直接享有著作权。

但是，如果有证据证明在作品上的这一署名是不真实的，那么这一署名就不具有法律效力，不被认为是作者。

（4）创作是指直接产生文学、艺术和科学作品的智力活动。如果只为他人的创作进行了组织工作，或者只是提供了咨询意见、物质条件，或者开展了其他辅助工作的，均不视为创作，这些人也不是作者。

在这里就明确规定只有那些为作品的创作真正地进行了实际思考的人才是作者。

▶ 二、著作权人是著作权的唯一主体

在前面的章节中已经介绍了权利的基本结构，即权利都是由主体、客体和内容三部分组成的。

著作权作为权利的一种类型，它的权利主体就是著作权人，而且只有著作权人。

需要注意的是，由于有职务作品和著作权转让情形的存在，所以作者并不一定等于著作权人。

▶ 三、作者与著作权人的区别和联系

作者在很多情况下都是著作权人，但是，在下列两种情况下不是著作权人，或者不是完整的著作权人。

1. 属于职务作品的情况

当单位员工在自己的工作岗位上完成自己的本职工作，使用了单位的物质和技术条件，在这种情况下所创作出来的作品就属于职务作品，单位被视为作者，这一作品的著作权人就是单位，而不是这一员工。其中，自然人作者对这一作品享有署名权。

2. 著作权转让的情况

在著作权法中，不允许转让著作权中的四项人身权，如果擅自转让，即使买卖双方同意，这一转让行为在法律上也无效。

但是，十二项财产权都可以转让。一旦著作权人把财产权全部或者部分转让给其他人以后，原著作权人只享有剩下的四项人身权和未转让的部分财产权利，他也就不再是完整的著作权人了。

第三节　著作权的客体

▶ 一、著作权的客体是作品

著作权是建立在作品上的一类权利，正是由于作品这类事物不同于其他事物，才决定了著作权这类权利不同于其他权利，也就是说作品作为著作权的客体决定着著作权的存在和特征。

从作品与著作权的关系来说,没有作品就没有著作权。

当然,由于获得著作权需要满足一定的条件和要求,所以,并不是所有的作品都能享有著作权,有作品并不一定有著作权。

► **二、作品的概念**

(一)作品的基本概念

1. 著作权法中的作品概念

著作权法中所称的作品是指文学、艺术和科学领域内具有独创性并能以一定形式表现的智力成果。

2. 作品概念中的四项基本条件

在上述作品的概念中,一件事物成为作品必须同时具备下列四项条件:

(1)作品的范围:作品是指存在于文学、艺术和科学领域内的一类事物。实际上,我们在学习、工作和生活中所创作出来的事物基本上都在这一范围内,因此,这种条件的限制作用不明显。

(2)独创性的要求:目前,几乎在世界范围内都无法确定"独创性"的具体含义到底是什么。因此,这种标准也只能是一个大概的要求,大体上包含着两种含义:一是在创作过程中不能有抄袭和剽窃的行为;二是作品应当具有一定的特别之处。

(3)能够被展现的要求:能够被以一定的形式表现出来。

(4)成果属性的要求:作品应当是一种智力成果,而不能是单纯的体力劳动成果。

(二)我国《著作权法》(2020)中的作品概念存在的局限性和不足

1. 这是我国《著作权法》(2020)中使用的一种特殊的概念

(1)作品自身是一个社会性普遍使用的概念。

基于基本的社会常识,人们都知道,"作品"是一个被中国人广泛使用的名词,它不应该只归属于法学领域,更不应该只归属于法学领域中的著作权法,而是应当归属于整个社会的一个社会性的名词。因此,虽然在《著作权法》(2020)中可以基于法律实施的需要对"作品"这一类事物和这一名词下一个定义,以便在法律适用中有所依据,但是,严格来说这一定义只是《著作权法》(2020)意义上的作品概念,而不是社会性的作品概念。

(2)我国《著作权法》(2020)中的作品概念实际上是指作品在我国获得著作权的条件。

实际上,《著作权法》(2020)中作品的概念并不是真正意义上的作品的概念,而是指一部作品在我国能够获得著作权的基本条件和要求,这一概念并没有对"作品"这类事物自身所具备的内在特征进行分析和界定。因此,严格来说这并不是作品的概念和定义。

2. 我国《著作权法》（2020）中的作品概念与《伯尔尼公约》中的概念不一致

《伯尔尼公约》中对于作品的定义如下："文学和艺术作品"一词包括文学、科学和艺术领域内的一切成果，不论其表现形式或方式如何，诸如书籍、小册子和其他文字作品；讲课、演讲、讲道和其他同类性质作品；戏剧或音乐戏剧作品；舞蹈艺术作品和哑剧；配词或未配词的乐曲；电影作品和以类似摄制电影的方法表现的作品；图画、油画、建筑、雕塑、雕刻和版画作品；摄影作品和以类似摄影的方法表现的作品；实用艺术作品；与地理、地形、建筑或科学有关的插图、地图、设计图、草图和立体作品。

由此可见，我国《著作权法》（2020）中对作品所下的定义与《伯尔尼公约》中的作品的概念相差比较大，因此，对于"作品"的概念还值得进一步研究。

3. 我国《著作权法》（2020）中作品的概念的缺陷

（1）把作品的概念与获得著作权的条件混淆在一起。

由于有些作品能够享有著作权，有些作品不能享有著作权，这样就需要在作品和著作权之间设立一定的条件和要求，这些条件和要求就是我国《著作权法》（2020）在作品概念中所列出的四项条件和要求。显然，这不是作品自身所需要的条件和要求，而是获得著作权所需要的条件和要求。所以，用这些条件和要求作为作品成立的条件在逻辑上存在着矛盾。

（2）在社会现实中产生着矛盾和冲突。

由于把作品成立的条件与获得著作权的条件混淆在一起，结果导致在许多案件中产生了混乱。例如，对于导航电子地图的一个画面的截图，当涉及是否侵害著作权的纠纷时，原告首先认为这个截图本身是一幅作品，其次认为这一作品享有著作权，这样才可能产生被告因为抄袭这一截图而涉嫌侵权的问题。但是，被告为了逃避侵权责任就会首先主张这一截图本身不是作品，如果法院也认为不是作品，那就不存在侵权的问题。关键的问题在于，当法院审查这一截图本身是不是作品的时候，就需要套用我国《著作权法》中规定的四个条件，其中的"独创性"又是一个说不清道不明的条件，这样就难以科学合理地判断这一截图本身到底是不是作品。即使甲法院认为是作品，乙法院也可能认为不是作品，在这种情况下，无论法院怎么认定，对于双方的当事人来说，总有一方当事人对于法院的认定结果难以接受，这样就使得这种案件自身不但难以平息纠纷，反而更加激化矛盾，最终总有一方当事人对于法院的判决结果不肯接受。

▶ 三、作品的类型

（一）我国划分的作品基本类型

在我国《著作权法》（2020）和《著作权法实施条例》（2013）中都对作品的类型进行了划分，其中，在《著作权法实施条例》（2013）中对作品类型的划分更加全面和细致，它把全部作品划分为 13 种类型，下面介绍《著作权法实施条例》（2013）中所划分的作品的类型及其含义。

第一类:文字作品,是指小说、诗词、散文、论文等以文字形式表现的作品。

第二类:口述作品,是指即兴的演说、授课、法庭辩论等以口头语言形式表现的作品。

第三类:音乐作品,是指歌曲、交响乐等能够演唱或者演奏的带词或者不带词的作品。

第四类:戏剧作品,是指话剧、歌剧、地方戏等供舞台演出的作品。

第五类:曲艺作品,是指相声、快书、大鼓、评书等以说唱为主要形式表演的作品。

第六类:舞蹈作品,是指通过连续的动作、姿势、表情等表现思想情感的作品。

第七类:杂技艺术作品,是指杂技、魔术、马戏等通过形体动作和技巧表现的作品。

第八类:美术作品,是指绘画、书法、雕塑等以线条、色彩或者其他方式构成的有审美意义的平面或者立体的造型艺术作品。

第九类:建筑作品,是指以建筑物或者构筑物形式表现的有审美意义的作品。

第十类:摄影作品,是指借助器械在感光材料或者其他介质上记录客观物体形象的艺术作品。

第十一类:电影作品和以类似摄制电影的方法创作的作品,是指摄制在一定介质上,由一系列有伴音或者无伴音的画面组成,并且借助适当装置放映或者以其他方式传播的作品。《著作权法》(2020)将该类作品修改为"视听作品"。

第十二类:图形作品,是指为施工、生产绘制的工程设计图、产品设计图,以及反映地理现象、说明事物原理或者结构的地图、示意图等作品。

第十三类:模型作品,是指为展示、试验或者观测等用途,根据物体的形状和结构,按照一定比例制成的立体作品。

除上述类型之外,计算机软件也是我国《著作权法》(2020)规定的作品类型。《计算机软件保护条例》(2013)对这种作品类型进行了全面的规定。

(二) 作品类型的划分与作品能否享有著作权保护无关

作品的类型划分有利于人们归纳和利用作品,更多的是体现一种管理方式和手段,因此它与能否享有著作权无关。也就是说,一部作品无论被划分到哪种类型,甚至是不属于现有的任何一种作品类型,它都享有著作权。即使不归属于现有的任何一种类型,只要作品自身符合获得著作权的条件,在我国也一样能够享有著作权,并且受到法律的保护。根据《著作权法》(2020)第3条第9项,符合作品特征的其他智力成果,也可以构成作品。

第四节　著作权的内容

▶ 一、著作权的内容分为人身权和财产权两大类

在知识产权法中,与其他种类的权利相比,著作权具有一定的特殊性。例如,商标权、专利权、植物新品种权等都只是一种具体的权利,而著作权不同,它是一系列权利的统称,而不是一种单一的权利。在我国现行的《著作权法》(2020)中,著作权中包含着四项人身权和十二项财产权,以及一项兜底性条款,即一项著作权中实际包含着十七项权利。

一项著作权 = 四项人身权 +十二项财产权 +一项财产权的兜底条款。

另外,我国关于民间文学艺术作品的著作权保护问题,需要由国务院另行规定。不过到目前为止,这一专门性的行政法规还没有制定出来。

民间文学艺术作品主要包括民间传说、民间故事、民歌民乐、民间戏剧、民间舞蹈、民间绘画、民间雕塑等内容。

▶ 二、著作权包含的四项人身权

我国著作权所包含的四项人身权的名称和含义如下:

1. 发表权

发表权,即决定作品是否公之于众的权利。《著作权法》(2020)所称"已经发表的作品",是指著作权人自行或者许可他人公之于众的作品。作者生前未发表的作品,如果作者未明确表示不发表,作者死亡后 50 年内,其发表权可由继承人或者受遗赠人行使;没有继承人又无人受遗赠的,由作品原件的所有人行使。

2. 署名权

署名权,即表明作者身份,在作品上署名的权利。对于作者身份不明的作品,由作品原件的所有人行使除署名权以外的著作权。作者身份确定后,由作者或者其继承人行使全部的著作权。

3. 修改权

修改权,即修改或者授权他人修改作品的权利。例如,甲利用 3 个月的时间写出了一份研究报告,乙和甲是同事,但是乙没有参加这项研究工作。当乙看到这篇研究报告以后很想凭借自己的推理和经验对研究报告中的一些数据和结论进行修改,被甲阻止了,甲说这些数据都是实验得出的实际结果,不能随意更改。甲对能否修改研究报告所享有的这种决定权就是"修改权"。

4. 保护作品完整权

保护作品完整权,即保护作品不受歪曲、篡改的权利。这一权利的含义是指对

于已经完成的作品,其他人都不能对作品的内容进行颠倒黑白的解释和介绍,也不能恶意地对原作品的文字、图片、数据、符号和结论等进行违背作者原意的改动。

▶ 三、著作权包含的十二项具体财产权和一项兜底财产权

1. 复制权

复制权,即以印刷、复印、拓印、录音、录像、翻录、翻拍、数字化等方式将作品制作一份或者多份的权利。复制是人们经常实施的一种行为。例如利用复印机把材料复印一遍,或者通过抄写把材料抄写一遍,或者把课文朗诵一遍,以及把一首唐诗默写一遍等。

复制权就是对于甲创作的作品 A 来说,乙如果想要复制作品 A,就需要获得甲的许可,甲的这种权利就是基于作品 A 的"复制权"。

2. 发行权

发行权,即以出售或者赠与方式向公众提供作品的原件或者复制件的权利。比较常见的发行行为就是出版社把书稿印刷成书籍,然后大量发行。作者把书稿提供给出版社,等于授权这一出版社进行出版和发行,行使著作权人的发行权,其他出版社就不能随意地印刷和发行这一书籍。

3. 出租权

出租权,即有偿许可他人临时使用视听作品、计算机软件的原件或者复制件的权利,计算机软件不是出租的主要标的的除外。

4. 展览权

展览权,即公开陈列美术作品、摄影作品的原件或者复制件的权利。需要注意的是,这类权利只是针对"美术作品和摄影作品",而不包含诸如小说、诗歌、散文等文字性的作品和其他类型的作品。

5. 表演权

表演权,即公开表演作品,以及用各种手段公开播送作品的表演的权利。表演者,是指演员、演出单位或者其他表演文学、艺术作品的人。表演者主要包括电影、电视、戏剧、小品、舞蹈、杂技中的表演人员,也就是人们常说的演员;另外还包括歌唱者、演讲者等人员。

例如,对于作曲家甲创作完成的音乐作品 A 来说,乙想要在一场售票的商业性的演唱会上演唱音乐作品 A 时,就需要经过甲的许可,甲享有的这种权利就是"表演权"。也就是著作权人甲许可乙在商业活动中表演(此处是演唱)自己作品 A 的一种权利。

6. 放映权

放映权,即通过放映机、幻灯机等技术设备公开再现美术、摄影、视听作品等的权利。

例如,在学校里,老师通过投影仪把自己做的 PPT 投影到幕布上的活动就是一

种放映行为。对于教师甲制作的 PPT 来说，不经过他的同意，乙不能在教室里或者其他商业性场所中播放这一 PPT，甲对自己的 PPT 所享有的这种权利就是"放映权"。

7. 广播权

广播权，即以有线或者无线方式公开传播或者转播作品，以及通过扩音器或者其他传送符号、声音、图像的类似工具向公众传播广播的作品的权利，但不包括"信息网络传播权"。

8. 信息网络传播权

信息网络传播权，即以有线或者无线方式向公众提供，使公众可以在其选定的时间和地点获得作品的权利。

值得注意的是，"广播权"和"信息网络传播权"都是传播已有作品的行为，两者最大的区别在于传播的方式和途径不同，由此产生的直接社会效果也不同。两者的主要区别点在于公众能否"可以在其选定的时间和地点获得作品"。例如，对于甲创作的作品 A 来说，如果乙想要把作品 A 上传到互联网上去，事先就需要经过甲的许可，甲的这种权利就是"信息网络传播权"。如果乙想对作品 A 进行广播，事先也需要经过甲的许可，甲享有的这一权利就是"广播权"。

9. 摄制权

摄制权，即以摄制视听作品的方法将作品固定在载体上的权利。

最常见的摄影活动就是照相、录像、拍摄电影、电视剧、各类短片等活动。

例如，甲创作了一部电影剧本，某电影公司想把这一剧本拍摄成电影。于是，电影公司就与甲进行协商，双方签署协议，电影公司从甲手中获得了对该剧本进行适当改编然后拍摄成电影的权利。这种将电影剧本的内容拍摄成电影的权利就是摄制权。

10. 改编权

改编权，即改变作品，创作出具有独创性的新作品的权利。

例如，《这里黎明静悄悄》是苏联的一部著名的电影。电影于 1972 年在苏联放映，后来引进到我国受到人们的普遍欢迎。该部电影来源于一部中篇小说，作者是苏联的著名作家鲍里斯·瓦西里耶夫。当时小说一发表就引起了轰动，受到人们的热烈赞扬。苏联著名导演斯坦尼斯拉夫·罗斯托茨基想把这篇小说拍摄成电影，第一步就需要把小说改编成电影剧本。这就需要经过小说的作者，也就是这篇小说的著作权人鲍里斯·瓦西里耶夫的同意，否则不能对小说进行改编，作者鲍里斯·瓦西里耶夫对自己的小说所享有的这种权利就是"改编权"。后来，作者不仅同意进行改编，而且还与导演斯坦尼斯拉夫·罗斯托茨基一起共同对小说进行了改编，共同创作出电影剧本。最后，所拍摄成的电影引起了世界很多国家观众的喜爱，成为一部优秀的电影作品。

11. 翻译权

翻译权，即将作品从一种语言文字转换成另一种语言文字的权利。

这也是一种常见和常用的权利。例如,甲写了一篇中文小说 A,乙想把小说 A 翻译成英语小说 B,就需要首先经过甲的同意,否则不能翻译。甲享有的这种权利就是"翻译权"。

12. 汇编权

汇编权,即将作品或者作品的片段通过选择或者编排,汇集成新作品的权利。

例如,甲写了一篇小说发表在杂志 A 上,结果被一家小说选刊 B 的编辑挑中,他们想要把这篇小说收录到自己的期刊 B 中。这时候期刊 B 的编辑需要首先获得原作者甲的同意,否则不能把这篇小说收录到他们的杂志 B 中,甲享有的这种权利就是"汇编权"。

13. 应当由著作权人享有的其他权利

这是一项财产权的兜底条款,目前还没有具体的含义。

第五节　著作权的保护期限

▶ 一、三项人身权享有永久的保护期限

在我国,作者的署名权、修改权、保护作品完整权的保护不受时间限制。在四项人身权中,除了"发表权"以外,其他三项人身权的保护期限都是永久性的。

在著作权中,权利的保护期限主要是对发表权和财产权作出的规定,财产权都有保护期限的限制,超过这种法定的保护期限以后这一权利不再受到法律的保护。

▶ 二、不同著作权人的保护期限不同

（一）自然人作为著作权人的保护期限

自然人的作品,其发表权和全部的财产权的保护期限是作者终生,再加上其死亡以后的 50 年,截止于作者死亡后第 50 年的 12 月 31 日。如果是合作作品,截止于最后死亡的作者死亡后第 50 年的 12 月 31 日。

（二）单位作为著作权人的保护期限

单位的作品,以及著作权(署名权除外)由单位享有的职务作品,其发表权的保护期为 50 年,截止于作品创作完成后第 50 年的 12 月 31 日。全部财产权的保护期限都是 50 年,截止于作品首次发表后第 50 年的 12 月 31 日,但作品自创作完成后 50 年内未发表的,不再受到法律保护。

（三）特殊类型作品的保护期限

视听作品,其发表权的保护期为 50 年,截止于作品创作完成后第 50 年的 12 月 31 日。全部财产权的保护期限都是 50 年,截止于作品首次发表后第 50 年的 12 月 31 日,但作品自创作完成后 50 年内未发表的,不再受到法律保护。

第六节　著作权的归属

▶ **一、著作权归属的一般原则**

著作权属于作者,这是著作权归属的一般性原则。即在一般情况下,作者就是著作权人。

在社会现实中,绝大多数作品的著作权都直接归属于作者。学生在整个上学期间所写的作文、论文,或者自己在业余时间所写的日记、散文、诗歌、感想等都是作品,这些作品从完成之日起,只要内容不违背我国的法律,没有抄袭行为都享有著作权,而且作者本人就是著作权人。

▶ **二、二次创作所得作品的著作权归属**

二次创作是指在已有作品 A 的基础上再进行创作,从而获得新的作品 B 的行为。常见的二次创作方式及其所得作品的著作权归属如下:

(一) 由改编、翻译、注释、整理所得作品的著作权归属

(1) 改编、翻译、注释、整理已有作品而产生的作品,其著作权由改编、翻译、注释、整理人享有,但行使这一著作权时不得侵犯原作品的著作权。

(2) 使用改编、翻译、注释、整理、汇编已有作品而产生的作品进行出版、演出和制作录音录像制品,应当取得该作品的著作权人和原作品的著作权人许可,并支付报酬。

(二) 汇编作品的著作权归属

汇编若干作品、作品的片段或者不构成作品的数据或者其他材料,对其内容的选择或者编排体现独创性的作品,属于汇编作品。汇编作品的著作权由汇编人享有,但行使这一著作权时,不得侵犯原作品的著作权。

▶ **三、合作作品的著作权归属**

两人以上合作创作的作品,著作权由合作作者共同享有。没有参加创作的人,不能成为合作作者。

对合作作品使用的特殊规定:合作作品的著作权由合作作者通过协商一致行使;不能协商一致,又无正当理由的,任何一方不得阻止他方行使除转让、许可他人专有使用、出质以外的其他权利,但是所得收益应当合理分配给所有合作作者。

合作作品可以分割使用的,作者对各自创作的部分可以单独享有著作权,但行使著作权时不得侵犯合作作品整体的著作权。

▶ **四、受委托作品的著作权归属**

受委托创作的作品,著作权的归属由委托人和受托人通过合同约定。合同未作

明确约定或者没有订立合同的,著作权属于受托人。

▶ 五、视听作品的著作权归属

视听作品中的电影作品、电视剧作品的著作权由制作者享有,但编剧、导演、摄影、作词、作曲等作者享有署名权,并有权按照与制作者签订的合同获得报酬。

除了电影作品和电视剧以外的视听作品的著作权归属由当事人约定;没有约定或者约定不明确的,由制作者享有,但作者享有署名权和获得报酬的权利。

对于视听作品中的剧本、音乐等可以单独使用的作品,作者有权单独行使其著作权。

▶ 六、职务作品的著作权归属

(一) 由单位享有著作权的情形

有下列情形之一的职务作品,作者享有署名权,著作权的其他权利由单位享有,单位可以给予作者奖励:

(1) 主要是利用单位的物质技术条件创作,并由单位承担责任的工程设计图、产品设计图、地图、示意图、计算机软件等职务作品;

(2) 报社、期刊社、通讯社、广播电台、电视台的工作人员创作的职务作品;

(3) 法律、行政法规规定或者合同约定著作权由单位享有的职务作品。

(二) 由自然人作者享有著作权的情形

自然人为完成单位工作任务所创作的作品是职务作品,除了上述第(一)条中的情形以外,著作权由作者享有,但单位有权在其业务范围内优先使用。作品完成两年内,未经单位同意,作者不得许可第三人以与单位使用的相同方式使用该作品。

▶ 七、美术作品的著作权归属

(一) 著作权中的展览权随着作品原件的转让而转让

1. 作品原件所有权的转移不改变作品著作权的归属

也就是说,一个人购买了一本正版的书籍时,他只对这本书享有物权,这本书是一部作品,这部作品的著作权仍然属于作者,不属于这个购买者。

2. 购买美术和摄影作品的原件就能享有这一作品的展览权

也就是说,如果甲购买了画家乙绘制的美术作品 A 的原件,虽然画家乙对作品 A 享有著作权。但在此时,甲却享有这一著作权中的"展览权",甲可以自由地展览作品 A。著作权中的其他权利仍然属于乙享有。

(二) 未发表作品的展览权和发表权

作者将未发表的美术、摄影作品的原件所有权转让给他人,受让人就享有这一作品的展览权和发表权。这一规定的特殊之处在于受让人进行第一次公开展览时,不仅在行使自己享有的展览权,同时还在行使原画家所享有的对这一作品的发表权。

▶ 八、作品完成人与发表人出现不同情形时的著作权归属

由他人执笔写出初稿，经过本人审阅定稿并以本人的名义发表的报告、讲话等作品，著作权归属报告人或者讲话人享有。

著作权人可以支付执笔人适当的报酬。这种情况一般发生在执笔人与发表人之间存在着工作上的隶属关系的情形。例如，领导与秘书之间的关系，或者是领导与自己单位的下属职工之间的关系。在这种情形下，执笔人通常按照发表人的要求执笔创作作品，并且对发表人以自己的名义利用作品的行为表示同意。

需要注意的是，这种情形是一种特殊的类型，执笔人创作完成的作品不同于一般的职务作品，不能按照职务作品的法律规定来处理。在这种情形下，实际的作者对自己创作完成的作品不仅不享有著作权，也不享有署名权。

▶ 九、回忆录型作品的著作权归属

经过特定人物同意，作者以特定人物的实际经历为题材完成的自传体作品，特定人物与作者之间如果就该作品的著作权归属有约定的按照双方的约定办理；如果双方没有约定，或者没有达成约定的，这一作品的著作权归属于这一特定的人物享有。该特定人物应当向作者为完成这一作品所付出的劳动支付适当的报酬。

▶ 十、作者身份不明作品的著作权归属

对于作者身份不明的作品，由这一作品的原件所有人行使除署名权以外的著作权。一旦这一作品的真实作者出现和确定之后，这一作品的著作权完全由作者享有。

▶ 十一、相同题材作品的著作权归属

由不同作者就同一题材创作的作品，只要是由各个作者独立创作完成的，相互之间又不存在抄袭和剽窃行为时，即使作品的内容恰巧相同或者基本类似，也不影响每一作者基于自己的作品享有独立的著作权，每一作品的作者都是独立的著作权人。

▶ 十二、著作权人死亡或者终止后著作权的归属

（一）自然人享有的著作权在自然人死亡后的情况

1. 著作权中的三项人身权由继承人保护

自然人死亡以后，由于其生前作为著作权人所享有的署名权、修改权和保护作品完整权的保护期限没有时间限制，而且不能转让，所以只能由继承人代表原著作权人进行保护，但是继承人不能获得这三项权利，不是这三项权利的权利人，只是保

护人。

2. 著作权中的发表权的归属

（1）对于死者生前未发表的作品，如果原著作权人生前明确主张不许发表，在其死后继承人也不能发表该作品。

（2）对于死者生前未明确表示是否发表的作品，在其死后，继承人有权决定是否发表该作品。

3. 对于财产权的归属

（1）原著作权人死亡以后，原著作权中的全部财产权都能够转让给继承人，由继承人享有，继承人是这些权利的新的权利人。

（2）对于合作作品，合作作者之一死亡后，其对合作作品享有的著作权中的财产权无人继承又无人受遗赠的，由其他合作作者享有。

（3）作者死亡后，著作权无人继承又无人受遗赠的，其署名权、修改权和保护作品完整权由国家著作权行政管理部门进行保护。

（二）单位作为著作权人终止或者变更以后的著作权归属

著作权属于单位，单位变更或者终止以后，原著作权中的全部财产权由承受这一单位权利义务的另一单位享有；没有承受其权利义务的单位的，由国家享有。

第七节　邻接权（相关权）

▶ 一、邻接权的概念和特征

（一）邻接权的概念

邻接权也被称为与著作权有关的权利，是指在传播作品中产生的权利。

由于被传播的作品绝大多数都是享有著作权的作品，所以这类权利与被传播作品的著作权在时间上存在着前后的相邻关系，被形象地称为邻接权。同样，由于与已有作品的著作权存在关联性，也被称为与已有作品著作权相关的权利。

邻接权人行使自己的邻接权时不能侵害作品的著作权。

（二）邻接权的种类

我国有四种邻接权，分别为：（1）出版者对其出版的图书和期刊的版式设计享有的权利；（2）表演者对其表演享有的权利；（3）录音录像制作者对其制作的录音录像制品享有的权利；（4）广播电台、电视台对其播放的广播、电视节目享有的权利。

▶ 二、邻接权与著作权的关系

（一）著作权是直接基于作品产生的一类权利

在前面的章节中已经陈述过，著作权的权利客体是作品，著作权是建立在作品这类事物上的一类权利。

在社会现实中，并不是所有的作品都涉及邻接权，例如，甲写的日记属于作品，甲对自己的日记享有著作权。但是，由于甲决定永远也不把自己的日记发表和公开，也就不存在对这些日记的传播的问题，因此在这些日记上虽然产生了著作权，但是不会产生邻接权。

（二）邻接权是基于对已有作品实施传播活动而产生的一类权利

邻接权不是建立在作品上的权利，而是建立在对已有作品进行传播这种行为之上的一类权利。在社会现实中，为了更好地传播已有的作品，可能需要对已有作品进行一定的固定、包装、修饰和传递，在这些过程中工作者就需要付出一定的新的创作和创造，这些新的创作和创造的目的都是为了更好地传播已有的作品。但是，他们所创作和创造出来的这些新的智力成果也应该受到保护，保护的方式就是基于这些新的智力成果授予一定的权利并加以保护，这种权利就是邻接权。

由此可见，如果只有作品而没有对这一作品实施传播的行为，那就只有著作权，而没有邻接权。

▶ 三、我国四项邻接权的概念和内容

（一）图书和报刊出版者享有的邻接权

我国《著作权法》（2020）就图书出版问题进行了专门的规定。图书出版者出版图书应当和著作权人订立出版合同，并支付报酬。图书出版者对著作权人交付出版的作品，按照合同约定享有一种专有的出版权，这种权利是著作权人以专有的方式将其作品之上的复制权和发行权许可给出版者的结果。图书出版者如果需要重印和再版这一作品时，需要通知著作权人，并支付报酬。只有当图书脱销后，图书出版者又拒绝重印、再版时，著作权人才有权利终止原有的出版合同，寻找另一出版社重新出版发行该书籍。著作权人向报社、期刊社投稿的，自稿件发出之日起15日内未收到报社通知决定刊登的，或者自稿件发出之日起30日内未收到期刊社通知决定刊登的，可以将同一作品向其他报社、期刊社投稿。作者与报社、期刊社另有约定的除外。

图书出版者经作者许可，可以对作品进行修改、删节。这里涉及作者享有的修改权的问题。报社、期刊社可以对作品进行文字性修改、删节。这不涉及修改权。

作品刊登后，除著作权人声明不得转载、摘编的外，其他报刊可以转载或者作为文摘、资料刊登，但应当按照规定向著作权人支付报酬。

出版是作品传播的主要媒介之一。出版者的专有出版权实际上是著作权许可使用的结果，并非真正意义上的出版者的邻接权。出版社在出版图书的时候，会花费人力、物力和财力，进行精心的版式设计。版式设计包括对版心、排式、字体、行距、标点、图文排列组合等版面布局因素的安排。因此，法律专门为出版单位规定了一项邻接权，即版式设计者权。

出版社和报社对自己出版的图书、期刊和报纸的版式设计享有专门的版式设计专有权，保护期为 10 年，截止于使用该版式设计的图书、期刊首次出版后第 10 年的 12 月 31 日。

（二）表演者对自己的表演活动享有的邻接权

1. 表演者对自己的表演活动享有下列权利

（1）表明表演者身份；

（2）保护表演形象不受歪曲；

（3）许可他人从现场直播和公开传送其现场表演，并获得报酬；

（4）许可他人录音录像，并获得报酬；

（5）许可他人复制、发行、出租录有其表演的录音录像制品，并获得报酬；

（6）许可他人通过信息网络向公众传播其表演，并获得报酬。

2. 表演者邻接权的保护期限

（1）表明表演者身份和保护表演形象不受歪曲两项权利长期受到法律保护，属于邻接权中的人身权，没有保护期限的限制。

（2）剩余的四项权利的保护期都是 50 年，截止于该表演发生后第 50 年的 12 月 31 日。

3. 职务表演行为的邻接权归属

演员为完成本演出单位的演出任务进行的表演为职务表演。演员享有表明身份和保护表演形象不受歪曲的权利，其他权利的归属由演员与演出单位通过合同约定。双方没有约定或者约定不明确的，职务表演的权利由演出单位享有。

职务表演的权利由演员享有的，演出单位可以在其业务范围内免费使用该表演。

4. 表演者与被表演的原作品著作权人的关系

使用他人作品演出，表演者应当取得原著作权人的许可，并支付报酬。演出组织者组织演出，由该组织者取得原著作权人的许可，并支付报酬。

5. 经邻接权人许可的被许可人与原作品著作权人的关系

当邻接权人行使自己的邻接权，许可他人利用和传播自己的表演时，如果该表演利用了其他人的作品来进行表演，这些被许可人除了需要取得该邻接权人的许可以外，还应当再取得原著作权人的许可，并向原著作权人另外支付报酬。

（三）录音录像制作者的邻接权

1. 录音录像制作者邻接权的内容及其相关概念

（1）录音录像制作者邻接权的内容。

① 录音录像制作者对其制作的录音录像制品，享有许可他人复制、发行、出租、通过信息网络向公众传播并获得报酬的权利。

② 将录音制品用于有线或者无线公开传播，或者通过传送声音的技术设备向公众公开播送的，应当向录音制作者支付报酬。

（2）相关概念的含义。

① 录音制作者:是指录音制品的首次制作人。

② 录像制作者:是指录像制品的首次制作人。

③ 录音制品:是指任何对表演的声音和其他声音的录制品。

例如,一张光碟里刻录了15首音乐,这张光碟就是一张录音制品。

④ 录像制品:是指电影作品和以类似摄制电影的方法创作的作品以外的任何有伴音或者无伴音的连续相关形象、图像的录制品。

例如,中央电视台在对一场世界杯足球赛进行电视实况转播时,同时把这场比赛录制了下来,储存在一个硬盘里,这个储存着一场世界杯足球赛节目的硬盘就是一部录像制品。

2. 录音录像制作者邻接权的保护期限

录音录像制作者邻接权的保护期为50年,截止于该制品首次制作完成后第50年的12月31日。

3. 录音录像制作者与他人作品的关系

录音录像制作者使用他人作品制作录音录像制品,应当取得原著作权人的许可,并支付报酬。

4. 录音录像制作者使用他人录音制品的规定

录音制作者使用他人已经合法录制为录音制品的音乐作品再制作录音制品时,可以不经原著作权人的许可,但应当按照规定向其支付报酬;原著作权人声明不许使用的不得使用。

5. 录音录像制作者与表演者的关系

录音录像制作者制作录音录像制品时,应当同表演者订立合同,并向其支付报酬。

6. 录音录像制作者邻接权的被许可人应当承担的责任

录音录像制作者邻接权的被许可人复制、发行、通过信息网络向公众传播录音录像制品时,除了已经取得了录音录像制作者邻接权人的许可以外,还应当同时取得原著作权人和表演者的许可,并支付报酬;被许可人出租录音录像制品,还应当取得表演者的许可,并支付报酬。

（四）广播电台和电视台享有的邻接权

1. 广播电台和电视台邻接权的内容

（1）对其播放的广播电视节目以有线或者无线方式转播的权利。

（2）对其播放的广播电视节目进行录制和复制的权利。

（3）对其播放的广播电视节目通过信息网络途径进行传播的权利。

2. 广播电台和电视台邻接权的保护期限

广播电台和电视台邻接权的保护期为50年,截止于该广播、电视首次播放后第50年的12月31日。

3. 广播电台和电视台邻接权的限制

广播电台和电视台行使自己的邻接权时,不得影响、限制或者侵害被使用作品的著作权人行使著作权或者邻接权。

4. 广播电台和电视台播放他人作品的规定

(1) 播放他人未发表作品的规定

广播电台、电视台播放他人未发表的作品,应当取得著作权人许可,并支付报酬。

(2) 播放他人已发表作品的规定

广播电台、电视台播放他人已发表的作品,可以不经著作权人许可,但应当按照规定支付报酬。

(3) 播放他人视听作品和录像制品的特殊规定

电视台播放他人的视听作品、录像制品,应当取得视听作品著作权人或者录像制作者的许可,并支付报酬;播放他人的录像制品,还应当取得原著作权人的许可,并支付报酬。

5. 广播电台和电视台同时属于著作权人和邻接权人的情形

当广播电台和电视台自己创作出来一部作品时,他们基于这一作品享有著作权,此时,他们就是著作权人。

当他们把自己创作的作品通过电台或者电视台播放出去以后,此时,基于这种传播作品的行为,他们又成为邻接权人,享有广播电台和电视台的邻接权。

在这种情形下,对于同一家电视台或者电台来说,它既是原作品的著作权人,又是传播作品的邻接权人,同时享有两种不同的权利。

第八节 著作权的行使与限制

▶ 一、著作权行使的含义和基本类型

(一) 著作权行使的含义

著作权的行使就是对享有著作权的作品的使用。作品不同,具体使用作品的途径和方式也不同。

(二) 著作权行使的两大基本类型

对作品的使用包括著作权人对作品的使用,以及国家法律专门规定的对作品的使用两种类型。其中,法律明确规定对作品的使用方式也被视为是对著作权人行使自己权利的一种限制,因此,又被称为限制性使用。

▶ 二、著作权人行使著作权的基本方式

(一) 著作权人自己使用

即著作权人自己直接或者间接地利用作品,这是使用作品的主要方式。

（二）许可他人使用

即著作权人许可他人利用自己的作品。许可使用根据许可方式的不同,又分为以下三种不同的类型:

1. 独占许可的方式

在这种许可方式中,只有被许可人可以使用这一作品,著作权人也不能再使用自己的作品。

2. 排他许可的方式

在这种许可方式中,只有被许可人和著作权人才能使用这一作品。

3. 普通许可的方式

在这种许可方式中,除了被许可人和著作权人以外,著作权人还可以许可其他人使用这一作品。

（三）著作权人对著作权质押

质押是担保的一种方式,对于质押的条件和要求在国家相关法律中都有明确的规定,而且按照法律规定,进行著作权质押时还要到国务院著作权行政管理部门办理登记,否则质押合同无效。

（四）著作权人转让著作权中的财产权

著作权的人身权不能转让,但是财产权都可以转让,转让时既可以只转让其中的一项财产权,也可以同时转让多项或全部财产权。

▶ **三、法律规定的行使著作权的方式**

（一）合理使用的使用方式

1. 合理使用的含义

合理使用是对他人已有作品的一种使用方式,需要在满足全部法定条件的前提下,按照法定的方式对作品进行使用。

2. 合理使用的条件和要求

合理使用需要同时满足下列条件:(1) 他人已经发表的作品;(2) 使用目的一般为非商业性使用;(3) 需要列出作品的名称;(4) 需要列出作者的名称;(5) 不得影响原著作权人对该作品的正常使用;(6) 不得不合理地损害原著作权人的合法权益。

3. 合理使用者享有的利益

符合合理使用的全部条件以后,在使用他人的作品时,可以不经原著作权人的许可,也无需向其支付报酬。

4. 使用方式的法定性

（1）合理使用的方式只限于法律明确规定的使用方式,凡是法律没有明确规定的使用方式都不属于合理使用的范围。超出法律规定的使用方式,擅自使用他人作品就涉及侵权。

（2）对于邻接权也适用这一合理使用制度，具体的使用方式也相同。

5. 合理使用的范围和具体方式

我国《著作权法》（2020）第24条对合理使用情形进行了列举：

（1）为个人学习、研究或者欣赏，使用他人已经发表的作品；

（2）为介绍、评论某一作品或者说明某一问题，在作品中适当引用他人已经发表的作品；

（3）为报道新闻，在报纸、期刊、广播电台、电视台等媒体中不可避免地再现或者引用已经发表的作品；

（4）报纸、期刊、广播电台、电视台等媒体刊登或者播放其他报纸、期刊、广播电台、电视台等媒体已经发表的关于政治、经济、宗教问题的时事性文章，但著作权人声明不许刊登、播放的除外；

（5）报纸、期刊、广播电台、电视台等媒体刊登或者播放在公众集会上发表的讲话，但作者声明不许刊登、播放的除外；

（6）为学校课堂教学或者科学研究，翻译、改编、汇编、播放或者少量复制已经发表的作品，供教学或者科研人员使用，但不得出版发行；

（7）国家机关为执行公务在合理范围内使用已经发表的作品；

（8）图书馆、档案馆、纪念馆、博物馆、美术馆、文化馆等为陈列或者保存版本的需要，复制本馆收藏的作品；

（9）免费表演已经发表的作品，该表演未向公众收取费用，也未向表演者支付报酬，且不以营利为目的；

（10）对设置或者陈列在公共场所的艺术作品进行临摹、绘画、摄影、录像；

（11）将中国公民、法人或者非法人组织已经发表的以国家通用语言文字创作的作品翻译成少数民族语言文字作品在国内出版发行；

（12）以阅读障碍者能够感知的无障碍方式向其提供已经发表的作品；

（13）法律、行政法规规定的其他情形。

（二）法定许可的使用方式

我国《著作权法》（2020）第25条规定：为实施义务教育和国家教育规划而编写出版教科书，可以不经著作权人许可，在教科书中汇编已经发表的作品片段或者短小的文字作品、音乐作品或者单幅的美术作品、摄影作品、图形作品，但应当按照规定向著作权人支付报酬，指明作者姓名或者名称、作品名称，并且不得侵犯著作权人依照本法享有的其他权利。前款规定适用于对与著作权有关的权利的限制。

这种使用他人作品的方式称为法定许可使用。

法定许可与合理使用的区别主要在于以下两点：（1）使用他人已有作品的事项和目的不同；（2）法定许可的使用者需要向原著作权人支付报酬。

（三）强制许可的使用方式

强制许可制度是指人们在某一个国家内按照正常合理的途径和方式无法获得某一作品时，人们可以先联系这一作品的著作权人请求他允许在这个国家翻译出版或者再版这一作品，当这一合理的要求遭到著作权人的拒绝，或者人们通过正常的方式无法联系到这一作品的著作权人时，为了解决这一难题，人们可以向自己所在国家的政府提出申请，请求政府允许在本国翻译出版该作品，或者再版该作品。获得政府批准以后，可以翻译或者再版该作品，但是需要向原著作权人支付合理的报酬，而且所出版发行的作品只能限于该国，不能出口到其他国家。

《伯尔尼公约》规定了强制许可这一制度，有些国家在实施这种制度，但是我国还没有规定这种使用方式。

▶ **二、对使用作品的其他规定**

（一）对以拍摄电影的方式

著作权人许可他人将其作品摄制成电影作品和以类似摄制电影的方法创作的作品的，视为已同意对其作品进行必要的改动，但是这种改动不得歪曲篡改原作品。

（二）对职务作品使用的规定

职务作品完成两年内，经单位同意，作者许可第三人以与单位使用的相同方式使用作品所获报酬，由作者与单位按约定的比例分配。

作品完成两年的期限，自作者向单位交付作品之日起计算。

（三）对许可使用合同的规定

使用他人作品应当同著作权人订立许可使用合同，许可使用的权利是专有使用权的，应当采取书面形式，但是报社、期刊社刊登作品除外。

（四）对转许可的规定

被许可人再许可第三人行使同一权利的，必须取得著作权人的许可，不能擅自转许可。

（五）对行使邻接权的特殊规定

出版者、表演者、录音录像制作者、广播电台、电视台行使权利，不得损害被使用作品和原作品著作权人的权利。

（六）对许可使用合同和转让合同的特殊规定

许可使用合同和转让合同中著作权人未明确许可、转让的权利，未经著作权人同意，另一方当事人不得行使。

（七）使用作品报酬的规定

使用作品的付酬标准可以由当事人约定，也可以按照国家著作权主管部门会同有关部门制定的付酬标准支付报酬。当事人约定不明确的，按照国家著作权主管部门会同有关部门制定的付酬标准支付报酬。

第九节　著作权的法律保护

▶ 一、我国侵害著作权的法律责任和特点

（一）侵害著作权的三种基本法律责任

侵害著作权之后，在我国共有三种基本法律责任，分别是民事责任、行政责任和刑事责任。

其中，民事责任又包括四种责任：（1）停止侵权；（2）赔偿损失；（3）消除影响；（4）赔礼道歉。

行政责任主要包括予以警告，没收违法所得，没收、无害化销毁处理侵权复制品以及主要用于制作侵权复制品的材料、工具、设备等。

刑事责任包括对被告进行判刑，没收非法所得和罚款。

案情不同，实施侵害的人所应当承担的法律责任的种类也不同。

（二）侵害人承担不同法律责任的基本原则

1. 需要承担民事责任的情形

（1）如果只是侵害了著作权人的利益，则只需要承担民事责任。

目前，我国法院中审理的绝大多数侵害著作权的案件都属于这一类案件，在这类案件中，著作权人作为原告起诉侵害著作权的被告承担民事法律责任。

（2）承担民事责任的附带法律责任。

人民法院在审理著作权纠纷案件时，应权利人的请求，对侵权复制品，除特殊情况外，可以责令销毁；对主要用于制造侵权复制品的材料、工具、设备等，可以责令销毁，且不予补偿；或者在特殊情况下，可以责令禁止前述材料、工具、设备等进入商业渠道，且不予补偿。

这种责任虽然更多地属于行政责任的范畴，但是，为了加大惩罚力度，更好地打击侵权行为，在民事侵权纠纷案件中也被适用。当然，具体实施的情况由承办案件的法院根据具体案情决定，并不是所有的民事纠纷案件都适用这类法律责任。

2. 需要承担行政责任的情形

如果实施的侵害行为侵害了社会公共利益，则需要追究侵害人的行政责任。同时给著作权人造成损害的，还需要承担民事责任。

3. 追究刑事责任的情形

如果所实施的侵害行为达到了犯罪的程度，则需要追究侵害人的刑事责任，同时给著作权人造成损害的，还需要承担民事责任。构成刑事责任的立案标准由法律进行明确规定。

▶ 二、应当承担民事责任的具体侵害行为

（1）未经著作权人许可，发表其作品的；（2）未经合作作者许可，将与他人合作

创作的作品当作自己单独创作的作品发表的;(3) 没有参加创作,为谋取个人名利,在他人作品上署名的;(4) 歪曲、篡改他人作品的;(5) 剽窃他人作品的;(6) 未经著作权人许可,以展览、摄制视听作品的方法使用作品,或者以改编、翻译、注释等方式使用作品的,《著作权法》另有规定的除外;(7) 使用他人作品,应当支付报酬而未支付的;(8) 未经视听作品、计算机软件、录音录像制品的著作权人、表演者或者录音录像制作者许可,出租其作品或者录音录像制品的原件或者复制件的,《著作权法》另有规定的除外;(9) 未经出版者许可,使用其出版的图书、期刊的版式设计的;(10) 未经表演者许可,从现场直播或者公开传送其现场表演,或者录制其表演的;(11) 其他侵犯著作权以及与著作权有关的权利的行为。

▶ 三、需要同时承担民事与行政责任或者民事与刑事责任的侵害行为

(1) 未经著作权人许可,复制、发行、表演、放映、广播、汇编、通过信息网络向公众传播其作品的,《著作权法》另有规定的除外;(2) 出版他人享有专有出版权的图书的;(3) 未经表演者许可,复制、发行录有其表演的录音录像制品,或者通过信息网络向公众传播其表演的,《著作权法》另有规定的除外;(4) 未经录音录像制作者许可,复制、发行、通过信息网络向公众传播其制作的录音录像制品的,《著作权法》另有规定的除外;(5) 未经许可,播放、复制或者通过信息网络向公众传播广播、电视的,《著作权法》另有规定的除外;(6) 未经著作权人或者与著作权有关的权利人许可,故意避开或者破坏技术措施的,故意制造、进口或者向他人提供主要用于避开、破坏技术措施的装置或者部件的,或者故意为他人避开或者破坏技术措施提供技术服务的,法律、行政法规另有规定的除外;(7) 未经著作权人或者与著作权有关的权利人许可,故意删除或者改变作品、版式设计、表演、录音录像制品或者广播、电视上的权利管理信息的,知道或者应当知道作品、版式设计、表演、录音录像制品或者广播、电视上的权利管理信息未经许可被删除或者改变,仍然向公众提供的,法律、行政法规另有规定的除外;(8) 制作、出售假冒他人署名的作品的。

▶ 四、对损害赔偿的规定

(一) 计算损害赔偿的一般性方法

在计算损害赔偿数额时,按照下列先后顺序分别进行计算,先按照第一种计算方式进行计算,当按照第一种方式无法计算时再采用第二种方式进行计算,以此类推。

第一种计算方式:按照被侵害权利人受到的实际损失或者侵权人的违法所得进行计算。

第二种计算方式:当权利人的实际损失或者侵权人的违法所得难以计算时,参照该权利的许可使用费进行计算。

《著作权法》(2020)新增了惩罚性赔偿的规定。对于故意侵犯著作权或者邻接

权,并且情节严重的,可以根据许可使用费的 1 倍以上 5 倍以下进行计算。

第三种计算方式:当权利人的实际损失、侵权人的违法所得、权利的许可使用费都难以计算时,由人民法院根据侵权行为的情节,判决给予 500 元以上 500 万元以下的赔偿,这种计算方式也被称为"法院酌情计算"。

另外,在计算赔偿的总金额时,还应当包括权利人为制止侵权行为所支付的合理开支,包括合理的律师费、交通费、公证费等。

（二）对被告承担举证责任的强制性要求

人民法院为了确定合理的赔偿数额,在原告(权利人)已经尽了必要的举证责任,而与侵权行为相关的账簿、资料等主要由被告(侵权人)掌握的情况下,法院可以责令被告提供与侵权行为相关的账簿、资料等;如果被告拒不提供,或者提供虚假的账簿、资料的,人民法院可以参考原告的主张和提供的证据确定赔偿数额。

（三）对惩罚性赔偿的规定

1. 惩罚性赔偿是在一般性损害赔偿计算方法基础上的补充性计算方法

惩罚性赔偿是计算赔偿总额的另一种方法,就是把采用一般性的计算方法所计算出来的赔偿额作为基数,在此基础上再进行加倍计算,计算的结果作为最终的赔偿数额的一种计算方式。最高人民法院 2021 年 3 月发布了《关于审理侵害知识产权民事案件适用惩罚性赔偿的解释》。

在具体案件中,只有同时满足"故意侵权"和"情节严重"两个条件时才能采用惩罚性赔偿的计算方式。

2. 对于被告"故意"行为的认定

对于故意的认定,人民法院应当综合考虑被侵害作品的类型、权利状态和相关产品的知名度、被告与原告或者利害关系人之间的关系等因素。

对于下列情形,人民法院可以初步认定被告具有侵害著作权的故意:

（1）被告经原告或者利害关系人通知、警告后,仍继续实施侵权行为的。

（2）被告或其法定代表人、管理人是原告或者利害关系人的法定代表人、管理人、实际控制人的。

（3）被告与原告或者利害关系人之间存在劳动、劳务、合作、许可、经销、代理、代表等关系,且接触过被侵害的知识产权的。

（4）被告与原告或者利害关系人之间有业务往来或为达成合同等进行过磋商,且接触过被侵害的知识产权的。

（5）被告实施盗版、假冒注册商标行为的。

（6）其他可以认定为故意的情形。

3. 对于被告侵权行为属于"情节严重"的认定

对于情节严重的认定,人民法院应当综合考虑侵权手段、次数,侵权行为的持续时间、地域范围、规模、后果,侵权人在诉讼中的行为等因素。

被告有下列情形的,人民法院可以认定为情节严重:

（1）因侵权被行政处罚或者法院裁判承担责任后，再次实施相同或者类似侵权行为；（2）以侵害知识产权为业；（3）伪造、毁坏或者隐匿侵权证据；（4）拒不履行保全裁定；（5）侵权获利或者权利人受损巨大；（6）侵权行为可能危害国家安全、公共利益或者人身健康；（7）其他可以认定为情节严重的情形。

▶ 五、著作权的国际保护问题

1886 年缔结的《伯尔尼公约》为世界各国保护著作权奠定了基础，1994 的世界贸易组织（WTO）中的 TRIPs 协议又明确规定所有的 WTO 成员方都必须保护著作权，保护的内容、方式、范围和最低标准以《伯尔尼公约》的规定为基础，而且这是一种强制性的规定和要求。由于世界上绝大多数国家都是 WTO 成员方，这样就使得世界上绝大多数国家都在本国建立了专门的保护著作权的法律制度，对著作权进行保护。

除此之外，由于在世界各国普遍地采取自动获得著作权的方式，省略了获得著作权的手续，这样就使得一件作品能够同时符合多个国家著作权法的要求，能够在这些国家同时享有著作权，从而获得这些国家的法律保护。

所以，目前一件对社会有益的作品，能够在多个不同的国家同时受到保护。

随着我国对外交流与合作的不断增强，我国与世界各国之间的知识产权合作也在不断加深，这有利于加强国家之间的知识产权保护，例如，我国政府在 2020 年 1 月就专门发布了《关于发布中美第一阶段经贸协议的公告》，全文公布了《中华人民共和国政府和美利坚合众国政府经济贸易协议》，第一章就是"知识产权"保护问题，双方就对知识产权保护的事项列出了众多的专门条款，也包括著作权的相关内容。除此之外，我国也在不断地与国际社会和相关国家进行协商，以便加强与这些国家之间的知识产权合作与交流。

第三章　专利法

专利法是确认发明人(或其权利继受人)对其发明享有专利权、规定专利权人的权利和义务的法律规范的总称。中国《专利法》保护的对象是发明、实用新型和外观设计。本章主要介绍专利权的客体、主体、内容与限制、法律保护等。

专利法是确认发明人(或其权利继受人)对其发明享有专利权、规定专利权人的权利和义务的法律规范的总称。

专利一词来自拉丁文 litterae patents,含有公开之意,原指盖有国玺印鉴不必拆封即可打开阅读的一种文件。现在,专利一词一般理解为专利证书,或理解为专利权。国家颁发专利证书授予专利权人,专利权人有权在法律规定的期限内对制造、使用、销售、进口专利产品享有专有权。其他人必须经过专利权人同意才能实施上述行为,否则即为侵权。专利期限届满后,专利权即行消灭。任何人皆可无偿地使用该项发明创造或设计。

一般认为,世界上最早的一件专利是英王亨利三世在 1236 年授予波尔多的一个市民制作各色布的 15 年的垄断权。但是,实际上这是封建特权的一种形式,并非现代意义上的专利。第一个建立专利制度的是威尼斯共和国,于 1474 年颁布了第一部具有近代特征的专利法,1476 年 2 月 20 日即批准了第一件有记载的专利。一般认为,英国 1623 年制定的《垄断法案》是现代专利法的开始,对以后各国的专利法影响很大,德国法学家 J. 科勒曾称之为"发明人权利的大宪章"。从 18 世纪末到 19 世纪末,美国、法国、西班牙、德国等西方工业国家陆续制定了专利法。到了 20 世纪,特别是第二次世界大战结束以后,工业发达国家的专利法陆续进行了修订,许多发展中国家也都制定了专利法。20 世纪 60 年代以来,阿尔及利亚在 1966 年通过了新专利法,巴西在 1969—1971 年,印度、秘鲁、尼日利亚和伊拉克在 1970 年,委内瑞拉、哥伦比亚在 1971 年,墨西哥在 1976 年,南斯拉夫在 1981 年,都修订或重新颁布了专利法。阿根廷、叙利亚等国也对专利法进行了重大修改。20 世纪 80 年代初期,约有 150 个国家和地区建立了专利制度。阿尔及利亚、保加利亚、捷克斯洛伐克、民主德国、苏联等国除建立专利制度外,还采用发明人证书制度。取得发明人证书后,发明权归国家所有,发明人取得一定奖励,但不能拒绝经国家批准的其他人使用其发明。墨西哥则采取发明证书制度,发明人有权实施发明,但不能拒绝其他人使用,却可以取得国家批准的一定报酬。

专利的实质在于发明创造者将其新的技术方案公之于众,与之相应,国家给予其 20 年的独占权。在这样一种制度安排中,公众获得的好处是技术得以快速推广应用和发展,而发明创造者得到的好处是因为独占而获取的丰厚利益。

1984 年 3 月 12 日,第六届全国人民代表大会常务委员会第四次会议通过《专利法》。目前我国现行的与专利有关的法律、法规、规章和司法解释主要有:《专利法》(2020)、《中华人民共和国专利法实施细则》(2010)[以下简称《专利法实施细则》(2010)]、《专利代理条例》(2018)、《国防专利条例》(2004)、《专利审查指南》(2020)、最高人民法院《关于审理专利纠纷案件适用法律问题的若干规定》(2020)、最高人民法院《关于审理侵犯专利权纠纷案件应用法律若干问题的解释》(2009)、最高人民法院《关于审理侵犯专利权纠纷案件应用法律若干问题的解释(二)》(2020)、最高人民法院《关于审理专利授权确权行政案件适用法律若干问题的规定

（一）》(2020)、最高人民法院《关于审理申请注册的药品相关的专利权纠纷民事案件适用法律若干问题的规定》(2021)等。

第一节　专利权的客体

专利权的客体,也称专利法保护的对象,是指依据专利法取得专利权的发明创造。《专利法》(2020)第2条第1款规定:"本法所称的发明创造是指发明、实用新型和外观设计。"因此,专利权的客体是发明、实用新型、外观设计三种专利。

发明,是指对产品、方法或者其改进所提出的新的技术方案,因此,发明最基本的分类是将其分为产品发明和方法发明。气味、能量或者诸如声、光、电、磁、波等信号不属于专利法所说的发明,但利用其性质解决技术问题的,属于发明。

实用新型,是指对产品的形状、构造或者其结合所提出的适于实用的新的技术方案。实用新型仅指产品,并且其创造性比发明要低,因此实用新型俗称"小发明"。由于实用新型只保护产品,因此方法不能申请实用新型专利。

外观设计,是指对产品的整体或者局部的形状、图案或者其结合以及色彩与形状、图案的结合所作出的富有美感并适于工业应用的新设计。

实用新型和外观设计的概念中都提到了产品的形状,其不同在于实用新型所涉及的形状是从产品的技术效果和功能的角度出发的;而外观设计所涉及的形状是从产品美感的角度出发的。

▶ 一、发明和实用新型专利的授权条件

授予专利权的发明和实用新型,应当具备新颖性、创造性和实用性。

（一）新颖性

新颖性是指该发明或者实用新型不属于现有技术;也没有任何单位或者个人就同样的发明或者实用新型在申请日以前向国务院专利行政部门提出过申请,并记载在申请日以后公布的专利申请文件或者公告的专利文件中。现有技术,是指申请日以前在国内外为公众所知的技术。为公众所知的方式有出版物公开、使用公开和以其他方式公开等。

1. 出版物公开

专利法意义上的出版物是指记载技术或设计内容的独立存在的传播载体,并且应当表明或者有其他证据证明其公开发表或出版的时间。实践中,某学会编制的论文集只是在首页印有1987年10月的字样,并没有印有出版者以及出版时间,该论文集就没有被认定为公开出版物。符合上述含义的出版物可以是各种印刷的、打字的纸件,例如,专利文献、科技杂志、科技书籍、学术论文、专业文献、教科书、技术手册、正式公布的会议记录或者技术报告、报纸、产品样本、产品目录、广告宣传册等,也可以是用电、光、磁、照相等方法制成的视听资料,例如缩微胶片、影片、光盘等,还

可以是以互联网或其他在线数据库形式存在的文件等。对于印有"内部资料""内部发行"等字样的出版物,确系在特定范围内发行并要求保密的,不属于公开出版物。

出版物不受地理位置、语言或者获得方式的限制,也不受年代的限制。出版物的出版发行量多少、是否有人阅读过、申请人是否知道是无关紧要的。出版物的印刷日视为公开日,有其他证据证明其公开日的除外。印刷日只标示年月或者年份的,以所标示月份的最后一日或者所标示年份的 12 月 31 日为公开日。

2. 使用公开

由于使用而导致技术方案的公开,或者导致技术方案处于公众可以得知的状态,这种公开方式称为使用公开。使用公开的方式包括能够使公众得知其技术内容的制造、使用、销售、进口、交换、馈赠、演示、展出等方式,实践中,用来证明销售公开的证据有销售发票、销售记录以及相关的证人证言等。只要通过上述方式使有关技术内容处于公众想得知就能够得知的状态,就构成使用公开,而不取决于是否有公众得知。但是,未给出任何有关技术内容的说明,以致所属技术领域的技术人员无法得知其结构和功能或材料成分的产品展示,不属于使用公开。如果使用公开的是一种产品,即使所使用的产品或者装置需要经过破坏才能够得知其结构和功能,也仍然属于使用公开。此外,使用公开还包括放置在展台上、橱窗内公众可以阅读的信息资料及直观资料,例如招贴画、图纸、照片、样本、样品等。使用公开是以公众能够得知该产品或者方法之日为公开日。

3. 以其他方式公开

为公众所知的其他方式,主要是指口头公开等。例如,口头交谈、报告、讨论会发言、广播、电视、电影等能够使公众得知技术内容的方式。口头交谈、报告、讨论会发言以其发生之日为公开日。公众可接收的广播、电视或电影的报道,以其播放日为公开日。

4. 抵触申请

如果在一项发明或实用新型专利申请的申请日以前,已有同样的发明或者实用新型由任何单位或个人向国务院专利行政部门提出过申请并且记载在申请日以后公布的专利申请文件或者公告的专利文件中,则在先申请就称为在后申请的抵触申请,抵触申请破坏在后申请的新颖性。

5. 优先权

申请人就相同主题的发明或者实用新型在外国第一次提出专利申请之日起 12 个月内,又在中国提出申请的,依照该国同中国签订的协议或者共同参加的国际条约,或者依照相互承认优先权的原则,可以享有优先权。这种优先权,称为外国优先权。假设 2009 年 1 月 5 日甲就某项技术第一次在美国申请了发明专利,那么在 12 个月内,甲又就同样的技术到中国申请专利,又假设在 12 个月内,其他人也就该技术在中国申请专利并且在中国的申请日早于甲,那么在中国的专利权也还是要授予甲,这就是优先权的本质。

申请人就相同主题的发明或者实用新型在中国第一次提出专利申请之日起 12 个月内,又以该发明专利申请为基础提出发明专利申请或者实用新型专利申请的,或者又以该实用新型专利申请为基础提出实用新型专利申请或者发明专利申请的,可以享有优先权。这种优先权称为本国优先权。

相同主题的发明或者实用新型,是指技术领域、所解决的技术问题、技术方案和预期的效果相同的发明或者实用新型。但应注意这里所谓的相同,并不意味着在文字记载或者叙述方式上完全一致。

外观设计也存在外国优先权和本国优先权制度,与发明和实用新型优先权不同的是,外观设计优先权的期限是 6 个月。

申请人要求发明、实用新型专利优先权的,应当在申请的时候提出书面声明,并且在第一次提出申请之日起 16 个月内,提交第一次提出的专利申请文件的副本。申请人要求外观设计专利优先权的,应当在申请的时候提出书面声明,并且在 3 个月内提交第一次提出的专利申请文件的副本。申请人未提出书面声明或者逾期未提交专利申请文件副本的,视为未要求优先权。

（二）创造性

创造性是指与现有技术相比,该发明具有突出的实质性特点和显著的进步,该实用新型具有实质性特点和进步。

1. 现有技术的特殊情况

处于保密状态的技术内容不属于现有技术。所谓保密状态,不仅包括受保密规定或协议约束的情形,还包括社会观念或者商业习惯上被认为应当承担保密义务的情形,即默契保密的情形,例如对于在意图达成合作的谈判中所知悉的对方技术秘密就应该具有保密意识。如果负有保密义务的人违反规定、协议或者默契泄露秘密,导致技术内容公开,使公众能够得知这些技术,这些技术也就构成了现有技术的一部分。

2. 突出的实质性特点

发明有突出的实质性特点,是指对所属技术领域的技术人员来说,发明相对于现有技术是非显而易见的。如果发明是所属技术领域的技术人员在现有技术的基础上仅仅通过合乎逻辑的分析、推理或者有限的试验可以得到的,则该发明是显而易见的,也就不具备突出的实质性特点。

3. 显著的进步

发明有显著的进步,是指发明与现有技术相比能够产生有益的技术效果。例如,发明克服了现有技术中存在的缺点和不足,或者为解决某一技术问题提供了一种不同构思的技术方案,或者代表某种新的技术发展趋势。

在评价发明是否具有显著的进步时,主要应当考虑发明是否具有有益的技术效果。以下情况,通常应当认为发明具有有益的技术效果,具有显著的进步:

（1）发明与现有技术相比具有更好的技术效果，例如，质量改善、产量提高、节约能源、防治环境污染等；

（2）发明提供了一种技术构思不同的技术方案，其技术效果能够基本上达到现有技术的水平；

（3）发明代表某种新技术发展趋势；

（4）尽管发明在某些方面有负面效果，但在其他方面具有明显积极的技术效果。

4. 所属技术领域的技术人员

对于同一个技术是否具有创造性，不同的人可能有不同的评价。那么，到底应该以何人的眼光为准呢？为此，专利法领域创设了一个"所属技术领域的技术人员"的概念。发明是否具备创造性，应当基于所属技术领域的技术人员的知识和能力进行评价。所属技术领域的技术人员，也可称为本领域的技术人员，是指一种假设的"人"，假定他知晓申请日或者优先权日之前发明所属技术领域所有的普通技术知识，能够获知该领域中所有的现有技术，并且具有应用该日期之前常规实验手段的能力，但他不具有创造能力。如果所要解决的技术问题能够促使本领域的技术人员在其他技术领域寻找技术手段，他也应具有从该其他技术领域中获知该申请日或优先权日之前的相关现有技术、普通技术知识和常规实验手段的能力。

5. 明显具有创造性的情形

以下情形明显具有创造性：开拓性发明，例如固定电话、计算机、移动电话等；发明解决了人们一直渴望解决但始终未能获得成功的技术难题；发明克服了技术偏见，技术偏见是指在某段时间内、某个技术领域中，技术人员对某个技术问题普遍存在的、偏离客观事实的认识；发明取得了预料不到的技术效果；发明的产品在商业上获得成功。

（三）实用性

实用性，是指申请专利的发明或者实用新型能够制造或使用，并且能够产生积极效果。

1. 实用性的含义

授予专利权的发明或者实用新型，必须是能够解决技术问题，并且能够应用的发明或者实用新型。如果申请的是一种产品（包括发明和实用新型），那么该产品必须在产业中能够制造，并且能够解决技术问题；如果申请的是一种方法（仅限发明），那么这种方法必须在产业中能够使用，并且能够解决技术问题。只有满足上述条件的产品或者方法专利申请才可能被授予专利权。所谓产业，它包括工业、农业、林业、水产业、畜牧业、交通运输业以及文化体育、生活用品和医疗器械等行业。

在产业上能够制造或者使用的技术方案，是指符合自然规律、具有技术特征的任何可实施的技术方案。这些方案并不一定意味着使用机器设备，或者制造一种物品，还可以包括方法，例如驱雾的方法，或者将能量由一种形式转换成另一种形式的方法。

能够产生积极效果,是指发明或者实用新型专利申请在提出申请之日,其产生的经济、技术和社会的效果是所属技术领域的技术人员可以预料到的。这些效果应当是积极的和有益的。

2. 不具备实用性的主要情形

以下情形不具备实用性:无再现性;违背自然规律,如永动机;利用独一无二的自然条件生产的产品;人体或者动物体的非治疗目的的外科手术方法,如美容手术方法;测量人体或者动物体在极限情况下的生理参数的方法,极限情况诸如超高、超低温度或者超低氧气分压等;无积极效果,如发明明显无益、脱离社会需要。

▶ 二、外观设计专利的授权条件

(一)新颖性

授予专利权的外观设计,应当不属于现有设计;也没有任何单位或者个人就同样的外观设计在申请日以前向国务院专利行政部门提出过申请,并记载在申请日以后公告的专利文件中。现有设计,是指申请日以前在国内外为公众所知的设计。

(二)创造性

授予专利权的外观设计与现有设计或者现有设计特征的组合相比,应当具有明显区别。

(三)不得与他人在先权利相冲突

授予专利权的外观设计不得与他人在申请日以前已经取得的合法权利相冲突。在先取得的合法权利包括:就作品、商标、地理标志、姓名、企业名称、肖像,以及有一定影响的商品名称、包装、装潢等享有的合法权利或者权益。

▶ 三、丧失新颖性的例外

申请专利的发明创造在申请日以前 6 个月内,有下列情形之一的,不丧失新颖性:

(1)在国家出现紧急状态或者非常情况时,为公共利益目的首次公开的;

(2)在中国政府主办或者承认的国际展览会上首次展出的;

(3)在规定的学术会议或者技术会议上首次发表的;

(4)他人未经申请人同意而泄露其内容的。

▶ 四、不授予专利权的情形

(一)违反国家法律

发明创造与国家法律相违背的,不能被授予专利权。例如,用于赌博的设备、机器或工具;吸毒的器具;伪造国家货币、票据、公文、证件、印章、文物的设备等都属于违反国家法律的发明创造,不能被授予专利权。

发明创造并没有违反国家法律,但是由于其被滥用而违反国家法律的,则可以授予专利。例如,用于医疗的各种毒药、麻醉品、镇静剂、兴奋剂和用于娱乐的棋牌等。

违反国家法律的发明创造,不包括仅其实施为国家法律所禁止的发明创造。其含义是,如果仅仅是发明创造的产品的生产、销售或使用受到国家法律的限制或约束,则该产品本身及其制造方法并不属于违反国家法律的发明创造。例如,用于国防的各种武器的生产、销售及使用虽然受到国家法律的限制,但这些武器本身及其制造方法仍然属于可给予专利保护的客体。

（二）违反社会公德

发明创造与社会公德相违背的,不能被授予专利权。例如,带有暴力、凶杀或者淫秽的图片或者照片的外观设计,克隆的人或者克隆人的方法,人胚胎的工业应用或者商业目的的应用,可能导致动物痛苦而对人或动物的医疗没有实质性益处的改变动物遗传同一性的方法等,上述发明创造违反社会公德,不能被授予专利权。

（三）妨害公共利益

妨害公共利益,是指发明创造的实施或使用会给公众或社会造成危害,或者会使国家和社会的正常秩序受到影响。例如,发明创造以致人伤残或损害财物为手段的,如一种使盗窃者双目失明的防盗装置及方法,不能被授予专利权;发明创造的实施或使用会严重污染环境、严重浪费能源或资源、破坏生态平衡、危害公众健康的,不能被授予专利权;专利申请的文字或者图案涉及国家重大政治事件或宗教信仰、伤害人民感情或民族感情或者宣传封建迷信的,不能被授予专利权。

但是,如果发明创造因滥用而可能造成妨害公共利益的,或者发明创造在产生积极效果的同时存在某种缺点的,例如对人体有某种副作用的药品,则不能以“妨害公共利益”为理由拒绝授予专利权。

（四）违反法律、行政法规的规定获取或者利用遗传资源,并依赖该遗传资源完成的发明创造

遗传资源,是指取自人体、动物、植物或者微生物的任何含有遗传功能单位并具有实际或者潜在价值的材料;发明创造的完成依赖于遗传资源,是指发明创造的完成利用了遗传资源的遗传功能。《生物多样性公约》于1992年5月22日在内罗毕讨论通过,我国已加入该公约。《生物多样性公约》第一次对生物多样性进行了全面阐述,第一次将遗传多样性保护纳入国际条约,其最重要之处在于抛弃了“遗传资源是人类的共同财富”的提法,明确遗传资源提供国对其自然资源的主权,注意遗传资源提供国和遗传资源获取国之间利益的平衡,因而最终获得了大多数国家的认同。其中第15条和第16条规定了遗传资源提供国的以下权利:（1）对自然资源的主权;（2）对可否取得遗传资源的决定权;（3）对获取遗传资源的事先知情同意权;（4）要求参与遗传资源科研开发的权利、要求在本国境内进行科研开发的权利;（5）公平分享研究和开发遗传资源的成果以及商业和其他方面利用此种资源所获得的利益;（6）获得有关技术的权利,即各缔约国应根据共同商定的条件向遗传资

源提供国提供利用遗传资源的技术和转让此种技术。

《中华人民共和国种子法》（2021）、《中华人民共和国野生动物保护法》（2022）和《中华人民共和国人类遗传资源管理条例》（2019）都对我国基因资源的主权原则有所规定。

与上述公约、法律、法规相配套，《专利法》（2020）规定，对违反法律、行政法规的规定获取或者利用遗传资源，并依赖该遗传资源完成的发明创造，不授予专利权。依赖遗传资源完成的发明创造，申请人应当在专利申请文件中说明该遗传资源的直接来源和原始来源；申请人无法说明原始来源的，应当陈述理由。

（五）科学发现

科学发现，是指对自然界中客观存在的物质、现象、变化过程及其特性和规律的揭示。科学理论是对自然界认识的总结，是更为广义的发现。它们都属于人们认识的延伸。这些被认识的物质、现象、过程、特性和规律不同于改造客观世界的技术方案，不是专利法意义上的发明创造，因此不能被授予专利权。例如，发现卤化银在光照下有感光特性，这种发现不能被授予专利权，但是根据这种发现制造出的感光胶片以及此感光胶片的制造方法则可以被授予专利权。又如，从自然界找到一种以前未知的以天然形态存在的物质，仅仅是一种发现，不能被授予专利权。

应当注意，发明和发现虽有本质不同，但两者关系密切。通常，很多发明是建立在发现的基础之上的，进而发明又促进了发现。发明与发现的这种密切关系在化学物质的"用途发明"上表现最为突出，当发现某种化学物质的特殊性质之后，利用这种性质的"用途发明"则应运而生。

（六）智力活动的规则和方法

智力活动的规则和方法内容非常广泛，例如：审查专利申请的方法；组织、生产、商业实施和经济等方面的管理方法及制度；交通行车规则、时间调度表、比赛规则；演绎、推理和运筹的方法；图书分类规则、字典的编排方法、情报检索的方法、专利分类法；日历的编排规则和方法；仪器和设备的操作说明；各种语言的语法、汉字编码方法；计算机的语言及计算规则；速算法或口诀；数学理论和换算方法；心理测验方法；教学、授课、训练和驯兽的方法；各种游戏、娱乐的规则和方法；统计、会计和记账的方法；乐谱、食谱、棋谱；锻炼身体的方法；疾病普查的方法和人口统计的方法；信息表述方法；计算机程序本身等等。

（七）疾病的诊断和治疗方法

疾病的诊断和治疗方法不能被授予专利权，例如血压测量法、诊脉法、足诊法、X光诊断法、超声诊断法、疾病治疗效果预测方法、基因筛查诊断法等等。但以下几类方法不属于诊断方法：（1）在已经死亡的人体或动物体上实施的病理解剖方法；（2）直接目的不是获得诊断结果或健康状况，而只是从活的人体或动物体获取作为中间结果的信息的方法，或处理该信息（形体参数、生理参数或其他参数）的方法；（3）直接目的不是获得诊断结果或健康状况，而只是对已经脱离人体或动物体的组织、体液或排泄物进行处理或检测以获取作为中间结果的信息的方法,或处理该信息的方法。对上述(1)和(2)项需要说明的是,只有当根据现有技术中的医学知识和该专利申请公开的内容中所获得的信息本身不能够直接得出疾病的诊断结果或健康状况时,这些信息才能被认为是中间结果。

用于实施疾病诊断和治疗方法的仪器或装置,以及在疾病诊断和治疗方法中使用的物质或材料属于可被授予专利权的客体。

（八）动物和植物品种

我国对于动物和植物品种不授予专利权,但对于动物和植物品种的生产方法,可以授予专利权。但这里所说的生产方法是指非生物学的方法,不包括主要是生物学的方法。一种方法是否属于"主要是生物学的方法",取决于在该方法中人的技术介入程度。如果人的技术介入对该方法所要达到的目的或者效果起了主要的控制作用或者决定性作用,则这种方法不属于"主要是生物学的方法"。例如,采用辐照饲养法生产高产牛奶的乳牛的方法;改进饲养方法生产瘦肉型猪的方法等属于可被授予发明专利权的客体。

（九）原子核变换方法以及用原子核变换方法获得的物质

原子核变换方法以及用该方法所获得的物质关系到国家的经济、国防、科研和公共生活的重大利益,不宜为单位或私人垄断,因此不能被授予专利权。

1. 原子核变换方法

原子核变换方法,是指使一个或几个原子核经分裂或者聚合,形成一个或几个新原子核的过程,例如:完成核聚变反应的磁镜阱法、封闭阱法以及实现核裂变的各种方法等,这些变换方法是不能被授予专利权的。

为实现核变换方法的各种设备、仪器及其零部件等,均属于可被授予专利权的客体。

2. 用原子核变换方法所获得的物质

用原子核变换方法所获得的物质,主要是指用加速器、反应堆以及其他核反应装置生产、制造的各种放射性同位素,这些同位素不能被授予发明专利权。但是这些同位素的用途以及使用的仪器、设备属于可被授予专利权的客体。

（十）对平面印刷品的图案、色彩或者二者的结合作出的主要起标识作用的设计

对平面印刷品的图案、色彩或者二者的结合作出的主要起标识作用的设计,例如产品包装袋、瓶贴以及捆扎铅笔、管材等的纸带和塑料条等,应该主要用商标法、反不正当竞争法等来保护,不应用专利法来保护。

（十一）违反保密审查规定的发明或者实用新型

任何单位或者个人将在中国完成的发明或者实用新型向外国申请专利的,应当事先报经国务院专利行政部门进行保密审查,对违反此规定向外国申请专利的发明或者实用新型,在中国申请专利的,不授予专利权。

第二节　专利权的主体

与专利权有关的两个概念是申请专利的权利和专利申请权。申请专利的权利是指对发明创造享有的提出专利申请的权利。而专利申请权是指申请人在向专利局提出专利申请以后，对该专利申请享有的权利。专利权的主体即专利权人，指依法享有专利权并承担与此相应义务的人。

▶ 一、先发明原则与先申请原则

对于两个以上的申请人分别就同样的发明创造申请专利的情形，专利权究竟应该授予谁，通常解决的原则有两种：先发明原则和先申请原则。

（一）先发明原则

先发明原则是指两个以上的申请人就同样的发明创造分别申请专利，专利权授给最先完成发明创造的人的原则。以前，美国曾采用这一原则确定专利权人。"先发明原则虽符合专利制度鼓励发明创造的宗旨，体现了专利权授权的公正、合理性，但在操作中存在明显的缺点。首先，确定先发明人非常困难，要花费较多的人力、物力和财力；其次，不利于促使技术早日公开，因为按先发明原则，发明人在后的申请并不影响其获得专利权；再次，会导致已取得的专利权处于不稳定的状态，客观上不利于专利技术的推广和使用。"[①]美国目前已经将先发明原则改为先申请原则。

（二）先申请原则

先申请原则是指两个以上的申请人就同样的发明创造分别申请专利，专利权授给最先申请人的原则。我国采用的是先申请原则。

我国负责专利授权和确权工作的国务院专利行政部门是国家知识产权局。

▶ 二、职务发明创造与非职务发明创造

（一）职务发明创造

1. 职务发明创造的含义

职务发明创造是指执行本单位的任务或者主要是利用本单位的物质技术条件所完成的发明创造。职务发明创造申请专利的权利属于该单位；申请被批准后，该单位为专利权人。这里所称本单位，包括临时工作单位；从单位的组织形式上讲，既包括法人组织，也包括非法人组织。

（1）执行本单位的任务所完成的职务发明创造，主要包括：① 在本职工作中作出的发明创造，例如，发明创造人的本职工作是机械工程师，他在工作中发明创造了一种新的车刀，这项发明创造就是职务发明创造。② 履行本单位交付的本职工作

---

① 吴汉东主编：《知识产权法（第三版）》，中国政法大学出版社 2004 年版，第 146 页。

之外的任务所作出的发明创造,例如,发明创造人的本职工作是机械工程师,但他自学了电子技术,单位知悉这一情况后,将一项自动化设计任务交给他来完成,则他完成的这项发明创造也属于职务发明创造。③ 退休后或者劳动、人事关系解除或者终止后1年内作出的,与其在原单位承担的本职工作或者原单位分配的任务有关的发明创造。这是为了防止职工将快要完成的职务发明创造隐瞒不报而等到其离职、退休或者调动以后再申请专利,规定1年的期限是合适的,这样可以较好地处理单位和职工之间的利益分配关系。

(2)主要是利用本单位的物质技术条件所完成的发明创造。这种发明创造也属于职务发明创造。本单位的物质技术条件,是指本单位的资金、设备、零部件、原材料或者不对外公开的技术资料等。

为了鼓励专利的运用实施,《专利法》(2020)特别规定,单位可以依法处置其职务发明创造申请专利的权利和专利权,促进相关发明创造的实施和运用。

2. 职务发明创造的发明人或者设计人的权利

职务发明创造的发明人或者设计人具有署名权;同时,被授予专利权的单位应当对职务发明创造的发明人或者设计人给予奖励;发明创造专利实施后,根据其推广应用的范围和取得的经济效益,对发明人或者设计人给予合理的报酬。国家鼓励被授予专利权的单位实行产权激励,采取股权、期权、分红等方式,使发明人或者设计人合理分享创新收益。

(1)署名权。发明人或者设计人有在专利文件中写明自己是发明人或者设计人的权利。

(2)被授予专利权的单位未在其依法制定的规章制度中规定,也未在其与发明人或者设计人订立的合同中约定《专利法》(2020)规定的奖励的,应当自专利权公告之日起3个月内发给发明人或者设计人奖金。根据《专利法实施细则》(2010)的规定,一项发明专利的奖金最低不少于3000元;一项实用新型专利或者外观设计专利的奖金最低不少于1000元。由于发明人或者设计人的建议被其所属单位采纳而完成的发明创造,被授予专利权的单位应当从优发给奖金。

(3)被授予专利权的单位未在其依法制定的规章制度中规定,也未在其与发明人或者设计人订立的合同中约定《专利法》(2020)规定的报酬的,在专利权有效期限内,实施发明创造专利后,每年应当从实施该项发明或者实用新型专利的营业利润中提取不低于2%或者从实施该项外观设计专利的营业利润中提取不低于0.2%,作为报酬支付给发明人或者设计人;或者参照上述比例,给予发明人或者设计人一次性报酬。

(4)被授予专利权的单位、许可其他单位或者个人实施其专利的,应当从收取的使用费中提取不低于10%,作为报酬给予发明人或者设计人。

(二)非职务发明创造

非职务发明创造是指不属于职务发明的情形,其申请专利的权利属于发明人或者设计人。申请被批准后,该发明人或者设计人即成为专利权人。对发明人或者设计人的非职务发明创造专利申请,任何单位或者个人不得压制。侵夺发明人或者设计人的非职务发明创造专利申请权和《专利法》(2020)规定的其他权益的,由所在单位或者上级主管机关给予行政处分。

（三）可以约定的情形

利用本单位的物质技术条件所完成的发明创造,单位与发明人或者设计人订有合同,对申请专利的权利和专利权的归属作出约定的,从其约定。这一规定不但有利于调动科研人员的积极性,而且有利于使单位闲置的设备等物质条件得到充分利用。

▶ 三、合作发明创造

两个以上单位或者个人合作完成的发明创造,合作各方可以约定权利归属;没有约定的,申请专利的权利属于共同完成的单位或者个人;申请被批准后,申请的单位或者个人为专利权人。

合作开发合同的当事人应当按照约定进行投资,包括以技术进行投资;分工参与研究开发工作;协作配合研究开发工作。合作开发合同的当事人违反约定造成研究开发工作停滞、延误或者失败的,应当承担违约责任。

当事人一方转让其共有的专利申请权的,其他各方享有以同等条件优先受让的权利。合作开发的当事人一方声明放弃其共有的专利申请权的,可以由另一方单独申请或者由其他各方共同申请。申请人取得专利权的,放弃专利申请权的一方可以免费实施该专利。合作开发的当事人一方不同意申请专利的,另一方或者其他各方不得申请专利。

▶ 四、委托发明创造

一个单位或者个人接受其他单位或者个人委托所完成的发明创造,委托方和被委托方可以约定权利归属;没有约定的,申请专利的权利属于完成的单位或者个人;申请被批准后,申请的单位或者个人为专利权人。

委托开发合同的委托人应当按照约定支付研究开发经费和报酬;提供技术资料、原始数据;完成协作事项;接受研究开发成果。委托开发合同的研究开发人应当按照约定制定和实施研究开发计划;合理使用研究开发经费;按期完成研究开发工作,交付研究开发成果,提供有关的技术资料和必要的技术指导,帮助委托人掌握研究开发成果。

研究开发人取得专利权的,委托人可以免费实施该专利。研究开发人转让专利申请权的,委托人享有以同等条件优先受让的权利。

在中国有经常居所或者营业所的外国人、外国企业或者外国其他组织在中国申请专利的，享有与中国单位和个人完全相同的待遇。

在中国没有经常居所或者营业所的外国人，如果所属国同中国签订有专利保护协议或者共同参加国际条约，对这类国家的国民和企业来中国申请专利的，根据我国《专利法》(2020)办理。在中国没有经常居所或者营业所的外国人、外国企业或者外国其他组织在中国申请专利的，如果其所属国没有同中国签订有专利保护协议，也没有与中国共同参加国际条约的，可以依照互惠原则，根据我国《专利法》(2020)办理。互惠原则就是双方在没有条约、协议的条件下在实践中互相给予保护。

在中国没有经常居所或者营业所的外国人、外国企业或者外国其他组织在中国申请专利和办理其他专利事务的，应当委托依法设立的专利代理机构办理。相比之下，中国单位或者个人在国内申请专利和办理其他专利事务的，可以委托依法设立的专利代理机构办理，也可以自己申请。

第三节　专利权的内容与限制

► 一、专利权的内容

（一）禁止未经许可的实施

产品发明和实用新型专利权被授予后，除《专利法》(2020)另有规定的以外，任何单位或者个人未经专利权人许可，都不得实施其专利，即不得为生产经营目的制造、使用、许诺销售、销售、进口其专利产品。

方法发明专利权被授予后，除《专利法》(2020)另有规定的以外，任何单位或者个人未经专利权人许可，都不得实施其专利，即不得为生产经营目的使用其专利方法以及使用、许诺销售、销售、进口依照该专利方法直接获得的产品。

外观设计专利权被授予后，任何单位或者个人未经专利权人许可，都不得实施其专利，即不得为生产经营目的制造、许诺销售、销售、进口其外观设计专利产品。

（二）许可实施

任何单位或者个人实施他人专利的，应当与专利权人订立实施许可合同，向专利权人支付专利使用费。被许可人无权允许合同约定以外的任何单位或者个人实施该专利。

1. 独占许可、排他许可和普通许可

专利许可分为独占许可、排他许可和普通许可。独占许可是指专利许可后只有被许可方可使用该专利，专利权人和其他人都不能再使用；排他许可是指许可后只有专利权人和被许可方能够使用该专利，其他人不能再使用该专利；普通许可是指专利权人将专利使用权许可给多人使用，同时自己还保留使用权。发现专利侵权时，三种许可的被许可方的诉讼权利不同，独占许可的被许可人可以单独向人民法院提起诉讼；排他许可的被许可人可以和专利权人共同起诉，也可以在专利权人不起诉的情况下，自行提起诉讼；普通许可合同的被许可人经专利权人明确授权，才可以提起诉讼。

2. 开放许可

专利开放许可是指专利权人将其专利许可条件通过国务院专利行政部门进行公示，接受该条件的任何单位或者个人都可以实施该专利的一种制度。2008 年我国实施《国家知识产权战略纲要》以来，一方面，专利数量大幅增加；另一方面，实践中存在专利技术转化率不高、专利许可供需信息不对称、转化服务不足的问题，为此，2020 年修正《专利法》时采取多种举措促进专利实施和运用。除了前面所提及的单位对于职务发明人的产权激励以外，还包括新增的开放许可制度。而且，《专利法》(2020) 还要求国务院专利行政部门、地方人民政府管理专利工作的部门应当会同同级相关部门采取措施，加强专利公共服务，促进专利实施和运用。

具体而言，专利权人自愿以书面方式向国务院专利行政部门声明愿意许可任何单位或者个人实施其专利，并明确许可使用费支付方式、标准的，由国务院专利行政部门予以公告，实行开放许可。就实用新型、外观设计专利提出开放许可声明的，应当提供专利权评价报告。任何单位或者个人有意愿实施开放许可的专利的，以书面方式通知专利权人，并依照公告的许可使用费支付方式、标准支付许可使用费后，即获得专利实施许可。为了鼓励开放许可，《专利法》(2020) 特别规定，开放许可实施期间，对专利权人缴纳专利年费相应给予减免。关于开放许可的纠纷，可以请求国务院专利行政部门进行调解或者向人民法院起诉。

实行开放许可的专利权人可以与被许可人就许可使用费进行协商后给予普通许可，但不得就该专利给予独占或者排他许可。

专利权人撤回开放许可声明的，应当以书面方式提出，并由国务院专利行政部门予以公告。开放许可声明被公告撤回的，不影响在先给予的开放许可的效力。

（三）转让

专利申请权和专利权可以转让。中国单位或者个人向外国人、外国企业或者外国其他组织转让专利申请权或者专利权的，应当依照有关法律、行政法规的规定办理手续。转让专利申请权或者专利权的，当事人应当订立书面合同，并向国务院专利行政部门登记，由国务院专利行政部门予以公告。专利申请权或者专利权的转让自登记之日起生效。

（四）临时保护

临时保护是指发明专利申请公布后授权前，申请人可以要求实施其发明的单位或者个人支付适当的费用。

例如，一项发明专利于 2003 年 3 月 1 日提出申请，于 2004 年 9 月 1 日公布，于

2006年3月1日授权。

$$03.3.1 \longrightarrow 04.9.1 \longrightarrow 06.3.1 \longrightarrow$$
（申请日）　（公布日）　（授权日）

在该例中,公布日以前适用技术秘密来保护,因为在公布日以前该技术一直处于秘密状态,这个阶段当事人之间订立的合同名称也可能为专利许可合同,但这并不影响该合同的效力,也就是说,人民法院不以当事人就已经申请专利但尚未授权的技术订立专利实施许可合同为由,认定合同无效。授权日以后适用专利权来保护,因为此时已经有专利权了。公布日至授权日之间适用临时保护,当事人之间的技术实施许可合同参照适用专利实施许可合同的有关规定。

（五）标记权

专利权人有权在其专利产品或者该产品的包装上标明专利标识。

（六）共有专利权的行使

专利申请权或者专利权的共有人对权利的行使有约定的,从其约定。没有约定的,共有人可以单独实施或者以普通许可方式许可他人实施该专利;许可他人实施该专利的,收取的使用费应当在共有人之间分配。除此之外,行使共有的专利申请权或者专利权应当取得全体共有人的同意。

▶ **二、专利权的期限和终止**

（一）期限

发明专利权的期限为 20 年,实用新型专利权的期限为 10 年,外观设计专利权的期限为 15 年。上述权利均自实际申请日起计算。

根据《专利法》(2020)第 42 条的规定,自发明专利申请日起满 4 年,且自实质审查请求之日起满 3 年后授予发明专利权的,国务院专利行政部门应专利权人的请求,就发明专利在授权过程中的不合理延迟给予专利权期限补偿,但由申请人引起的不合理延迟除外。

为补偿新药上市审评审批占用的时间,对在中国获得上市许可的新药相关发明专利,国务院专利行政部门应专利权人的请求给予专利权期限补偿。补偿期限不超过 5 年,新药批准上市后总有效专利权期限不超过 14 年。

（二）专利权的提前终止

正常情况下专利权在保护期届满时终止,但是遇有以下情况,专利权会提前终止。

1. 未依规定缴纳年费

专利权人应当自被授予专利权的当年开始缴纳年费。申请人办理登记手续时,应当缴纳专利登记费、公告印刷费和授予专利权当年的年费。发明专利申请人应当一并缴纳各个年度的申请维持费,授予专利权的当年不包括在内。期满未缴纳费用的,视为未办理登记手续。以后的年费应当在前一年度期满前 1 个月内预缴。

专利权人未按时缴纳授予专利权当年以后的年费或者缴纳的数额不足的,国务院专利行政部门应当通知专利权人自应当缴纳年费期满之日起 6 个月内补缴,同时缴纳滞纳金;滞纳金的金额按照每超过规定的缴费时间 1 个月,加收当年全额年费的 5%计算;期满未缴纳的,专利权自应当缴纳年费期满之日起终止。

2. 专利权人以书面声明放弃其专利权

在专利权保护期限届满前,专利权人以书面形式向国务院专利行政部门声明放弃专利权的,专利权自国务院专利行政部门收到该声明之日起终止。

▶ 三、专利权的限制

（一）专利实施的强制许可

强制许可仅存在于发明和实用新型专利,而外观设计专利不存在强制许可的情况。

1. 强制许可的种类

（1）不实施导致的强制许可。专利权人自专利权被授予之日起满 3 年,且自提出专利申请之日起满 4 年,无正当理由未实施或未充分实施其专利,国务院专利行政部门根据具备实施条件的单位或者个人的申请,可以给予实施该专利的强制许可。未充分实施其专利,是指专利权人及其被许可人实施其专利的方式或者规模不能满足国内对专利产品或者专利方法的需求。

（2）垄断导致的强制许可。专利权人行使专利权的行为被依法认定为垄断行为,为消除或者减少该行为对竞争产生的不利影响,可以给予强制许可。

（3）公共利益目的的强制许可。在国家出现紧急状态或者非常情况时,或者为了公共利益的目的,国务院专利行政部门可以给予实施发明专利或者实用新型专利的强制许可。

（4）药品专利权强制许可。为公共健康目的,对取得专利权的药品,可以给予制造并将其出口到符合我国参加的有关国际条约规定的国家或地区的强制许可。取得专利权的药品,是指解决公共健康问题所需的医药领域中的任何专利产品或者依照专利方法直接获得的产品,包括取得专利权的制造该产品所需的活性成分以及使用该产品所需的诊断用品。

（5）从属专利及基础专利的强制许可。一项取得专利权的发明或者实用新型比之前已经取得专利权的发明或者实用新型具有显著经济意义的重大技术进步,其实施又有赖于前一发明或者实用新型的实施的,国务院专利行政部门根据后一专利权人的申请,可以给予实施前一发明或者实用新型的强制许可。在依照前述规定给予实施强制许可的情形下,国务院专利行政部门根据前一专利权人的申请,也可以给予实施后一发明或者实用新型的强制许可。

2. 强制许可的特征

（1）非独占。取得实施强制许可的单位或者个人不享有独占的实施权,并且无权允许他人实施。

（2）有偿性。取得实施强制许可的单位或者个人应当付给专利权人合理的使用费，或者依照中华人民共和国参加的有关国际条约的规定处理使用费问题。付给使用费的，其数额由双方协商；双方不能达成协议的，由国务院专利行政部门裁决。

（3）可诉性。专利权人对国务院专利行政部门关于实施强制许可的决定不服的，专利权人和取得实施强制许可的单位或者个人对国务院专利行政部门关于实施强制许可的使用费的裁决不服的，可以自收到通知之日起3个月内向人民法院起诉。

（4）强制许可应当主要为了供应国内市场，但反垄断的强制许可和药品专利权的强制许可除外。

（二）不视为侵犯专利权的情形

1. 权利用尽（权利穷竭）

专利权人制造、进口或者经专利权人许可而制造、进口的专利产品或者依照专利方法直接获得的产品售出后，使用、许诺销售或者销售该产品的。

2. 先用权

在专利申请日前已经制造相同产品、使用相同方法或者已经做好制造、使用的必要准备的主体，可以在原有范围内继续制造、使用该产品或方法。

3. 临时过境

临时通过中国领陆、领水、领空的外国运输工具，依照其所属国同中国签订的协议或者共同参加的国际条约，或者依照互惠原则，为运输工具自身需要而在其装置和设备中使用有关专利的。

4. 专为科学研究和实验而使用有关专利的

5. 为提供行政审批所需要的信息

为提供行政审批所需要的信息，制造、使用、进口专利药品或者专利医疗器械的，以及专门为其制造、进口专利药品或者专利医疗器械的。

（三）强制推广应用

国有企业事业单位的发明专利，对国家利益或者公共利益具有重大意义的，国务院有关主管部门和省、自治区、直辖市人民政府报经国务院批准，可以决定在批准的范围内推广应用，允许指定的单位实施，由实施单位按照国家规定向专利权人支付使用费。

▶ 四、专利权的保护

（一）专利权的保护范围

1. 发明和实用新型

发明和实用新型专利权的保护范围以其权利要求的内容为准，说明书及附图可以用于解释权利要求的内容。

（1）发明或者实用新型专利申请的说明书。说明书包括下列内容：① 技术领域：写明要求保护的技术方案所属的技术领域；② 背景技术：写明对发明或者实用新型的理解、检索、审查有用的背景技术；有可能的，引证反映这些背景技术的文件；③ 发明内容：写明发明或者实用新型所要解决的技术问题以及解决其技术问题采用的技术方案，并对照现有技术写明发明或者实用新型的有益效果；④ 附图说明：说明书有附图的，对各幅附图作简略说明；⑤ 具体实施方式：详细写明申请人认为实现发明或者实用新型的优选方式；必要时，举例说明；有附图的，对照附图。

（2）权利要求书。权利要求书应说明发明或者实用新型的技术特征，清楚、简要地表述请求保护的范围。权利要求书应当有独立权利要求，也可以有从属权利要求。独立权利要求从整体上反映发明或者实用新型的技术方案，记载解决技术问题的必要技术特征。从属权利要求应当用附加的技术特征，对引用的权利要求作进一步限定。

（3）等同特征。专利权的保护范围应当以权利要求书中明确记载的必要技术特征所确定的范围为准，也包括与该必要技术特征相等同的特征所确定的范围。等同特征是指与所记载的技术特征以基本相同的手段，实现基本相同的功能，达到基本相同的效果，并且本领域的普通技术人员无需经过创造性劳动就能够联想到的特征。

（4）捐献规则。对于仅在说明书或者附图中描述而在权利要求中未记载的技术方案，权利人在侵犯专利权纠纷案件中不能将其纳入专利权保护范围，这称为捐献规则，就是说权利人愿意把该技术方案公之于众并且还不要求专利保护。

2. 外观设计

外观设计专利权的保护范围以表示在图片或者照片中的该产品的外观设计为准，简要说明可以用于解释图片或者照片所表示的该产品的外观设计。

（二）专利侵权的法律救济

侵犯专利权的行为是指在专利有效期内，行为人未经许可，以营利为目的实施他人专利的行为。对于侵犯专利权的行为，法律规定了几种救济方式。

1. 处理方式

未经专利权人许可，实施其专利，即侵犯其专利权，引起纠纷的，由当事人协商解决；不愿协商或者协商不成的，专利权人或者利害关系人可以向人民法院起诉。

专利权人也可以请求管理专利工作的部门处理专利侵权纠纷。管理专利工作的部门处理时，认定侵权行为成立的，可以责令侵权人立即停止侵权行为，当事人不服的，可以自收到处理通知之日起 15 日内依照《中华人民共和国行政诉讼法》（以下简称《行政诉讼法》）向人民法院起诉；侵权人期满不起诉又不停止侵权行为的，管理专利工作的部门可以申请人民法院强制执行。进行处理的管理专利工作的部门应当事人的请求,可以就侵犯专利权的赔偿数额进行调解;调解不成的,当事人可以依照《中华人民共和国民事诉讼法》(以下简称《民事诉讼法》)向人民法院起诉。

2. 侵犯发明、实用新型专利权判定中的几项原则

(1) 全面覆盖原则。

全面覆盖原则,又称全部技术特征覆盖原则或字面侵权原则,是指如果被控侵权物(产品或方法)的技术特征包含了专利权利要求中记载的全部必要技术特征,则落入专利权的保护范围。进行侵权判定首先要适用全面覆盖原则,即应当以专利权利要求中记载的技术方案的全部必要技术特征与被控侵权物(产品或方法)的全部技术特征逐一进行对应比较。进行侵权判定,一般不以专利产品与侵权物品直接进行侵权对比。专利产品可以用于帮助理解有关技术特征与技术方案。必要技术特征可以理解为该发明或实用新型要想实现其发明目的而必不可少的技术要素,缺一不可。判断是否构成侵犯专利权,需要将被控侵权物与专利权利要求的必要技术特征进行比对,当被控侵权物含的技术特征多于或等于权利要求的必要技术特征时,侵权成立;而当被控侵权物含的技术特征少于权利要求的必要技术特征时,侵权不成立。

随着科学技术的发展,新型专利侵权行为开始出现,此时不宜再机械适用全面覆盖原则。例如,在深圳市吉祥腾达科技有限公司(以下简称腾达公司)与深圳敦骏科技有限公司(以下简称敦骏公司)等侵害发明专利权纠纷上诉案①中,原告敦骏公司的专利为一种简易访问网络运营商门户网站的方法,其包括了若干处理步骤;被告腾达公司在其生产、销售的路由器产品中以软件形式固化了该专利方法。敦骏公司主张腾达公司制造、销售以及许诺销售被诉侵权产品的行为构成对其涉案专利权的侵害。腾达公司认为,涉案专利保护的是一种网络接入认证方法,腾达公司仅是制造了被诉侵权产品,但并未使用涉案专利保护的技术方案,并且涉案专利方法并不是产品制造方法,根据该方法并不能直接获得任何产品(包括被诉侵权产品),涉案专利的保护并不能延伸到产品,因此其不侵犯专利权。最高人民法院终审判决侵权成立。

这一案例被最高人民法院发布为 159 号指导案例,指导案例目的在于总结审判经验、统一法律适用、提高审判质量、维护司法公正,本案例属于新类型案件的代表,对于今后各级人民法院审判类似案例具有重要指导意义。该案作为指导案例的裁判要点有两个:第一个裁判要点是"以生产经营为目的将专利方法实质内容固化在产品中,该行为或者行为结果对专利方法被产品用户实施起到了不可替代的实质性作用,则构成侵权"。该裁判点很好地解决了互联网领域多主体实施的方法专利的维权困境,因为按照传统的专利侵权判断规则,方法专利的被控侵权方只有在其为生产经营目的实施了该方法或者使用、许诺销售、销售、进口依照该专利方法直接获得的产品时才构成侵权,然而目前所谓的多主体实施的方法专利并非制造某种产

① (2019)最高法知民终 147 号。

品的方法,其"直接产品"无从谈起,其步骤的实施分散于多个主体,在此情况下,如果将制造以软件形式固化了专利方法所有步骤的终端产品的企业免责,那么专利权人的利益将完全落空,而终端产品制造商则因专利获取更多利润,这是不公平的。第二个裁判要点是举证妨碍规则。该规则在 2016 年最高人民法院《关于审理侵犯专利权纠纷案件应用法律若干问题的解释(二)》中有规定,在 2020 年《专利法》修正时被吸收,本案审理过程中可谓严丝合缝地加以适用,属于精准体现该规则的典型案例。

(2) 等同原则。

等同原则是指被控侵权物(产品或方法)中有一个或者一个以上技术特征经与专利独立权利要求保护的技术特征相比,从字面上看不相同,但经过分析可以认定两者是相等同的技术特征。这种情况下,应当认定被控侵权物(产品或方法)落入了专利权的保护范围。在专利侵权判定中,当适用全面覆盖原则判定被控侵权物(产品或方法)不构成侵犯专利权的情况下,应当适用等同原则进行侵权判定。

(3) 禁止反悔原则。

禁止反悔原则是指在专利审批、撤销或无效程序中,专利权人为确定其专利具备新颖性和创造性,通过书面声明或者修改专利文件的方式对专利权利要求的保护范围作了限制承诺或者部分地放弃了保护并因此获得了专利权,而在专利侵权诉讼中,法院适用等同原则确定专利权的保护范围时应当禁止专利权人将已被限制、排除或者已经放弃的内容重新纳入专利权保护范围。当等同原则与禁止反悔原则在适用上发生冲突时,即原告主张适用等同原则判定被告侵犯其专利权,而被告主张适用禁止反悔原则判定自己不构成侵犯专利权的情况下,应当优先适用禁止反悔原则。

(4) 现有技术抗辩。

在专利侵权纠纷中,被控侵权人有证据证明其实施的技术或者设计属于现有技术或现有设计的,不构成侵犯专利权。被诉落入专利权保护范围的全部技术特征,与一项现有技术方案中的相应技术特征相同或者无实质性差异的,符合现有技术抗辩原则。被诉侵权设计与现有设计相同或者无实质性差异的,符合现有技术抗辩原则。

3. 专利侵权处理程序中的一些特殊规定

(1) 地域管辖。

因侵犯专利权行为提起的诉讼,由侵权行为地或者被告住所地人民法院管辖。侵权行为地包括:被诉侵犯发明、实用新型专利权的产品的制造、使用、许诺销售、销售、进口等行为的实施地;专利方法使用行为的实施地,依照该专利方法直接获得的产品的使用、许诺销售、销售、进口等行为的实施地;外观设计专利产品的制造、许诺销售、销售、进口等行为的实施地;假冒他人专利的行为实施地。上述侵权行为的侵权结果发生地。

（2）诉讼时效。

侵犯专利权的诉讼时效为3年，自专利权人或者利害关系人得知或者应当知道侵权行为以及侵权人之日起计算。权利人超过3年起诉的，如果侵权行为在起诉时仍在继续，在该项专利权有效期内，人民法院应当判决被告停止侵权行为，侵权损害赔偿数额应当自权利人向人民法院起诉之日起向前推算3年计算。

发明专利申请公布后至专利权授予前使用该发明未支付适当使用费的，专利权人要求支付使用费的诉讼时效为3年，自专利权人得知或者应当得知他人使用其发明之日起计算，但是，专利权人于专利权授予之日前即已得知或者应当得知的，自专利权授予之日起计算。

（3）诉前措施。

专利权人或者利害关系人有证据证明他人正在实施或者即将实施侵犯专利权、妨碍其实现权利的行为，如不及时制止将会使其合法权益受到难以弥补的损害，可以在起诉前依法向人民法院申请采取财产保全、责令作出一定行为或者禁止作出一定行为的措施。为了制止专利侵权行为，在证据可能灭失或者以后难以取得的情况下，专利权人或者利害关系人可以在起诉前依法向人民法院申请保全证据。

（4）新产品制造方法发明专利的举证责任倒置。

专利侵权纠纷涉及新产品制造方法的发明专利的，制造同样产品的单位或者个人应当提供其产品制造方法不同于专利方法的证明。

（5）实用新型和外观设计专利评价报告。

专利的审查分为形式审查和实质审查。形式审查指的是主要审查专利申请文件的格式是否正确、著录项目有无漏填、错填等方面的问题，而实质审查是审查专利申请有没有新颖性、创造性和实用性等方面的问题。我国专利审查制度中，发明专利要进行形式审查和实质审查，而实用新型和外观设计则只进行形式审查，这就会产生垃圾专利的问题，垃圾专利就是质量不高的专利，也就是可能没有什么新颖性、创造性的专利。为了解决垃圾专利的问题，我国《专利法》（2020）规定，专利侵权纠纷涉及实用新型专利或者外观设计专利的，人民法院或者管理专利工作的部门可以要求专利权人或者利害关系人出具由国务院专利行政部门对相关实用新型或者外观设计进行检索、分析和评价后作出的专利权评价报告，作为审理、处理专利侵权纠纷的证据；专利权人、利害关系人或者被控侵权人也可以主动出具专利权评价报告。显然，如果专利权评价报告认为该专利不具有新颖性或者创造性，那么专利侵权纠纷也就没必要继续审理了。利害关系人，是指有权就专利侵权纠纷向人民法院起诉或者请求管理专利工作的部门处理的人，包括专利实施独占许可合同的被许可人以及由专利权人授予起诉权的专利实施普通许可合同的被许可人。

（6）确认不侵权之诉。

权利人向他人发出侵犯专利权的警告，被警告人或者利害关系人经书面催告权利人行使诉权，自权利人收到该书面催告之日起 1 个月内或者自书面催告发出之日起 2 个月内，权利人不撤回警告也不提起诉讼，被警告人或者利害关系人可以向人民法院提起请求确认其行为不侵犯专利权的诉讼。

（7）药品专利链接制度。

《专利法》在 2020 年修正时，新增加了药品专利链接制度。药品上市审评审批过程中，药品上市许可申请人与有关专利权人或者利害关系人，因申请注册的药品相关的专利权产生纠纷的，相关当事人可以向人民法院起诉，请求就申请注册的药品相关技术方案是否落入他人药品专利权保护范围作出判决。国务院药品监督管理部门在规定的期限内，可以根据人民法院生效裁判作出是否暂停批准相关药品上市的决定。

药品上市许可申请人与有关专利权人或者利害关系人也可以就申请注册的药品相关的专利权纠纷，向国务院专利行政部门请求行政裁决。国务院药品监督管理部门负责制定药品上市许可审批与药品上市许可申请阶段专利权纠纷解决的具体衔接办法，于 2021 年发布实施了《药品专利纠纷早期解决机制实施办法（试行）》。

4. 专利侵权赔偿数额的决定

侵犯专利权的赔偿数额按照权利人因被侵权所受到的实际损失或者侵权人因侵权所获得的利益确定；权利人的损失或者侵权人获得的利益难以确定的，参照该专利许可使用费的倍数合理确定。对故意侵犯专利权，情节严重的，可以在按照上述方法确定数额的 1 倍以上 5 倍以下确定赔偿数额，此即对于专利侵权的惩罚性赔偿制度。权利人的损失、侵权人获得的利益和专利许可使用费均难以确定的，人民法院可以根据专利权的类型、侵权行为的性质和情节等因素，确定给予 3 万元以上 500 万元以下的赔偿。赔偿数额还应当包括权利人为制止侵权行为所支付的合理开支。

5. 举证妨碍

为加强对专利权人合法权益的保护，《专利法》（2020）进一步完善了举证责任，规定了举证妨碍制度。人民法院为确定赔偿数额，在权利人已经尽力举证，而与侵权行为相关的账簿、资料主要由侵权人掌握的情况下，可以责令侵权人提供与侵权行为相关的账簿、资料；侵权人不提供或者提供虚假的账簿、资料的，人民法院可以参考权利人的主张和提供的证据判定赔偿数额。

6. 关于善意侵权

为生产经营目的使用、许诺销售或者销售不知道是未经专利权人许可而制造并售出的专利产品，能证明其产品合法来源的，不承担赔偿责任。在专利侵权判断中采用的是无过错责任，即原则上不考虑被告方是否有过错。"知识产权由于其无形、具有地域性、受法定时间限制之类物权等民事权利不具有的特点，权利人的专有权范围被他人无意及无过失闯入的可能性与实际机会，比物权等权利多得多、普遍得多……于是,无过错给他人知识产权造成损害的'普遍性',就成了知识产权领域归责原则的特殊性。同时,在知识产权侵权纠纷中,原告要证明被告'有过错'往往很困难。而被告要证明自己'无过错'又很容易。"[1]

（三）假冒专利的处理

在司法实践中,假冒专利的行为主要有以下几类情况:（1）在未被授予专利权的产品或者其包装上标注专利标识,专利权被宣告无效后或者终止后继续在产品或者其包装上标注专利标识,或者未经许可在产品或者产品包装上标注他人的专利号;（2）销售第（1）项所述产品;（3）在产品说明书等材料中将未被授予专利权的技术或者设计称为专利技术或者专利设计,将专利申请称为专利,或者未经许可使用他人的专利号,使公众将所涉及的技术或者设计误认为是专利技术或者专利设计;（4）伪造或者变造专利证书、专利文件或者专利申请文件;（5）其他使公众将未被授予专利权的技术或者设计误认为是专利技术或者专利设计的行为。专利权终止前依法在专利产品、依照专利方法直接获得的产品或者其包装上标注专利标识,在专利权终止后许诺销售、销售该产品的,不属于假冒专利行为。

假冒他人专利的,除依法承担民事责任外,由负责专利执法的部门责令改正并予以公告,没收违法所得,可以处违法所得 5 倍以下的罚款;没有违法所得或者违法所得在 5 万元以下的,可以处 25 万元以下的罚款;构成犯罪的,依法追究刑事责任。假冒他人专利,情节严重的,处 3 年以下有期徒刑或者拘役,并处或者单处罚金。所谓"情节严重"是指下述情形:（1）非法经营数额在 20 万元以上或者违法所得数额在 10 万元以上的;（2）给专利权人造成直接经济损失在 50 万元以上的;（3）假冒两项以上他人专利,非法经营数额在 10 万元以上或者违法所得数额在 5 万元以上的;（4）其他情节严重的情形。销售不知道是假冒专利的产品,并且能够证明该产品合法来源的,由管理专利工作的部门责令停止销售,但免除罚款的处罚。

▶ **五、对专利权滥用的规制**

专利权本身是一种合法的垄断权,不过专利权的行使有个"度",超出合理范围行使专利权就会构成专利权的滥用。对于专利权滥用,既可以用民法的"禁止权利滥用原则"来规制,也可以用反垄断法来规制。《专利法》（2020）专门规定了禁止滥用专利权条款。

1.《专利法》

《专利法》（2020）第 20 条规定:申请专利和行使专利权应当遵循诚实信用原则。不得滥用专利权损害公共利益或者他人合法权益。滥用专利权,排除或者限制竞

---

[1] 郑成思:《知识产权论（修订本）》,法律出版社 2001 年版,第 252 页。

争，构成垄断行为的，依照《中华人民共和国反垄断法》（以下简称《反垄断法》）处理。

2.《对外贸易法》

根据 2022 年《中华人民共和国对外贸易法》（以下简称《对外贸易法》）第 29 条的规定，知识产权权利人有阻止被许可人对许可合同中的知识产权的有效性提出质疑、进行强制性一揽子许可、在许可合同中规定排他性返授条件等行为之一，并危害对外贸易公平竞争秩序的，国务院对外贸易主管部门可以采取必要的措施消除危害。这一条是《对外贸易法》在 2004 年修正时新增的内容，这意味着一旦国外知识产权权利人滥用自己在知识产权上的垄断地位危害公平的对外贸易环境，如不合理的专利收费、限制性的销售行为以及捆绑销售等，我国的对外贸易主管部门即商务部可以采取必要的措施，调查其行为是否符合我国法律及相关国际公约的规定，以保证对外贸易在公平的环境下进行。[①]

3.《反垄断法》

《反垄断法》（2022）中规定，经营者依照有关知识产权的法律、行政法规规定行使知识产权的行为，不适用本法；但是，经营者滥用知识产权，排除、限制竞争的行为，适用本法。

4. 最高人民法院《关于审理技术合同纠纷案件适用法律若干问题的解释》

根据最高人民法院《关于审理技术合同纠纷案件适用法律若干问题的解释》（2020）的规定，合同中包含下列条款的，属于非法垄断技术，相应的合同条款会被判为无效：（1）技术回授。限制当事人一方在合同标的技术基础上进行新的研究开发或者限制其使用所改进的技术，或者双方交换改进技术的条件不对等，包括要求一方将其自行改进的技术无偿提供给对方、非互惠性转让给对方、无偿独占或者共享该改进技术的知识产权。（2）独家交易。限制当事人一方从其他来源获得与技术提供方类似技术或者与其竞争的技术。（3）明显不合理的数量、品种、价格、销售渠道和出口市场限制。阻碍当事人一方根据市场需求，按照合理方式充分实施合同标的技术，包括明显不合理地限制技术接受方实施合同标的的技术生产产品或者提供服务的数量、品种、价格、销售渠道和出口市场。（4）内向型搭售。要求技术接受方接受并非实施技术必不可少的附带条件，包括购买非必需的技术、原材料、产品、设备、服务以及接收非必需的人员等。（5）外向型搭售。不合理地限制技术接受方购买原材料、零部件、产品或者设备等的渠道或者来源。（6）禁止质疑技术知识产权的有效性。禁止技术接受方对合同标的的技术知识产权的有效性提出异议或者对提出异议附加条件。

---

① 王剑：《促进对外贸易的快速发展——解析对外贸易法》，载《人民司法》2004 年第 6 期，第 65 页。

第四节　专利申请的复审与专利权的无效宣告

国务院专利行政部门及其专利局复审和无效审理部应当按照客观、公正、准确、及时的要求，依法处理有关专利的申请和请求。国务院专利行政部门应当加强专利信息公共服务体系建设，完整、准确、及时发布专利信息，提供专利基础数据，定期出版专利公报，促进专利信息传播与利用。对于国务院专利行政部门的决定不服的，可以启动专利申请的复审程序。认为已获得专利权授权的专利不符合《专利法》有关规定的，可以启动专利无效宣告程序。

▶ 一、专利申请的复审

1. 复审的提起

专利申请人对国务院专利行政部门驳回申请的决定不服的，可以自收到通知之日起 3 个月内，向国务院专利行政部门请求复审。国务院专利行政部门复审后，作出决定，并通知专利申请人。

2. 前置审查

国务院专利行政部门具体处理复审业务的部门是专利局复审和无效审理部，简称复审无效部。复审无效部应当将受理的复审请求书转交国务院专利行政部门原审查部门进行审查。原审查部门根据复审请求人的请求，同意撤销原决定的，复审无效部应当据此作出复审决定，并通知复审请求人。原审查部门应当提出前置审查意见，作出前置审查意见书。除特殊情况外，前置审查应当在收到案卷后 1 个月内完成。前置审查意见分为下列三种类型：（1）复审请求成立，同意撤销驳回决定。（2）复审请求人提交的申请文件修改文本克服了申请中存在的缺陷，同意在修改文本的基础上撤销驳回决定。（3）复审请求人陈述的意见和提交的申请文件修改文本不足以使驳回决定被撤销，因而坚持驳回决定。

3. 复审决定

复审无效部进行复审后，认为复审请求不符合《专利法》（2020）和《专利法实施细则》（2010）有关规定的，应当通知复审请求人，要求其在指定期限内陈述意见。期满未答复的，该复审请求视为撤回；经陈述意见或者进行修改后，复审无效部认为仍不符合《专利法》（2020）及《专利法实施细则》（2010）有关规定的，应当作出维持原驳回决定的复审决定。

复审无效部进行复审后，认为原驳回决定不符合《专利法》（2020）及《专利法实施细则》（2010）有关规定的，或者认为经过修改的专利申请文件消除了原驳回决定指出的缺陷的，应当撤销原驳回决定，由原审查部门继续进行审查程序。

4. 复审决定的司法救济

专利申请人对国务院专利行政部门的复审决定不服的，可以自收到通知之日起

3 个月内向人民法院起诉。

▶ **二、专利权的无效**

1. 无效程序的提起

自国务院专利行政部门公告授予专利权之日起,任何单位或者个人认为该专利权的授予不符合《专利法》(2020)有关规定的,可以请求国务院专利行政部门宣告该专利权无效。国务院专利行政部门具体处理无效业务的部门也是复审无效部。

2. 审查原则

(1) 一事不再理原则。

对已作出审查决定的无效宣告案件涉及的专利权,以同样的理由和证据再次提出无效宣告请求的,不予受理和审理。如果再次提出的无效宣告请求的理由或者证据因时限等原因未被在先的无效宣告请求审查决定所考虑,则该请求不属于上述不予受理和审理的情形。

(2) 当事人处置原则。

请求人可以放弃全部或者部分无效宣告理由及证据。对于请求人放弃的无效宣告理由和证据,复审无效部通常不再查证。在无效宣告程序中,当事人有权自行与对方和解。对于请求人和专利权人均向复审无效部表示有和解愿望的,复审无效部应当给予双方当事人一定的期限进行和解,并暂缓作出审查决定,直至任何一方当事人要求复审无效部作出审查决定,或者复审无效部指定的期限已届满。

在无效宣告程序中,专利权人针对请求人提出的无效宣告请求主动缩小专利权保护范围且相应的修改已被复审无效部接受的,视为专利权人承认大于该保护范围的权利要求自始不符合《专利法》(2020)及《专利法实施细则》(2010)的有关规定,并且承认请求人对该权利要求的无效宣告请求,从而免去请求人对宣告该权利要求无效这一主张的举证责任。

在无效宣告程序中,专利权人声明放弃从属权利要求的,视为专利权人承认该权利要求自始不符合《专利法》(2020)及《专利法实施细则》(2010)的有关规定,并且承认请求人对该权利要求的无效宣告请求,从而免去请求人对宣告该权利要求无效这一主张的举证责任。

(3) 保密原则。

在作出审查决定之前,合议组的成员不得私自将自己、其他合议组成员、负责审批的主任委员或者副主任委员对该案件的观点明示或者暗示给任何一方当事人。为了保证公正执法和保密,合议组成员原则上不得与当事人私下会晤。

3. 无效宣告请求审查决定的类型

无效宣告请求审查决定的类型包括:(1) 宣告专利权全部无效;(2) 宣告专利权部分无效;(3) 维持专利权有效。

宣告无效的专利权视为自始即不存在,一项专利被宣告部分无效后,被宣告无效的部分应视为自始即不存在,但是被维持的部分(包括修改后的权利要求)也应视为自始即存在。在无效宣告程序中,如果请求人针对一件发明或者实用新型专利的部分权利要求的无效宣告理由成立,针对其余权利要求(包括以合并方式修改后的权利要求)的无效宣告理由不成立,则无效宣告请求审查决定应当宣告上述无效宣告理由成立的部分权利要求无效,并且维持其余的权利要求有效。对于包含有若干个具有独立使用价值的产品的外观设计专利,如果请求人针对其中一部分产品的外观设计专利的无效宣告理由成立,针对其余产品的外观设计专利的无效宣告理由不成立,则无效宣告请求审查决定应当宣告无效宣告理由成立的该部分产品外观设计专利无效,并且维持其余产品的外观设计专利有效。上述审查决定均属于宣告专利权部分无效的审查决定。

4. 无效决定的效力

国务院专利行政部门对宣告专利权无效的请求应当及时审查和作出决定,并通知请求人和专利权人。宣告专利权无效的决定,对在宣告专利权无效前人民法院作出并已执行的专利侵权的判决、调解书,已经履行或者强制执行的专利侵权纠纷处理决定,以及已经履行的专利实施许可合同和专利权转让合同,不具有追溯力。然而,因专利权人的恶意给他人造成的损失,应当给予赔偿。如果依照前述规定不返还专利侵权赔偿金、专利使用费、专利权转让费,明显违反公平原则的,应当全部或者部分返还。

5. 无效决定的司法救济

宣告专利权无效的决定,由国务院专利行政部门登记和公告。对国务院专利行政部门宣告专利权无效或者维持专利权的决定不服的,可以自收到通知之日起 3 个月内向人民法院起诉。人民法院应当通知无效宣告请求程序的对方当事人作为第三人参加诉讼。

第五节　国 防 专 利

▶ 一、国防专利的概念

国防专利是指涉及国防利益以及对国防建设具有潜在作用、需要保密的发明专利,国防专利由国防知识产权局受理、审查并提出授权意见,国家知识产权局颁发专利证书。涉及国防利益或者对国防建设具有潜在作用被确定为绝密级的国家技术秘密不得申请国防专利。

国防专利在国外称为保密专利,各国关于国防专利的法律制度不尽相同,主要类型有以美国、法国为代表的保密不授权制度,以俄罗斯、德国为代表的保密且授权制度。前者指对事关国防的发明专利申请进行保密,保密期间有的进行专利性审查也有的不进行专利性审查，但是无论如何都不授予专利权；后者指对事关国防的发明专利申请在采取保密措施的同时进行专利性审查，对符合条件的授予专利权，我国即采用此种制度。

就国防专利的授权条件而言，授予国防专利权的发明，应当具备新颖性、创造性和实用性。所谓新颖性，是指在申请日之前没有同样的发明在国外为公众所知、在国内出版物上发表过、在国内使用过或者以其他方式为公众所知，也没有同样的发明由任何单位或者个人提出过申请并在申请日以后获得国防专利权。判断国防专利新颖性的标准，较之判断普通专利新颖性的标准要来得严格，任何在国内出版物上发表或国内使用均不要求公开，甚至内部发表和使用都可能影响国防专利的新颖性。所谓创造性，是指同申请日之前已有的技术相比，该发明有突出的实质性特点和显著的进步。所谓实用性，是指该发明能够制造或者使用，并且能够产生积极效果。

法律还规定了国防专利不丧失新颖性的例外情况。申请国防专利的发明在申请日之前6个月内，有下列情形之一的，不丧失新颖性：（1）在国务院有关主管部门、中国人民解放军有关主管部门举办的内部展览会上首次展出的。这与普通专利不同，普通专利是"在中国政府主办或者承认的国际展览会上首次展出的"。（2）在国务院有关主管部门、中国人民解放军有关主管部门召开的内部学术会议或者技术会议上首次发表的。这也与普通专利不同，普通专利是"在部级或全国性学术团体的会议上发表的"。（3）他人未经国防专利申请人同意而泄露其内容的。遇有上述任何情况时，国防专利申请人应当在申请时加以声明，并自申请日起2个月内提供有关证明文件。

国防专利权的保护期限为20年，自申请日起计算。

▶ **二、国防专利的保密**

（一）保密的重要意义及其制度保障

毋庸置疑，保密是国防专利最鲜明的特色。国防专利制度的缘起即充分说明了保密的重要意义。1855年，英国的约翰·麦金托什递交了"适用于战争的易燃材料的特定应用改进"的专利申请，但是英国政府禁止此申请公开，战争部给出的理由是"该发明仅能被用于战争，其公开可能对皇家军队产生危害"，此即英国历史上也是世界历史上第一例国防专利。[1] 在美国，涉及国防的保密发明是一项重要制度，并且实际发生了一定数量的司法判例，例如，在布莱克诉巴斯克公司案[2]中，法院强调发明保密法案的目的在于在和平时期保护美国的国家安全。军法署豪斯肯上尉认为国防政策必须达到两个目标，即必须鼓励与国家安全有关的新技术的发展同时能够

---

[1] T. H. O'Dell. , Inventions and Official Secrecy：A History of Secret Patents In The United Kingdom（Oxford University Press, 1995）.

[2] Blake v. Bassick Co. , 146 U. S. P. Q. （BNA）157（N. D. Ill. 1963）.

保守该新技术的秘密;他指出从 1952 年到 1979 年,保密命令的数量保持相对稳定,但是从 1979 年开始,有效的保密命令数量开始增加。① 小詹姆斯·帕雷特近年还研究了利用保密令阻止可能影响国家安全的生物技术发明公开有三个优势:首先,政府能够全程控制危险信息;其次,能够主动发现生物技术引发的问题;最后,也许是政府唯一能够掌握的防止生物技术落入坏人手中的手段。② 美国和英国、比利时、法国、德国、荷兰、挪威、土耳其等国家之间还签订有关于互相保护保密专利的国际协定。

苏联在 1917 年十月革命之后就成立了发明委员会管理保密发明,1920 年成立了军事发明部(OVI,后称 UVI)专门管理国防专利,对于涉密专利进行严格的军事管控,其国防专利制度一直发展演变至今日俄罗斯的保密专利制度,时至今日,苏联的许多秘密专利仍处于保密阶段,尚未对社会公开。③

专利的本质在于以公开换垄断,而国防专利的保密要求恰恰颠覆了这一基本原理,其目的就在于通过保密延缓其他国家特别是敌对国家研发相同或近似技术的速度,保密制度虽然不能保证 100%实现这一目的,但是历史经验和教训证明其在大多数情况下还是奏效的。在各个国家,国防专利的保密不仅要适用国防专利法律本身的规定,还要同时适用《保守国家秘密法》的各种规定,我国也是如此。

(二) 我国国防专利保密问题

1. 国防专利对于保密的特殊要求

申请专利的发明创造涉及国家安全或者重大利益需要保密的,按照国家有关规定办理。违反法律规定向外国申请专利,泄露国家秘密的,由所在单位或者上级主管机关给予行政处分;构成犯罪的,依法追究刑事责任。

2. 国防专利密级的变更

在国防专利保护期内,由于情况变化而需要变更密级、解密或者国防专利权终止后需要延长保密期限的,国防知识产权局可以作出变更密级、解密或者延长保密期限的决定。但是,对在申请国防专利前已被确定为国家秘密的,应当征得原确定密级和保密期限的机关、单位或者其上级机关的同意。

被授予国防专利权的单位或者个人可以向国防知识产权局提出变更密级、解密或者延长保密期限的书面申请;属于国有企业事业单位或者军队单位的,应当附送原确定密级和保密期限的机关、单位或者其上级机关的意见。

国防知识产权局应当将变更密级、解密或者延长保密期限的决定,在该机构出版的《国防专利内部通报》上刊登,并通知国防专利权人,同时将解密的国防专利报

---

① Captain Gary L. Hausken, The Value of A Secret: Compensation for Imposition of Secrecy Orders Under The Invention Secrecy Act (119 Mil. L. Rev. 201).

② James W. Parrett, Jr., A Proactive Solution to the Inherent Dangers of Biotechnology: Using The Invention Secrecy Act to Restrict Disclosure of Threatening Biotechnology (26 Wm. & Mary Envtl. L. &Pol'y Rev. 145).

③ John A. Martens, Secret Patenting in The U. S. S. R. and Russia (Deep North Press, 2010).

送国务院专利行政部门即国家知识产权局转为普通专利。国务院专利行政部门应当及时将解密的国防专利向社会公告。

3. 国防专利实施中的保密

国防专利权人许可国外的单位或个人实施其国防专利的，应当确保国家秘密不被泄露，保证国防和军队建设不受影响。国防专利权人向国防知识产权局提出书面申请，由国防知识产权局进行初步审查后及时报送国务院国防科学技术工业主管部门、中央军委装备发展部审批。国务院国防科学技术工业主管部门、中央军委装备发展部应当自国防知识产权局受理申请之日起 30 日内作出批准或者不批准的决定；作出不批准决定的，应当书面通知申请人并说明理由。

4.《国防专利内部通报》

国防知识产权局出版的《国防专利内部通报》属于国家秘密文件，其知悉范围由国防知识产权局确定。《国防专利内部通报》刊登下列内容：（1）国防专利申请中记载的著录事项；（2）国防专利的权利要求书；（3）发明说明书的摘要；（4）国防专利权的授予；（5）国防专利权的终止；（6）国防专利权的无效宣告；（7）国防专利申请权、国防专利权的转移；（8）国防专利的指定实施；（9）国防专利实施许可合同的备案；（10）国防专利的变更密级、解密；（11）国防专利保密期限的延长；（12）国防专利权人的姓名或者名称、地址的变更；（13）其他有关事项。

5. 国防专利说明书的查阅

国防专利权被授予后，有下列情形之一的，经国防知识产权局同意，可以查阅国防专利说明书：（1）提出宣告国防专利权无效请求的；（2）需要实施国防专利的；（3）发生国防专利纠纷的；（4）因国防科研需要的。查阅者对其在查阅过程中知悉的国家秘密负有保密义务。

▶ 三、国防专利的申请

国防知识产权局负责受理和审查国防专利申请。国务院国防科学技术工业主管部门和中央军委装备发展部分别负责地方系统和军队系统的国防专利管理工作。需要委托专利代理机构申请国防专利和办理其他国防专利事务的，应当委托国防知识产权局指定的专利代理机构办理。专利代理机构及其工作人员对在办理国防专利申请和其他国防专利事务过程中知悉的国家秘密，负有保密义务。

国防知识产权局应当事人请求，可以对下列国防专利纠纷进行调解：（1）国防专利申请权和国防专利权归属纠纷；（2）国防专利发明人资格纠纷；（3）职务发明的发明人的奖励和报酬纠纷；（4）国防专利使用费和实施费纠纷。除《专利法》（2020）和《国防专利条例》（2004）另有规定的以外，未经国防专利权人许可实施其国防专利，即侵犯其国防专利权，引起纠纷的，由当事人协商解决；不愿协商或者协商不成的，国防专利权人或者利害关系人可以向人民法院起诉，也可以请求国防知识产权局处理。

国防知识产权局设立国防专利复审委员会,负责国防专利的复审和无效宣告工作。国防专利复审委员会由技术专家和法律专家组成,其主任委员由国防知识产权局负责人兼任。国防专利申请人对国防知识产权局驳回申请的决定不服的,可以自收到通知之日起3个月内,向国防专利复审委员会请求复审。国防专利复审委员会复审并作出决定后,通知国防专利申请人。

任何单位或者个人认为国防专利权的授予不符合《国防专利条例》(2004)规定的,可以向国防专利复审委员会提出宣告该国防专利权无效的请求。国防专利复审委员会对宣告国防专利权无效的请求进行审查并作出决定后,通知请求人和国防专利权人。宣告国防专利权无效的决定,国防知识产权局应当予以登记并在《国防专利内部通报》上刊登,国务院专利行政部门应当在专利公报上公布。

▶ **四、国防专利的应用**

1. 国防专利申请权和国防专利权的转让

国防专利申请权和国防专利权经批准可以向中国单位和个人转让。转让国防专利申请权或者国防专利权,应当确保国家秘密不被泄露,保证国防和军队建设不受影响,并向国防知识产权局提出书面申请,由国防知识产权局进行初步审查后及时报送国务院国防科学技术工业主管部门、中央军委装备发展部审批。

国务院国防科学技术工业主管部门、中央军委装备发展部应当自国防知识产权局受理申请之日起30日内作出批准或者不批准的决定;作出不批准决定的,应当书面通知申请人并说明理由。

经批准转让国防专利申请权或者国防专利权的,当事人应当订立书面合同,并向国防知识产权局登记,由国防知识产权局在《国防专利内部通报》上刊登。国防专利申请权或者国防专利权的转让自登记之日起生效。

禁止向国外的单位和个人以及在国内的外国人和外国机构转让国防专利申请权和国防专利权。

2. 国防专利的实施

国防知识产权局应当自授予国防专利权之日起3个月内,将该国防专利有关文件副本送交国务院有关主管部门或者中国人民解放军有关主管部门。收到文件副本的部门,应当在4个月内就该国防专利的实施提出书面意见,并通知国防知识产权局。

国务院有关主管部门、中国人民解放军有关主管部门,可以允许其指定的单位实施本系统或者本部门内的国防专利;需要指定实施本系统或者本部门以外的国防专利的,应当向国防知识产权局提出书面申请,由国防知识产权局依照《国防专利条例》(2004)第3条第2款规定的职责分工报国务院国防科学技术工业主管部门、中央军委装备发展部批准后实施。国防知识产权局对国防专利的指定实施予以登记,并在《国防专利内部通报》上刊登。

　　实施他人国防专利的单位应当与国防专利权人订立书面实施合同，向国防专利权人支付费用，并报国防知识产权局备案。实施单位不得允许合同规定以外的单位实施该国防专利。实施他人国防专利的，应当向国防专利权人支付国防专利使用费。实施使用国家直接投入的国防科研经费或者其他国防经费进行科研活动所产生的国防专利，符合产生该国防专利的经费使用目的的，可以只支付必要的国防专利实施费；但是，科研合同另有约定或者科研任务书另有规定的除外。国防专利指定实施的实施费或者使用费的数额，由国防专利权人与实施单位协商确定；不能达成协议的，由国防知识产权局裁决。

　　国家对国防专利权人给予补偿。国防知识产权局在颁发国防专利证书后，向国防专利权人支付国防专利补偿费，具体数额由国防知识产权局确定。属于职务发明的，国防专利权人应当将不少于50%的补偿费发给发明人。

第四章　商标法

商标法,是调整商标注册、使用、管理和保护等活动的各种社会关系的法律规范的总和。本章主要介绍商标权的客体、主体、取得和丧失、内容、限制与行使、法律保护等内容。

商标法是调整商标注册、使用、管理和保护等活动中的各种社会关系的法律规范的总和。商标法的立法目的是加强商标管理,保护商标专用权,促进生产、经营者保证商品和服务质量,维护商标信誉,以保障消费者和生产、经营者的利益,促进社会主义市场经济的健康发展。

中国现行的与商标有关的法律、法规、规章和司法解释主要有:《商标法》(2019)、2014 年《中华人民共和国商标法实施条例》(以下简称《商标法实施条例》)、最高人民法院《关于审理商标民事纠纷案件适用法律若干问题的解释》(2020)、最高人民法院《关于审理注册商标、企业名称与在先权利冲突的民事纠纷案件若干问题的规定》(2020)、最高人民法院《关于审理涉及驰名商标保护的民事纠纷案件应用法律若干问题的解释》(2020)和最高人民法院《关于审理商标授权确权行政案件若干问题的规定》(2020)等。

第一节　商标权的客体

商标制度是商品经济的产物。[①] 根据记载,中国是世界上最早使用商标的国家之一,但是,古代对标识的使用,只是一种商标使用的萌芽。中国现行商标制度的真正发展是在 20 世纪 80 年代改革开放之后。中国特色社会主义市场经济体制的建立为中国商标制度的发展提供了基础和动力。经过四十余年的发展,我国商标法律制度不断完善,商标法律意识逐步提高,取得了显著的成绩。

商标权是指商标注册人依法对其商标所享有的专有权利。《商标法》(2019)第 3 条第 1 款规定,经主管部门核准注册的商标为注册商标,包括商品商标、服务商标和集体商标、证明商标;商标注册人享有商标专用权,受法律保护。

▶ **一、商标的概念和特征**

商标是指自然人、法人或其他组织在商品或者服务上使用,由文字、图形、字母、数字、三维标志、颜色组合、声音等要素或者其组合构成,用以区别商品或者服务来源的标志。

商标法意义上的商标具有以下特征:(1) 商标是一种由各种构成要素组成的标志,各国一般在法律中对商标的构成要素进行规定,如我国《商标法》(2019)第 8 条中明确规定商标的构成要素包括文字、图形、字母、数字、三维标志、颜色组合和声音等,以及上述要素的组合;(2) 商标不能孤立地存在,需要在一定的商品或者服务上使用;(3) 商标的主要作用是区分商品或者服务的来源,其在一定的商品或者服务上使用能够起到指示来源作用,使消费者得以区分同种商品或者服务的不同提供

[①] 关于现代商标法的起源和发展,参见〔美〕弗兰克·I.谢克特:《商标法的历史基础》,朱冬译,知识产权出版社 2019 年版。

91

第四章　商标法

者。指示来源是商标的基本功能，除此以外，现代商标还演化出了品质保障和广告宣传功能。

▶ 二、商标的构成要素

2013 年修改前的《商标法》将商标的构成要素限制在可视性标志的范围，包括文字、图形、字母、数字、三维标志和颜色组合，以及上述要素的组合。伴随着经济和科技的发展，社会生活中逐步出现了一些非传统性的商标，如声音商标、全息商标、气味商标、位置商标等。为了适应社会情势的变化，《商标法新加坡条约》对非传统类型商标的可注册性作出确认，中国于 2007 年正式加入该条约。作为《商标法新加坡条约》的签署国，中国在《商标法》2013 年修正时根据实践的需要取消了商标构成要素可视性的要求，明确将声音规定为商标的构成要素之一，并对商标构成要素采取了开放的态度，为位置商标等新型商标的注册留下了空间。

▶ 三、商标的种类

根据不同的分类标准，可以将商标划分为不同的种类。

（一）商品商标和服务商标

根据商标使用对象的不同，可以将商标分为商品商标和服务商标。中国在 1982 年制定《商标法》时仅规定了商品商标的保护，1993 年第一次修正时增加了对服务商标的保护。根据《商标法》（2019）第 4 条第 2 款的规定，《商标法》中有关商品商标的规定，适用于服务商标。

（二）可视性商标和非可视性商标

根据商标构成要素的不同，可以将商标分为可视性商标和非可视性商标。可视性商标是指商标的构成要素是可视性的，包括文字商标、图形商标、字母商标、数字商标、三维标志商标、颜色组合商标等。非可视性商标是指商标由声音、气味等非可视性的要素构成。中国在 2013 年修改《商标法》时明确规定可以将声音申请注册为商标。

图 4-1 可视性商标

（三）个体商标、共有商标和集体商标

根据商标的所有权形态不同，可以将商标分为个体商标、共有商标和集体商标。个体商标是指由单个自然人、法人或者其他组织享有商标权的商标。共有商标的商标权主体是两个以上的自然人、法人或者其他组织，根据《商标法》（2019）第 5 条的规定,"两个以上的自然人、法人或者其他组织可以共同向商标局申请注册同一商标,共同享有和行使该商标专用权"。集体商标是指以团体、协会或者其他组织的名义注册,供该组织的成员在商事活动中使用,以表明使用者在该组织中的成员资格的标志。

图 4-2　集体商标

（四）普通商标和证明商标

根据商标的作用不同,可以将商标分为普通商标和证明商标。普通商标的主要作用是为了区分商品或者服务的来源;而证明商标则是指由对某种商品或者服务具有监督能力的组织所控制,而由该组织以外的单位或者个人使用于其商品或者服务,用以证明该商品或者服务的原产地、原料、制造方法、质量或者其他特定品质的标志。

图 4-3　证明商标

（五）联合商标和防御商标

根据商标注册人的注册意图不同,可以将商标分为联合商标和防御商标。联合商标是指商标权人在相同或者类似的商品或服务上注册若干近似的商标,例如,娃哈哈、哈娃娃、娃哈娃等。防御商标是指商标权人将其商标在其他不同类别的商品或者服务上注册而形成的商标,例如,苹果公司将其商标在电子商品之外的其他商品或者服务上注册。

第二节　商标权的主体

▶ 一、商标权的原始主体

商标权的原始主体是指在不存在其他基础性权利的前提下,依照法律规定对商标享有商标权的人。商标权的原始主体主要有三类：自然人、法人、其他组织。根据《商标法》（2019）第 4 条第 1 款的规定，自然人、法人或者其他组织在生产经营活动中，对其商品或者服务需要取得商标专用权的，应当向主管部门申请商标注册。目前的主管部门是国家知识产权局商标局。

中国 1982 年制定《商标法》时不允许自然人申请商标注册，在 2001 年第二次修正时扩展了商标权的主体，允许自然人依照法定程序申请商标注册。虽然法律明确了自然人可以成为商标权的原始主体，但是在实践中，2007 年由国家工商行政管理总局商标局通过的《自然人办理商标注册申请注意事项》中对自然人申请商标注册作出限制性规定。

在商标注册人是外国人或者外国企业的情况下，应当按其所属国和中国签订的协议或者共同参加的国际条约办理，或者按照对等原则办理。

外国人或者外国企业在中国申请商标注册时应当委托依法设立的商标代理机构办理。

▶ 二、商标权的继受主体

商标权的继受主体是指通过继承、转让或者法律规定的其他方式取得商标权的人。

（一）通过继承方式取得商标权

通过继承方式取得商标权，是指商标权人死亡后，继承人、受遗赠人依照继承相关法律的规定取得商标权。商标的继承涉及商标注册人的变更，根据《商标法实施条例》（2014）第 32 条的规定，注册商标专用权因转让以外的继承等其他事由发生移转的，接受该注册商标专用权的当事人应当凭有关证明文件或者法律文书到商标局办理商标专用权移转手续。注册商标专用权移转的，注册商标专用权人在同一种或者类似商品上注册的相同或者近似的商标，应当一并移转；未一并移转的，通知其限期改正；期满未改正的，视为放弃该移转注册商标的申请，主管部门应当书面通知申请人。商标移转申请经核准后，予以公告。接受该注册商标专用权移转的当事人自公告之日起享有商标专用权。

（二）通过转让方式取得商标权

商标权作为私权，其注册人有权以自己的意志处分自己的财产。根据《商标法》（2019）第 42 条第 1 款的规定，转让注册商标的，转让人与受让人应当签订转让协议，并共同向商标局提出申请。受让人应当保证使用该注册商标的商品质量。《商标法实施条例》（2014）第 31 条对商标权转让作出进一步规定，转让注册商标的，转让人和受让人应当向主管部门提交转让注册商标申请书，转让注册商标申请手续应当由转让人和受让人共同办理；此外，转让注册商标，商标注册人对其在同一种或者类似商品上注册的相同或者类似的商标未一并转让的，通知其限期改正；期满未改正的，视为放弃转让该注册商标的申请，主管部门应当书面通知当事人。转让注册商标经核准后,予以公告。受让人自公告之日起享有商标专用权。

（三）通过其他方式取得商标权

商标权除了通过继承、转让方式移转之外,还可以通过其他法定方式移转。这些方式包括:(1) 商标注册人的合并或者分立。商标权属于法人或者其他组织的,法人或者其他组织变更后,其商标权由承受其权利义务的法人或者其他组织享有。法人的变更主要是指法人的合并或分立,其中法人的合并包括吸收合并和新设合并两种形式。(2) 法人的破产清算。法人的破产清算是指法人不能清偿到期债务,并且资产不足以清偿全部债务或者明显缺乏清偿能力的,债权人或债务人向人民法院申请破产清算。破产企业可以全部或者部分变价出售,变价出售时,可以将其中的无形资产单独变价出售,这里的无形资产包括商标权。

第三节　商标权的取得和丧失

▶ **一、商标权的取得**

世界各国在商标权取得上所采用的原则大体有三种:(1) 注册取得原则,即商标主管部门依据商标注册申请提出的时间先后决定商标权的归属。(2) 使用取得原则,即依据实际使用商标的情况确定商标权的归属。(3) 混合原则,即商标权的确定和取得兼顾使用在先和注册在先两种事实的原则。

中国《商标法》(2019)采取的是以商标注册取得原则为主,使用取得原则作为补充的基本立场。此原则体现在《商标法》(2019)第31条,该条规定:两个或者两个以上的商标注册申请人,在同一种商品或者类似商品上,以相同或近似的商标申请注册的,初步审定并公告申请在先的商标;同一天申请的,初步审定并公告使用在先的商标,驳回其他人的申请,不予公告。

（一）商标注册的原则

1. 申请在先为主、使用在先为辅的原则

《商标法》(2019)关于商标注册原则上采取的是申请在先原则,即商标权由最先依照法定程序提出商标注册申请并经主管部门批准注册的人取得。如两个或者两个以上申请人同日提出申请,相关申请属于在同一种商品或者类似商品上的相同或者近似的商标,则适用使用在先原则。各申请人应当自收到主管部门通知之日起30日内提交其申请注册前在先使用该商标的证据,如其中的一方提交了在先使用的证据,主管部门将初步审定并公告使用在先的商标。如果出现了同日使用或者均未使用的情况,《商标法实施条例》(2014)第19条规定,各申请人可以自收到主管部门通知之日起30日内自行协商,并将书面协议报送主管部门;如申请人不愿协商或者协商不成的,主管部门将通知各申请人以抽签的方式确定一个申请人,驳回其他人的注册申请。

2. 自愿注册为主、强制注册为辅的原则

除有法律的特殊规定，自然人、法人或者其他组织可以根据自己的意愿选择是否将在其提供的商品或者服务上使用的标志注册为商标。但是根据《商标法》（2019）第6条的规定，法律、行政法规规定必须使用注册商标的商品，必须申请商标注册，未经核准注册的，不得在市场销售。现有涉及商标强制注册的法律是《烟草专卖法》（2015）第19条的规定，卷烟、雪茄烟和有包装的烟丝必须申请商标注册，未经核准注册的，不得生产、销售。禁止生产、销售假冒他人注册商标的烟草制品。如违反中国有关商标强制注册有关规定的，地方主管部门有权责令限期申请注册，违法经营额5万元以上的，可以处违法经营额20%以下的罚款，没有违法经营额或者违法经营额不足5万元的，可以处1万元以下的罚款。

3. 书面原则及一标多类原则

商标权的取得必须由商标注册申请人向商标主管部门提交书面文件，包括商标注册申请书、商标图样以及其他证明文件，相关书面文件应当真实、准确、完整。在提交书面申请时，商标注册申请人可以根据《商标法》（2019）第22条第2款的规定通过一份申请就多个类别的商品申请注册同一商标。

4. 优先权原则

《商标法》（2019）规定的优先权制度包括申请优先权和展览优先权：（1）申请优先权。商标注册申请人自其商标在外国第一次提出商标注册申请之日起6个月内，又在中国就相同商品以同一商标提出商标注册申请的，依照该外国同中国签订的有关协议或者共同参加的国际公约，或者按照相互承认优先权的原则，可以享有优先权。要求享有优先权的，注册申请人应当在提出商标注册申请的时候提出书面声明，并且在3个月内提交第一次提出的商标注册申请文件的副本；未提出书面声明或者逾期未提交商标注册申请文件副本的，视为未要求优先权。（2）展览优先权。商标在中国政府主办的或者承认的国际展览会展出的商品上首次使用的，自该商品展出之日起6个月内，该商标的注册申请人可以享有优先权。要求享有优先权的，注册申请人应当在提出商标注册申请的时候提出书面声明，并且在3个月内提交展出其商品的展览会名称，在展出商品上使用该商标的证据、展出日期等证明文件；未提出书面声明或者逾期未提交证明文件的，视为未要求优先权。注册申请人享有优先权的，商标注册的申请日为首次在国外提出申请日或者商品首次展出之日，并以此为依据解决商标申请先后以及申请是否与在先权利相冲突的事项。

（二）商标注册的条件

商标注册的条件是指商标注册必须符合的法定条件。《商标法》（2019）中对商标注册条件的规定散见于各章节，可以将其归纳为具有使用意图、合法性、显著性、非功能性和在先性。前四者构成商标不能注册的绝对理由，而在先性是商标不能注册的相对理由。一旦上述理由成立，商标注册申请人提出的商标注册申请将被驳回；对初步审定公告的商标提出的异议将成立；已经注册的商标将被宣告无效。

1. 具有使用意图

为了有效遏制注册而不用的商标囤积行为,《商标法》(2019)第4条第1款增加了如下规定,即不以使用为目的的恶意商标注册申请,应当予以驳回。根据2019年国家市场监督管理总局发布《规范商标申请注册行为若干规定》第8条的规定,判断商标注册申请是否属于违反《商标法》(2019)第4条规定时,可以综合考虑以下因素:(1)申请人或者与其存在关联关系的自然人、法人、其他组织申请注册商标数量、指定使用的类别、商标交易情况等;(2)申请人所在行业、经营状况等;(3)申请人被已生效的行政决定或者裁定、司法判决认定曾从事商标恶意注册行为、侵犯他人注册商标专用权行为的情况;(4)申请注册的商标与他人有一定知名度的商标相同或者近似的情况;(5)申请注册的商标与知名人物姓名、企业字号、企业名称简称或者其他商业标识等相同或者近似的情况;(6)商标注册部门认为应当考虑的其他因素。

2. 合法性

合法性是指商标注册不得违反《商标法》《商标法实施条例》及其他规范性法律文件的强制性法律规定。

《商标法》(2019)第10条是有关商标禁用条款以及地名作为商标的禁止性规定。商标禁用条款是指下列标志不得作为商标使用:(1)同中华人民共和国的国家名称、国旗、国徽、国歌、军旗、军徽、军歌、勋章相同或者近似的,以及同中央国家机关的名称、标志、所在地特定地点的名称或者标志性建筑物的名称、图形相同的;(2)同外国的国家名称、国旗、国徽、军旗等相同或者近似的,但该国政府同意的除外;(3)同政府间国际组织的名称、旗帜、徽记等相同或者近似的,但经该组织同意或者不易误导公众的除外;(4)与表明实施控制、予以保证的官方标志、检验印记相同或者近似的,但经授权的除外;(5)同"红十字""红新月"的名称、标志相同或者近似的;(6)带有民族歧视性的;(7)带有欺骗性,容易使公众对商品的质量等特点或者产地产生误认的;(8)有害于社会主义道德风尚或者有其他不良影响的。最高人民法院《关于审理商标授权确权行政案件若干问题的规定》(2017)第5条规定,商标标志或者其构成要素可能对我国社会公共利益和公共秩序产生消极、负面影响的,可以认定为"其他不良影响",例如,将政治、经济、文化、宗教、民族等领域公众人物姓名等申请注册为商标,即属于"其他不良影响"。

除以上规定外,《商标法》(2019)第10条第2款对以地名作为商标作出了禁止性规定,即县级以上行政区划的地名或者公众知晓的外国地名不得作为商标,但是地名具有其他含义或者作为集体商标、证明商标的组成部分的除外;已经注册的使用地名的商标继续有效。

3. 显著性

显著性,又称为"识别性"或者"区别性",是指商标应当具备的使社会公众区分商品或者服务来源的特征,理论上区分为固有显著性和获得显著性。有关显著性的规定见于《商标法》(2019)第9条,申请注册的商标,应当有显著特征,便于识别。最高人民法院《关于审理商标授权确权行政案件若干问题的规定》(2017)第7条规定,商标是否具有显著特征,应当根据商标所指定使用商品的相关公众的通常认识,判断该商标整体上是否具有显著特征:商标标志中含有描述性要素,但不影响其整体具有显著特征的;或者描述性标志以独特方式加以表现,相关公众能够以其识别商品来源的,应当认定其具有显著特征。

根据标志与商品或者服务的关系,可以将申请商标注册的标志区分为臆造性标志、任意性标志、暗示性标志和描述性标志。前三类标志与商品或服务没有直接的联系,这些标志所具有的显著性是固有显著性,可以获得商标注册。臆造性标志是指标志没有通常或者字典上的意思,完全由当事人臆造产生的标志,如KODAK(照相器材)、XEROX(复印器材)、ROLLS-ROYCE(汽车和飞机配件)、EXXON(石油、天然气产品和服务)、CLOROX(漂白粉)。任意性标志是指标志由社会公众在日常生活中使用并具有特定的含义,但其与所使用的商品或者服务没有任何的联系,如将APPLE用于电脑设备。暗示性标志是指由日常的词汇构成,这些词汇暗示商品或服务的某种特征,公众需要通过一定的联想才能够获取相关的信息,如健力宝(饮料)、ROACHHOTEL(捕虫器)、CITIBANK(银行服务)、SAFARI(浏览器)。而描述性标志由于直接描述了商品或服务的质量、功能等基本特征,只有通过使用使标志获得第二含义的情况,才可以获得显著性并获得商标注册,即所谓的"获得显著性"。

关于描述性标志的商标注册,《商标法》(2019)第11条规定:"下列标志不得作为商标注册:(1)仅有本商品的通用名称、图形、型号的;(2)仅直接表示商品的质量、主要原料、功能、用途、重量、数量及其他特点的;(3)其他缺乏显著特征的。前款所列标志经过使用取得显著特征,并便于识别的,可以作为商标注册。"

4. 非功能性

非功能性是法律针对三维标志商标注册专门作出的规定,实质上是禁止将具有功能性的标志申请商标注册,如果对具有功能性的三维标志提供法律保护,将不利于其他竞争者参与市场竞争。具体而言,《商标法》(2019)第12条禁止以下三类具有功能性的标志申请商标注册:(1)仅由商品自身的性质产生的形状,是指为实现商品固有的功能和用途所必须采用的或者通常采用的形状。(2)为获得技术效果而需有的商品形状,是指为使商品具有特定的功能,或者使商品固有的功能更容易地实现所必须使用的形状。(3)使商品具有实质性价值的形状,是指为使商品的外观和造型影响商品价值所使用的形状。

5. 在先性

在先性规定在《商标法》(2019)第9条,是指申请注册商标应当具有在先性,既不得与他人在先申请或者注册的商标相冲突,也不得与他人在先取得的其他合法权利相冲突。这些合法权利具体包括:

(1)在先注册的或者初步审定的商标。《商标法》(2019)第30条规定,申请注册的商标,凡不符合本法有关规定或者同他人在同一种商品或者类似商品上已经注册的或者初步审定的商标相同或者近似的,由商标局驳回申请,不予公告。

（2）在先申请的或者同日申请在先使用的商标。《商标法》(2019)第 31 条规定,两个或两个以上的商标注册申请人,在同一种商品或者类似商品上,以相同或者近似的商标申请注册的,初步审定并公告申请在先的商标;同一天申请的,初步审定并公告使用在先的商标,驳回其他人的申请,不予公告。

（3）被代理人或者被代表人的商标。《商标法》(2019)第 15 条第 1 款规定,未经授权,代理人或者代表人以自己的名义将被代理人或者被代表人的商标进行注册,被代理人或者被代表人提出异议的,不予注册并禁止使用。

（4）因合同、业务往来关系或者其他关系而知道的他人在先使用的未注册商标。《商标法》(2019)第 15 条第 2 款规定,就同一种商品或者类似商品申请注册的商标与他人在先使用的未注册商标相同或者近似,申请人与该他人具有代理或者代表之外的合同、业务往来关系或者其他关系而明知该他人商标存在,该他人提出异议的,不予注册。

（5）已经使用并有一定影响的商标。《商标法》(2019)第 32 条规定,申请商标注册不得损害他人现有的在先权利,也不得以不正当手段抢先注册他人已经使用并有一定影响的商标。

（6）驰名商标。《商标法》(2019)第 13 条对申请注册的商标是复制、摹仿或者翻译驰名商标的情况作出了相应规定:① 就相同或者类似的商品申请注册的商标是复制、摹仿或者翻译他人未在中国注册的驰名商标,容易导致混淆的,不予注册并禁止使用;② 就不相同或不相类似的商品申请注册的商标是复制、摹仿或者翻译他人已经在中国注册的驰名商标,误导公众,致使该驰名商标注册人的利益可能受到损害的,不予注册并禁止使用。

（7）其他在先权利,即商标申请日之前享有的民事权利或者其他应予保护的合法权益,包括商号权、著作权、外观设计专利权、姓名权、肖像权、地理标志权、特殊标志权、奥林匹克标志权、对知名商品的特有名称、包装或装潢享有的权利等。

（三）商标注册程序

如前所述,中国商标权的取得原则上采用注册在先原则,申请人希望就商品或者服务上使用的商标获得法律的保护,应根据法律规定进行商标注册。根据《商标法》(2019)及《商标法实施条例》(2014)的规定,商标注册的程序包括:

1. 商标注册的申请

申请商标注册,申请人应当按规定的商品和服务分类表填报使用商标的商品类别和商品名称,提出注册申请。商标注册申请人可以通过一份申请就多个类别的商品申请注册同一商标。商标注册申请等文件,可以以书面方式或者数据电文方式提出。当商标注册申请文件以数据电文方式提出时,应当按照规定通过互联网提交。每一件商标注册申请应当向主管部门提交《商标注册申请书》1 份、商标图样 1 份;

以颜色组合或者着色图样申请商标注册的,应当提交着色图样,并提交黑白稿 1 份;不指定颜色的,应当提交黑色图样。

《商标法实施条例》(2014)对下列标志申请注册商标应提交的文件作出特别规定:(1) 以三维标志申请注册商标的,应当在申请书中予以声明,说明商标的使用方式,并提交能够确定三维形状的图样,提交的商标图样应当至少包含三面视图。(2) 以颜色组合申请注册商标的,应当在申请书中予以声明,说明商标的使用方式。(3) 以声音标志申请商标注册的,应当在申请书中予以声明,提交符合要求的声音样本,对申请注册的声音商标进行描述,说明商标的使用方式。对声音商标进行描述,应当以五线谱或者简谱对申请用作商标的声音加以描述并附加文字说明;无法以五线谱或者简谱描述的,应当以文字加以描述;商标描述与声音样本应当一致。(4) 申请注册集体商标、证明商标的,应当在申请书中予以声明,并提交主体资格证明文件和使用管理规则。

申请人提出申请后,主管部门须确定商标注册的申请日期,该日期以主管部门收到申请文件的日期为准。

2. 形式和实质审查

主管部门收到申请文件后,须对相关申请手续和申请文件进行审查,将产生如下三种结果:(1) 受理。申请手续齐备并按照规定填写申请文件的,予以受理并书面通知申请人。(2) 不予受理。申请手续不齐备或者未按照规定填写申请文件的,不予受理,书面通知申请人并说明理由。(3) 要求补正。申请手续基本齐备或者申请文件基本符合规定,但是需要补正的,通知申请人予以补正,限其自收到通知之日起 30 日内,按照指定内容补正并交回主管部门。在规定期限内补正并交回的,保留申请日期;期满未补正的或者不按照要求进行补正的,不予受理并书面通知申请人。

形式审查解决的是主管部门是否接受商标注册申请的问题,至于是否能够获得商标权则需经过主管部门对商标申请的实质审查。主管部门对商标注册申请进行实质审查的目的是确定申请商标注册的标志是否符合商标注册的条件,即确定申请注册商标的标志是否符合法律关于商标注册合法性、显著性、非功能性、在先性的要求。

3. 初步审定公告

对申请注册的商标,主管部门应当自收到商标注册申请文件之日起 9 个月内审查完毕。在审查过程中,主管部门认为商标注册申请内容需要说明或者修正的,可以要求申请人作出说明或者修正。申请人未作出说明或者修正的,不影响主管部门作出审查决定。主管部门审查后认为相关商标申请符合法律规定的,予以初步审定公告。对于不符合规定的全部申请或者部分申请,主管部门将驳回全部或部分注册申请,书面通知申请人并说明理由。商标注册申请人对驳回申请的决定不服的,可以自收到通知之日起 15 日内申请复审。主管部门应当自收到申请之日起 9 个月内作出决定,并书面通知申请人。有特殊情况需要延长的,经主管部门批准,可以延长

3个月。当事人对复审决定不服的,可以自收到通知之日起30日内向人民法院起诉。

4. 异议

对初步审定公告的商标,自公告之日起3个月内,在先权利人、利害关系人认为该商标违反《商标法》(2019)第13条第2款和第3款(驰名商标)、第15条(代理、代表或者其他关系的商标申请)、第16条第1款(地理标志)、第30条(在先注册的或者初步审定的商标)、第31条(在先申请的或同日申请在先使用的商标)、第32条(在先权利或者已经使用并有一定影响的商标)规定的,或者任何人认为违反《商标法》(2019)第4条(不以使用为目的的恶意注册)、第10条(商标禁用条款和地名作为商标的禁止性规定)、第11条(不具有显著性的标志)或者第12条(功能性的标志)规定的,可以向主管部门提出异议。主管部门应当听取异议人和被异议人陈述事实和理由,经调查核实后,自公告期满之日起12个月内作出是否准予注册的决定,并书面通知异议人和被异议人。有特殊情况需要延长的,经主管部门批准,可以延长6个月。

主管部门作出准予注册决定的,发给商标注册证,并予公告。异议人不服的,可以依照《商标法》(2019)第44条和第45条的规定向主管部门请求宣告该注册商标无效。主管部门作出不予注册决定,被异议人不服的,可以自收到通知之日起15日内向主管部门申请复审。主管部门应当自收到申请之日起12个月内作出复审决定,并书面通知异议人和被异议人。有特殊情况需要延长的,经主管部门批准,可以延长6个月。被异议人对主管部门的决定不服的,可以自收到通知之日起30日内向人民法院起诉。人民法院应当通知异议人作为第三人参加诉讼。

主管部门在复审过程中,所涉及的在先权利的确定必须以人民法院正在审理或者行政机关正在处理的另一案件的结果为依据的,可以中止审查。中止原因消除后,应当恢复审查程序。

5. 商标注册

初步审定的商标公告期满无异议的,予以核准注册,发给商标注册证,并予公告。除无异议情形下的商标注册外,经审查异议不能成立的情况下,主管部门对相关商标注册申请也予以核准,发给商标注册证,并予公告。在这种情况下,法律对商标权的起算期有特殊规定,即商标注册申请人取得商标专用权的时间自初审公告3个月期满之日起计算。自该商标公告期满之日起至准予注册决定作出前,对他人在同一种或者类似商品上使用与该商标相同或者近似的标志的行为不具有追溯力;但是,因该使用人的恶意给商标注册人造成的损失,应当给予赔偿。

注册商标的有效期为10年,自核准注册之日起计算。注册商标有效期满,需要继续使用的,商标注册人应当根据法律规定办理续展手续。每次续展的有效期为10年,自该商标上一届有效期满次日起计算。

► **二、商标权的丧失**

（一）商标注销

引起注销的原因可以是商标注册人的申请，或者是商标有效期届满后商标注册人未予续展的情形。

1. 申请注销

商标注册人可选择在注册商标有效期届满前申请注销其注册商标或者注销其商标在部分指定商品上的注册。根据《商标法实施条例》(2014)第 73 条的规定，商标注册人申请注销商标的应当向主管部门提交商标注销申请书，并交回原《商标注册证》。商标注册人申请注销其注册商标或者注销其商标在部分指定商品上的注册，经主管部门核准注销的，该注册商标专用权或者该注册商标专用权在该部分指定商品上的效力自主管部门收到其注销申请之日起终止。

2. 未续展的注销

注册商标的有效期为 10 年，法律规定有效期届满之后，需要继续使用的，应当在期满前 12 个月内按照规定办理续展手续；在此期间内未能办理的，可以给予 6 个月的宽展期。宽展期届满后商标注册人未办理续展手续的，注销其注册商标。

（二）商标撤销

各级主管部门有权对注册商标的使用行为进行监管，可因商标权人的不使用或者不当使用行为，依职权或者依当事人的申请撤销相关商标。根据《商标法》(2019)第 48 条的规定，商标的使用是指将商标用于商品、商品包装或者容器以及商品交易文书上，或者将商标用于广告宣传、展览以及其他商业活动中，用于识别商品来源的行为。

1. 因商标权人的不当行为而撤销

商标权人在商标使用过程中，自行改变注册商标、注册人名义、地址或者其他注册事项的，责令限期改正；期满不改正的，主管部门可依《商标法》(2019)第 49 条第 1 款的规定撤销其注册商标。

2. 因商标成为通用名称或者不使用而撤销

注册商标成为其核定使用的商品的通用名称或者没有正当理由连续 3 年不使用的，任何单位或者个人可以向主管部门申请撤销该注册商标。这里的"使用"，包括商标权人自行使用，也包括他人经许可使用以及其他不违背商标权人意志的使用。但是，没有实际使用注册商标，仅有转让或者许可行为；或者仅是公布商标注册信息、声明享有注册商标专用权的，不能认定为商标使用。当然，商标权人有真实使用商标的意图，并且有实际使用的必要准备，但因其他客观原因尚未实际使用注册商标的，可以认定其有正当理由。根据《商标法》(2019)第 49 条第 2 款的规定，主管部门应当自收到申请之日起 9 个月内作出决定。

有特殊情况需要延长的,经主管部门批准,可以延长 3 个月。当事人对主管部门作出的撤销或者不予撤销注册商标的决定不服的,可以自收到通知之日起 15 日内申请复审。主管部门应当自收到通知之日起 9 个月内作出决定,并书面通知当事人。有特殊情况需要延长的,经主管部门批准,可以延长 3 个月。当事人对主管部门的决定不服的,可以自收到通知之日起 30 日内向人民法院起诉。注册商标被撤销的,自撤销之日起 1 年内,主管部门对与该商标相同或者近似的商标注册申请,不予核准。

法定期限届满,当事人对主管部门作出的撤销注册商标的决定不申请复审或者对复审决定不向人民法院起诉的,撤销注册商标的决定、复审决定生效。被撤销的注册商标,由主管部门予以公告,该注册商标专用权自公告之日起终止。

（三）注册商标的无效宣告

《商标法》(2019)规定,如注册商标系由违反法律规定而获得注册,商标局或其他单位和个人可依照商标权的宣告无效制度使之归于消灭。

1. 注册商标无效的法定事由

根据《商标法》(2019)第 44 条和第 45 条的规定,注册商标无效的法定事由包括:

（1）绝对事由。绝对事由规定在《商标法》(2019)第 44 条,具体是指违反《商标法》(2019)第 4 条(不以使用为目的的恶意申请)、第 10 条(商标禁用条款和地名作为商标的禁止性规定)、第 11 条(不具有显著性的标志)、第 12 条(功能性的标志)和第 19 条第 4 款(商标代理机构的禁止性规定)的规定,或者是以欺骗手段或者其他不正当手段取得注册。这里的"欺骗手段"是指申请人在申请注册商标时,为骗取商标注册,所采取的向商标主管部门虚构或者隐瞒事实真相、提交伪造的申请文件或者其他证明文件等手段;"其他不正当手段"是指以欺骗手段以外的其他方式扰乱商标注册秩序、损害公共利益、不正当占用公共资源或者谋取不正当利益的行为。在注册商标违反上述规定时,主管部门可依据职权宣告该注册商标无效,其他单位或者个人可以请求宣告该注册商标无效。

（2）相对事由。相对事由规定在《商标法》(2019)第 45 条,具体是指违反《商标法》(2019)第 13 条第 2 款和第 3 款(驰名商标)、第 15 条(代理、代表或者其他关系的商标申请)、第 16 条第 1 款(地理标志)、第 30 条(在先注册的或者初步审定的商标)、第 31 条(在先申请的或同日申请在先使用的商标)、第 32 条(在先权利或者已经使用并有一定影响的商标)的规定。已经注册的商标违反上述规定的,在先权利人或者利害关系人自商标注册之日起 5 年内可以请求主管部门宣告该注册商标无效。对恶意注册的,驰名商标所有人不受 5 年的时间限制。

2. 商标无效宣告的决定

（1）注册商标违反绝对事由的情形。

主管部门作出宣告注册商标无效的决定,应当书面通知当事人。当事人对主管部门的决定不服的,可以自收到通知之日起 15 日内申请复审。主管部门应当自收到申请之日起 9 个月内作出决定,并书面通知当事人。有特殊情况需要延长的,经批准,可以延长 3 个月。当事人对主管部门决定不服的,可以自收到通知之日起 30 日内向人民法院起诉。

其他单位和个人请求宣告注册商标无效的,主管部门收到申请后,应当书面通知有关当事人,并限期提出答辩。主管部门应当自收到申请之日起 9 个月内作出维持注册商标或者宣告注册商标无效的裁定,并书面通知当事人。有特殊情况需要延长的,经批准,可以延长 3 个月。当事人对主管部门的裁定不服的,可以自收到通知之日起 30 日内向人民法院起诉。人民法院应当通知商标裁定程序的对方当事人作为第三人参加诉讼。

（2）注册商标违反相对事由的情形。

主管部门收到在先权利人或者利害关系人宣告注册商标无效的申请后,应当书面通知有关当事人,并限期提出答辩。主管部门应当自收到申请之日起 12 个月内作出维持注册商标或者宣告注册商标无效的裁定,并书面通知当事人。

有特殊情况需要延长的,经批准,可以延长 6 个月。当事人对主管部门的裁定不服的,可以自收到通知之日起 30 日内向人民法院起诉。人民法院应当通知商标裁定程序的对方当事人作为第三人参加诉讼。

主管部门在对针对注册商标违反相对事由的无效宣告请求进行审查的过程中,所涉及的在先权利的确定必须以人民法院正在审理或者行政机关正在处理的另一案件的结果为依据的,可以中止审查。中止原因消除后,应当恢复审查程序。

3. 宣告注册商标无效决定或者裁定的法律效力

《商标法》（2019）第 47 条对宣告注册商标无效的决定或者裁定的法律效力作了规定。依照《商标法》（2019）第 44 条、第 45 条的规定宣告无效的注册商标,由商标局予以公告,该注册商标专用权视为自始即不存在。宣告注册商标无效的决定或者裁定,对宣告无效前人民法院作出并已执行的商标侵权案件的判决、裁定、调解书和行政执法部门作出并已执行的商标侵权案件的处理决定以及已经履行的商标转让或者使用许可合同不具有追溯力。但是,因商标注册人恶意给他人造成损失的,应当给予赔偿。如不返还侵权赔偿金、商标转让费、商标使用费,明显违反公平原则的,应当全部或者部分返还。

第四节 商标权的内容、限制与行使

▶ 一、商标权的内容

商标权的内容主要包括商标专用权、商标禁止权、商标续展权、商标转让权和商标许可权等。

（一）商标专用权

商标专用权是指商标权人享有的将其注册商标在核定的商品或服务上独占性使用的权利。根据《商标法》（2019）第56条的规定，注册商标的专用权，以核准注册的商标和核定使用的商品为限。

使用注册商标，可以在商品、商品包装、说明书或者其他附着物上标明"注册商标"或者注册标记。注册标记包括⊛和®。使用注册标记，应当标注在商标的右上角或者右下角。

（二）商标禁止权

商标禁止权是指商标权人有权禁止他人在同一种或者类似商品上使用与其注册商标相同或者近似的商标。须注意的是，《商标法》（2019）规定的商标禁止权的范围大于商标专用权的范围。

（三）商标续展权

商标续展权是指商标权人有权在注册商标有效期届满前或者在宽展期内向主管部门申请延展其商标权保护期的权利。根据《商标法》（2019）第40条的规定，注册商标有效期满，需要继续使用的，商标注册人应当在期满前12个月内按照规定办理续展手续；在此期间未能办理的，可以给予6个月的宽展期。每次续展注册的有效期为10年，自该商标上一届有效期满次日起计算。期满未办理续展手续的，注销其注册商标。主管部门应当对续展注册的商标予以公告。

（四）商标转让权

商标转让权是指商标权人享有的依法将其注册商标转让给他人的权利。对于商标转让，世界各国存在连带转让主义和自然转让主义两种立法例，前者要求注册商标必须和使用该商标的企业一起转让，后者则规定商标权人有权自由选择是否将注册商标和使用该注册商标的企业一并转让。《商标法》（2019）采用的是自由转让主义，但要求受让人应当保证使用该注册商标的商品质量。

（五）商标许可权

商标许可权是指商标权人享有的以合同方式许可他人使用注册商标的权利。根据《商标法》（2019）第43条的规定，许可人应当监督被许可人使用其注册商标的商品质量。被许可人应当保证使用该注册商标的商品质量。经许可使用他人注册商标的，必须在使用该注册商标的商品上标明被许可人的名称和商品产地。

▶ **二、商标权的限制**

商标权作为一种排他性的专有权,其本身就包含了某种"垄断"的性质,正是基于商标权的这种属性,对其进行保护不能是没有任何限制的,否则将可能侵害社会公众的利益。社会公众对商标的使用不致影响商标区分商品或者服务来源的功能时,应当允许公众对商标相关构成要素进行自由使用。

（一）合理使用

商标的合理使用是指他人在符合法律规定的情况下可以不经商标权人的许可而使用其注册商标或注册商标的组成部分,且不构成侵权的制度。中国将商标合理使用制度规定在《商标法》(2019)第 59 条第 1 款和第 2 款,分为以下两种情形:

（1）注册商标专用权人无权禁止他人正当使用注册商标中含有的本商品的通用名称、图形、型号,或者直接表示商品的质量、主要原料、功能、用途、重量、数量及其他特点,或者含有的地名。这种使用可以视为一种描述性的使用,避免了对特定词语授予商标权而使权利人形成垄断,阻碍他人以合理的方式表述商品或服务的来源。（2）注册商标专用权人无权禁止他人正当使用三维标志注册商标中含有的商品自身的性质产生的形状、为获得技术效果而需有的商品形状或者使商品具有实质性价值的形状。

（二）商标先用权

除合理使用外,《商标法》(2019)第 59 条第 3 款对商标先用权进行了规定,即商标注册人申请商标前,他人已经在同一种或者类似商品上先于商标注册人使用与注册商标相同或者近似并有一定影响的商标的,注册商标专用权人无权禁止该使用人在原使用范围内继续使用该商标,但可以要求其附加适当区别标识。

（三）权利穷竭

权利穷竭是指注册商标权人以及商标被许可人的商品经合法售出后,其商标权即告穷竭,第三人在合法售出的商品上继续使用该注册商标的行为不构成侵权。该原则又称为"首次销售"原则。但是,《商标法》(2019)中并未明确规定权利穷竭原则。

▶ **三、商标权的行使**

（一）商标使用

商标权人有权将核准注册的商标在核定的商品或服务上使用。商标权人对商标的使用是商标专用权的体现,权利人有权将商标用于商品、商品包装或者容器以及商品交易文书上,或者为了商业目的将商标用于广告宣传、展览以及其他业务。使用注册商标,可以在商品、商品包装、说明书或者其他附着物上标明"注册商标"或者注册标记。《商标法》(2019)除了将商标使用规定为商标权人的权利外,也在一定情况下将商标使用规定为商标权人的义务,如商标权人无正当理由连续 3 年不使用其注册商标,主管部门可以根据任何单位或者个人的申请撤销该注册商标。

（二）商标转让

商标权是权利人享有的私权,商标权人有权依自己的意愿将其所有的商标权移转给他人。《商标法》(2019)对商标转让采取登记生效主义,转让注册商标的申请须经主管部门的核准,主管部门核准后应发给受让人相应的证明,并予以公告。受让人自公告之日起享有商标专用权。转让注册商标的,商标注册人对其在同一种商品上注册的近似的商标,或者在类似商品上注册的相同或者近似的商标,应当一并转让。对容易导致混淆或者有其他不良影响的转让,主管部门不予核准,书面通知申请人并说明理由。

商标权转让未经登记不发生权利转让的效力,但并不影响转让合同的效力。在商标权转让未经核准不发生法律效力的情况下,转让人须向受让人承担违约责任。

（三）商标许可

商标权人有权通过订立许可使用合同的方式许可他人在一定的时间和地域范围内以一定方式使用其注册商标。许可合同根据最高人民法院《关于审理商标民事纠纷案件适用法律若干问题的解释》(2020)的规定可区分为以下三类:(1)独占使用许可,是指商标注册人在约定的期间、地域和以约定的方式,将该注册商标仅许可一个被许可人使用,商标注册人依约定不得使用该注册商标;(2)排他使用许可,是指商标注册人在约定的期间、地域和以约定的方式,将该注册商标仅许可一个被许可人使用,商标注册人依约定可以使用该注册商标但不得另行许可他人使用该注册商标;(3)普通使用许可,是指商标注册人在约定的期间、地域和以约定的方式,许可他人使用其注册商标,并可自行使用该注册商标和许可他人使用其注册商标。许可人和被许可人签订许可合同后,许可人应当将其商标使用许可报主管部门备案,由主管部门公告。商标使用许可合同未经备案的,不影响该许可合同的效力。商标使用许可合同未经备案不得对抗善意第三人。在发生注册商标专用权被侵害时,独占使用许可合同的被许可人可以向人民法院提起诉讼;排他使用许可合同的被许可人可以和商标注册人共同起诉,也可以在商标注册人不起诉的情况下,自行提起诉讼;普通使用许可合同的被许可人经商标注册人明确授权,可以提起诉讼。

（四）商标质押

商标质押是指债务人或第三人为了担保债权人债权的实现,以其享有的商标权出质,在债务人到期不履行债务的情况下,债权人有权就该注册商标拍卖所得的价款优先受偿。商标权人将商标权设定质押时适用《民法典》(2020)中有关权利质押的法律规定,即自然人、法人或者其他组织以其注册商标专用权出质的,出质人与质权人应当订立书面合同,并向国家知识产权局办理质权登记。质权自办理出质登记之日起设立;质权未经登记的情况下将不影响质押合同的效力,仅质权不发生法律效力。当注册商标权出质后,出质人不得转让或者许可他人使用,但是经出质人与质权人协商同意的可以转让或者许可他人使用。出质人转让或者许可他人使用出质的注册商标专用权所得的转让费、许可费应当向质权人提前清偿所担保的债权或者向与质权人约定的第三人提存。根据 2020 年 5 月 1 日开始施行的由国家知识产权局制定的《注册商标专用权质押登记程序规定》规定，办理注册商标专用权质权登记，出质人应当将在相同或者类似商品/服务上注册的相同或者近似商标一并办理质权登记。

第五节　商标权的保护

▶ 一、概述

商标权的核心是商标专用权和禁止权。商标权人可以依法行使专用权，将核准的商标在核定的商品或服务上使用，以指示商品或服务的来源。此外，商标权人还可以依法行使禁止权阻止他人实施商标侵权行为，即禁止他人在未经其许可的情况下，在同一类或类似商品或服务上使用与注册商标相同或者近似的标志，或者实施妨害其正常使用商标的行为。

中国在法律体系的划分中将知识产权法划入民法的范畴，因此在商标侵权的判定中主要依据民事侵权判定的一般要件，包括以下四方面：

（1）行为人实施了商标侵权行为。商标侵权行为以行为形态进行区分，可以分为使用侵权、销售侵权、标识侵权、反向假冒和其他侵权行为。

（2）行为造成了一定的损害结果。行为人实施的行为造成了一定的损害结果，表现为相关公众对商品或服务的来源产生混淆或者妨害了商标权人对商标的正常使用。

（3）行为与损害结果之间的因果关系。

（4）行为人实施行为时的主观状态。商标侵权的判定与一般民事侵权的判定不同，如权利人要求行为人承担停止侵权行为的民事责任时，侵权判定采取的是无过错责任原则，权利人不需要证明行为人实施相关行为时具有过错；而在权利人要求行为人承担损害赔偿责任时，侵权判定采取的是过错责任原则，行为人只有在有过错的情况才须承担损害赔偿责任。《商标法》（2019）第 64 条第 2 款规定，销售不知道是侵犯注册商标专用权的商品，能证明该商品是自己合法取得并说明提供者的，不承担赔偿责任。

▶ 二、商标侵权行为的表现形式

《商标法》（2019）、《商标法实施条例》（2014）及相关司法解释对商标侵权行为作了列举式的规定。按照商标侵权行为表现的不同，将相关侵权行为划分为不同的类型：

（一）使用侵权

《商标法》(2019)第57条第1项和第2项规定的使用侵权行为包括两种情形：
（1）未经商标注册人的许可，在同一种商品上使用与其注册商标相同的商标；
（2）未经商标注册人的许可，在同一种商品上使用与其注册商标近似的商标，或者在类似商品上使用与其注册商标相同或者近似的商标，容易导致混淆的。

（二）销售侵权

《商标法》(2019)第57条第3项规定，销售侵犯注册商标权的商品的行为应认定为侵犯注册商标专用权。在销售者不知道其销售的是侵犯注册商标专用权的商品的情况下，《商标法》(2019)第64条第2款规定如果销售者能够证明相关商品是自己合法取得的并说明提供者的，不承担赔偿责任。

（三）标识侵权

《商标法》(2019)第57条第4项规定，伪造、擅自制造他人注册商标标识或者销售伪造、擅自制造的注册商标标识的行为应认定为侵犯注册商标专用权。商标标识一般是指附着在相关商品或服务上的标贴、标牌、铭牌等物质表现形式，标识上通常载有注册商标的图样以及商品或服务提供者信息等内容。

（四）反向假冒

反向假冒规定在《商标法》(2019)第57条第5项，即未经商标注册人同意，更换其注册商标并将该更换商标的商品又投入市场的行为。

（五）帮助侵权

帮助侵权是2019年《商标法》修改时新增的商标侵权行为类型，规定在第57条第6项，即故意为侵犯他人商标专用权行为提供便利条件，帮助他人实施侵犯商标专用权的行为。根据《商标法实施条例》(2014)第75条的规定，"提供便利条件"是指为侵犯他人商标专用权提供仓储、运输、邮寄、印制、隐匿、经营场所、网络商品交易平台等。

（六）其他侵权行为

《商标法》(2019)第57条第7项规定：给他人的注册商标专用权造成其他损害的，此项规定对商标侵权行为的类型进行了兜底性的规定。《商标法实施条例》(2014)及最高人民法院颁布的与商标法适用相关的司法解释对侵权行为作出了补充性的规定，主要涉及商标与其他商业标识之间的冲突，具体包括：

（1）在相同或者类似的商品上，将与他人注册商标相同或者近似的标志作为商品名称或者商品装潢使用，误导公众的；

（2）将与他人注册商标相同或者近似的文字作为企业字号在相同或者类似的商品上突出使用，容易使相关公众产生误认的；

（3）复制、摹仿、翻译他人注册的驰名商标或者其主要部分在不相同或者不相类似的商品上作为商标使用，误导公众，致使该驰名商标注册人的利益可能受到损害的；

（4）将与他人注册商标相同或者相近似的文字注册为域名，并且通过域名进行相关商品交易的电子商务，容易使相关公众产生误认的。

▶ **三、商标侵权行为的判定**

在诸多的商标侵权行为类型中，使用侵权是最为普遍的商标侵权行为。因此本部分以商标使用侵权行为的判定为例说明判定商标侵权时需要注意的几个要点：

（一）相关公众

最高人民法院在《关于审理商标民事纠纷案件适用法律若干问题的解释》（2020）中规定侵权的判定过程需要以相关公众为基准对商标是否相同或者近似以及商品或者服务是否类似进行认定。相关公众是指与商标所标识的某类商品或者服务有关的消费者和与前述商品或者服务的营销有密切关系的其他经营者。

（二）同一种或者类似的商品或者服务

同一种商品或者服务的判定较为简单，但在类似商品或者服务的判定上则有特殊规则。最高人民法院在《关于审理商标民事纠纷案件适用法律若干问题的解释》（2020）中确立了判断规则，包括：（1）类似商品，是指在功能、用途、生产部门、销售渠道、消费对象等方面相同，或者相关公众一般认为其存在特定联系、容易造成混淆的商品；（2）类似服务，是指在服务的目的、内容、方式、对象等方面相同，或者相关公众一般认为存在特定联系，容易造成混淆的服务；（3）商品与服务类似，是指商品和服务之间存在特定联系，容易使相关公众混淆。最高人民法院《关于审理商标民事纠纷案件适用法律若干问题的解释》（2020）规定人民法院在认定商品或者服务是否类似，应当以相关公众对商品或者服务的一般认识综合判断。

《商标注册用商品和服务国际分类表》《类似商品和服务区分表》可以作为判断类似商品或者服务的参考。

（三）相同或者近似的商标

商标侵权判定中除了需要判断商品或者服务的相同或类似外，还需要判定使用在相关商品或者服务上的商标与注册商标是否相同或者近似。在商标相同或者近似的判定中，最高人民法院《关于审理商标民事纠纷案件适用法律若干问题的解释》（2020）作出了规定，具体来讲：（1）商标相同是指被控侵权的商标与原告的注册商标相比较，二者在视觉上基本无差别；（2）商标近似是指被控侵权的商标与原告的注册商标相比较，其文字的字形、读音、含义或者图形的构图及颜色，或者其各要素组合后的整体结构相似，或者其立体形状、颜色组合近似，易使相关公众对商品的来源产生误认或者认为其来源与原告注册商标的商品有特定的联系。在判定原则方面，最高人民法院《关于审理商标民事纠纷案件适用法律若干问题的解释》（2020）规定认定商标相同或者近似须按照以下的原则进行：（1）以相关公众的一般注意力为标准；（2）既要进行商标的整体比对，又要进行对商标主要部分的比对，比对应当在比对对象隔离的状态下分别进行；（3）判断商标是否近似，应当考虑请求保护注册商标的显著性和知名度。

（四）可能产生混淆

商标最基础的功能在于区分商品或者服务的来源，当行为人实施的不当行为使相关公众对商品或服务的来源产生混淆，则应受法律的责难。所谓混淆是指由于行为人对商标的不当使用行为，已经或者可能使相关公众对商品或者服务的来源或者其他方面发生误认。混淆可以分为狭义的混淆和广义的混淆两种情况：狭义的混淆是指相关公众对商品或者服务来源发生混淆；广义的混淆除了包括狭义的混淆外，还包括行为人的不当行为使相关公众认为商品或者服务的来源与注册商标的商品或服务有特定的联系，譬如经营者之间具有赞助关系、联营关系或者许可关系。最高人民法院在《关于审理商标民事纠纷案件适用法律若干问题的解释》(2020)中采用了广义的混淆判断标准。

▶ **四、管辖和诉讼时效**

商标权人以提起民事诉讼的方式请求商标权保护的情况下存在管辖及诉讼时效方面的问题。

（一）管辖

管辖是指各级人民法院之间以及同级人民法院之间受理第一审民事案件的权限和分工，包括级别管辖和地域管辖。前者是指各级人民法院之间受理第一审民事案件的权限和分工；后者是指不同地区的同级人民法院之间受理第一审民事案件的权限和分工。

商标权民事纠纷案件的级别管辖由《民事诉讼法》(2021)、最高人民法院《关于第一审知识产权民事、行政案件管辖的若干规定》(2022)予以规定。原则上讲，涉及驰名商标认定第一审民事案件的，由知识产权法院和中级人民法院管辖；经最高人民法院批准，也可以由基层人民法院管辖；其他商标第一审民事案件诉讼标的额在最高人民法院确定的数额以上的，由中级人民法院管辖，除此之外的普通商标第一审民事案件，由最高人民法院的基层人民法院管辖。

商标权民事纠纷案件的地域管辖由最高人民法院在《关于审理商标民事纠纷案件适用法律若干问题的解释》(2020)中进行了明确规定，即因侵犯注册商标专用权行为提起的民事诉讼，由侵权行为的实施地、侵权商品的储藏地或者查封扣押地、被告住所地的人民法院管辖。其中，侵权商品的储藏地是指大量或者经常性储存、隐匿侵权商品所在地；查封扣押地是指海关、市场监管等行政机关依法查封、扣押侵权商品所在地。

（二）诉讼时效

侵犯商标权的诉讼时效是 3 年，自商标注册人或者利害关系人知道或者应当知道侵权行为之日起计算。这里的利害关系人包括注册商标使用许可的被许可人、注册商标财产权的合法继承人等。商标注册人或者利害关系人超过 3 年起诉的，如果侵权行为在起诉时仍在持续,在该注册商标专用权有效期限内,人民法院应当判决被告停止侵权行为,侵权损害赔偿数额应当自权利人向人民法院起诉之日起向前推算3年计算。

▶ 五、商标侵权的救济

（一）诉前临时措施

诉前临时措施是指权利人在提起诉讼之前,经法院核准而采取的维护自己合法权益的措施。诉前临时措施在国际公约中首次得到确认的是 TRIPs 协议,TRIPs 协议规定司法机关可以采取及时有效的临时措施,保障知识产权所有人的合法权益,包括制止侵权行为的措施和保全证据的措施。《商标法》(2019)、最高人民法院《关于审查知识产权纠纷行为保全案件适用法律若干问题的规定》(2019)及其他规范性法律文件确立了三类诉前临时措施,包括诉前行为保全、诉前财产保全和诉前证据保全。

1. 诉前行为保全

诉前行为保全,又称为临时禁令,是指商标注册人或者利害关系人有证据证明他人正在实施或者即将实施侵犯注册商标专用权的行为,如不及时制止将会使其合法权益受到难以弥补的损害的,可以在起诉前向人民法院申请采取责令停止有关行为的措施。这里的利害关系人包括商标使用许可合同的被许可人、注册商标财产权利的合法继承人。

商标注册人或者利害关系人提出诉前责令停止侵权行为的申请,应当向侵权行为地或者被申请人住所地对商标争议案件有管辖权的人民法院提出。在提交申请时,商标注册人或者利害关系人应当同时提交下列证据:(1)商标注册人应当提交商标注册证,利害关系人应当提交商标使用许可合同、在主管部门备案的材料及商标注册证复印件;排他使用许可合同的被许可人单独提出申请的,应当提交商标注册人放弃申请的证据材料;注册商标财产权利的继承人应当提交已经继承或者正在继承的证据材料。(2)证明被申请人正在实施或者即将实施侵犯商标专用权的行为的证据,包括被控侵权商品。除证据材料外,申请人提出诉前停止侵犯商标专用权行为的申请时应当提供担保。申请人提供的担保数额,应当相当于被申请人可能因执行行为保全措施所遭受的损失,包括责令停止侵权行为所涉产品的销售收益、保管费用等合理损失。

人民法院接受商标注册人或者利害关系人提出责令停止侵犯注册商标专用权行为的申请后,经审查后认为符合相关规定的,应当在48小时内作出书面裁定;裁定责令被申请人停止侵犯注册商标专用权行为的,应当立即开始执行。当事人对责令停止侵权行为的裁定不服的,可以在收到裁定之日起10日内申请复议一次。复议期间不停止裁定的执行。

人民法院对当事人提出的复议申请进行审查时,应从以下方面进行:(1)胜诉可能性。被申请人正在实施或者即将实施的行为是否侵犯注册商标专用权；(2) 损害的难以弥补性。不采取有关责令停止侵权行为的措施，是否会给商标注册人或者利害关系人的合法权益造成难以弥补的损害；(3) 申请人提供担保的情况；(4) 社会公益的考量。责令被申请人停止有关行为是否损害社会公共利益。

人民法院作出责令停止侵权行为的裁定后，商标注册人或者利害关系人应当在15日内起诉，逾期不起诉的，人民法院应当解除裁定采取的措施。停止侵犯注册商标专用权行为裁定的效力，一般应维持到终审法律文书生效时止。申请人不起诉或者申请错误造成被申请人损失的，被申请人可以向有管辖权的人民法院起诉请求申请人赔偿，也可以在申请人提起的侵犯注册商标专用权的诉讼中提起损害赔偿请求，人民法院可以一并处理。

根据最高人民法院《关于审查知识产权纠纷行为保全案件适用法律若干问题的规定》(2019)，知识产权纠纷的当事人亦可以在判决、裁定或者仲裁裁决生效前依据《民事诉讼法》的相关规定向法院申请行为保全。

2. 诉前财产保全

诉前财产保全是指商标注册人或者利害关系人有证据证明他人正在实施或者即将实施侵犯注册商标专用权的行为，如不及时制止将会使其合法权益受到难以弥补的损害的，可以在起诉前向人民法院申请采取财产保全的措施。

商标注册人或者利害关系人因情况紧急，不立即申请财产保全将会使其合法权益造成难以弥补的损害，可以在起诉前申请财产保全，申请人应提供相应的担保。人民法院接受申请后，必须在48小时内作出裁定，裁定作出后，应当立即开始执行。财产保全限于申请人请求的范围或与案件有关的财物。被申请人提供担保的，人民法院应当解除财产保全。当事人对财产保全的裁定不服的，可以申请复议一次，复议期间不停止裁定的执行。

申请人在人民法院采取保全措施后15日内不起诉的，人民法院应当解除财产保全。申请有错误的，申请人应当赔偿被申请人因财产保全所遭受的损失。

3. 诉前证据保全

诉前证据保全是指为制止侵权行为，在证据可能灭失或者以后难以取得的情况下，商标注册人或者利害关系人可以在起诉前向人民法院申请证据保全。人民法院接受申请后，必须在48小时内作出裁定；裁定采取保全措施的，应当立即开始执行。人民法院可以责令申请人提供担保，申请人不提供担保的，驳回申请。申请人在人民法院采取保全措施后15日内不起诉的，人民法院应当解除保全措施。

(二) 商标侵权的民事责任

商标权本质上属于私权。当事人实施了侵犯他人商标权的行为需要承担民事责任，根据《民法典》(2020)第179条的规定，行为人应当承担停止侵害、消除影响、赔偿损失等民事责任。

损害赔偿是指行为人实施侵权行为给权利人造成损害时，权利人有权要求法院判令行为实施人支付一定的金钱作为赔偿。《商标法》（2019）中有关侵犯商标权损害赔偿责任的规定包括：

1. 损害赔偿数额的确定

《商标法》（2019）第63条第1款对侵犯商标权损害赔偿数额的确定方式及顺序作出规定，包括：（1）按照权利人因被侵权所受到的实际损失确定；（2）实际损失难以确定的，可以按照侵权人因侵权所得的利益确定；（3）权利人的损失或者侵权人获得的利益难以确定的，参照该商标许可使用费的倍数合理确定。对于恶意侵犯商标权，情节严重的情况，《商标法》（2019）规定可以在依据上述方法确定数额的1倍以上5倍以下确定赔偿数额。赔偿数额应当包括权利人为制止侵权行为所支付的合理开支。

2. 法定赔偿

实践中存在着权利人因被侵权所受到的实际损失、侵权人因侵权所获得的利益、注册商标许可使用费难以确定的情形，《商标法》（2019）第63条第3款规定了法定赔偿制度，允许人民法院根据侵权行为的情节判决给予500万元以下的赔偿。人民法院可以根据当事人的请求或者依职权适用法定赔偿条款。人民法院在适用法定赔偿条款确定赔偿额时考虑的因素包括侵权行为的性质、期间、后果、商标的声誉、商标许可使用费的数额、商标使用许可的种类、时间、范围及制止侵权行为的合理开支等。

3. 文书提供令

为了减轻权利人在诉讼过程中的举证责任，《商标法》（2019）增加了有关文书提供令的规定，在第63条第2款规定：人民法院为确定赔偿数额，在权利人已经尽力举证，而与侵权行为相关的账簿、资料主要由侵权人掌握的情况下，可以责令侵权人提供与侵权行为相关的账簿、资料；侵权人不提供或者提供虚假的账簿、资料的，人民法院可以参考权利人的主张和提供的证据判定赔偿数额。

4. 未使用商标的抗辩

商标权人请求损害赔偿时，被控侵权人可以以注册商标专用权人未使用注册商标为由提出抗辩。在侵权人提出相关抗辩时，根据《商标法》（2019）第64条第1款的规定，人民法院可以要求商标权人提供此前3年内实际使用该注册商标的证据。商标权人不能证明此前3年实际使用过该注册商标，也不能证明因侵权行为受到其他损失的，被控侵权人不承担赔偿责任。

（三）商标侵权的行政责任

商标注册人或者利害关系人发现侵权行为的，可以请求主管部门处理。主管部门认定侵权行为成立的，可以采取如下措施：（1）责令立即停止侵权行为；（2）没收、销毁侵权商品和专门用于制造侵权商品、伪造注册商业标识的工具；（3）罚款。违法经营额5万元以上的，可以处违法经营额5倍以下的罚款，没有违法经营额或者违法经营额不足5万元的，可以处25万元以下的罚款。对5年内实施2次以上商标侵权行为或者有其他严重情节的,应当从重处罚。销售不知道是侵犯注册商标专用权的商品,能证明该商品是自己合法取得并说明提供者的,由主管部门责令停止销售。除当事人请求外,主管部门可依职权查处侵犯注册商标权的行为,在进行查处时,可以行使下列职权:(1) 询问有关当事人,调查与侵犯他人注册商标专用权有关的情况;(2) 查阅、复制当事人与侵权活动有关的合同、发票、账簿以及其他有关资料;(3) 对当事人涉嫌从事侵犯他人注册商标专用权活动的场所实施现场检查;(4) 检查与侵权活动有关的物品;(5) 对有证据证明是侵犯他人注册商标专用权的物品,可以查封或者扣押。

(四) 商标侵权的刑事责任

行为人实施下列三类商标侵权行为将可能承担刑事责任:(1) 未经商标注册人许可,在同一种商品上使用与其注册商标相同的商标,情节严重或特别严重的行为;(2) 销售明知是假冒注册商标的商品,销售金额数额较大或重大的行为;(3) 伪造、擅自制造他人注册商标标识或者销售伪造、擅自制造的注册商标标识,情节严重或特别严重的行为。

根据 2021 年 3 月 1 日起施行的《中华人民共和国刑法修正案(十一)》,未经注册商标所有人许可,在同一种商品、服务上使用与其注册商标相同的商标,情节严重的,处 3 年以下有期徒刑,并处或者单处罚金;情节特别严重的,处 3 年以上 10 年以下有期徒刑,并处罚金。销售明知是假冒注册商标的商品,违法所得数额较大或者有其他严重情节的,处 3 年以下有期徒刑,并处或者单处罚金;违法所得数额巨大或者有其他特别严重情节的,处 3 年以上 10 年以下有期徒刑,并处罚金。伪造、擅自制造他人注册商标标识或者销售伪造、擅自制造的注册商标标识,情节严重的,处 3 年以下有期徒刑,并处或者单处罚金;情节特别严重的,处 3 年以上 10 年以下有期徒刑,并处罚金。

第六节 驰名商标的法律保护

▶ 一、驰名商标的概念

驰名商标是指在中国为相关公众广为知晓并享有较高声誉的商标。相关公众包括与使用商标所标示的某类商品或者服务有关的消费者,生产前述商品或者提供服务的其他经营者以及经营渠道中所涉及的销售者和相关人员等。

驰名商标的核心在于商标在相关公众中的知名程度,保护的理论基础是淡化理论。淡化理论发源于美国,规定在美国的《联邦商标反淡化法》中,该法将商标淡化定义为:可能减少、削弱驰名商标对其商品或者服务的识别性和显著性的行为,不论驰名商标所有人与他人之间是否存在竞争关系或者存在混淆和误解的可能性。

▶ 二、驰名商标保护的立法背景

《巴黎公约》最初缔结时并未规定有关驰名商标的保护问题。1911 年,法国最先提出驰名商标保护的问题。由于各国在驰名商标保护问题上逐步取得一致意见,《巴黎公约》在 1925 年增加了有关驰名商标保护的规定。

TRIPs 协议作为目前最重要的知识产权国际保护的公约,在其中也对驰名商标进行了规定,相关规定提高了《巴黎公约》中对驰名商标的保护水平:(1) 将驰名商标的保护从商品商标扩展至服务商标,并明确规定了成员方主管机关认定驰名商标应考虑的因素;(2) 与《巴黎公约》不同的是,TRIPs 协议将保护扩展至已经注册的驰名商标,为其提供跨类保护。

中国在 1982 年制定《商标法》时没有有关驰名商标的规定。1985 年我国加入《巴黎公约》后,中国必须履行驰名商标保护的国际义务。1993 年《商标法》第一次修改时未明确将驰名商标作为法律术语确定下来,而是在《商标法实施条例》(1993)中将违反诚信原则,抢注他人已为公众熟知的商标的行为作为欺骗或其他不正当手段取得注册的行为进行了规定,行为人实施此种行为将导致商标被撤销。2001 年《商标法》第二次修改时对驰名商标的法律保护进行了完善规定,主要体现在:(1) 第 13 条正式将驰名商标确立为法律术语,并将驰名商标的法律保护划分为未注册驰名商标和已注册驰名商标两类;(2) 第 14 条规定了驰名商标的认定标准;(3) 第 41 条第 2 款将已经注册的商标违反驰名商标保护规定作为注册商标争议裁定的相对事由加以明确规定。2013 年《商标法》第三次修改时对驰名商标的规定作出进一步的完善。

中国在驰名商标法律保护方面的规范性法律文件主要有:《商标法》(2019)、《商标法实施条例》(2014)、《驰名商标认定和保护规定》(2014)、最高人民法院《关于审理涉及计算机网络域名民事纠纷案件适用法律若干问题的解释》(2020)、最高人民法院《关于审理涉及驰名商标保护的民事纠纷案件应用法律若干问题的解释》(2020)以及国家知识产权局《关于加强查处商标违法案件中驰名商标保护相关工作的通知》(2019)。

▶ 三、驰名商标的认定

(一) 认定机关

驰名商标必须由有权机关对商标是否驰名进行认定。根据《商标法》(2019)第 14 条的规定,有权认定驰名商标的机关主要包括:

1. 行政主管部门。《商标法》(2019)第 14 条第 2 款规定,在商标注册审查、工商行政管理部门查处商标违法案件过程中,当事人主张驰名商标保护的,商标局根据审查、处理案件的需要,可以对商标驰名情况作出认定。《商标法》(2019)第 14 条第 3 款规定,在商标争议处理过程中,当事人主张驰名商标保护的,主管部门根据处理案件的需要,可以对商标驰名情况作出认定。

2. 人民法院。《商标法》(2019)第 14 条第 4 款规定,在商标民事、行政案件审理过程中,当事人主张驰名商标保护的,最高人民法院指定的人民法院根据审理案件的需要,可以对商标驰名情况作出认定。

（二）认定标准

《商标法》(2019)第 14 条第 1 款明确规定了驰名商标认定的标准,包括:(1) 相关公众对该商标的知晓程度;(2) 该商标使用的持续时间;(3) 该商标的任何宣传工作的持续时间、程度和地理范围;(4) 该商标作为驰名商标受保护的记录;(5) 该商标驰名的其他因素。

（三）认定效力

在商标异议、争议或管理过程中,相关行政机关根据当事人的请求作出驰名商标的认定,行政机关可在审查相关证据资料的基础上作出裁定。行政认定原则上没有时间限制,除非在具体的行政程序中有当事人提出异议并以证据材料加以证明。

人民法院在民事纠纷案件中对驰名商标的认定属于诉讼中事实认定的范畴,仅具有个案的效力。涉及驰名商标保护的民事纠纷案件中,人民法院对驰名商标的认定,仅作为案件事实和判决理由,不写入判决主文;以调解方式审结的,在调解书中对商标驰名的事实不予认定。

▶ 四、驰名商标的保护

（一）未注册驰名商标的保护

根据《商标法》(2019)第 13 条第 2 款以及最高人民法院《关于审理商标民事纠纷案件适用法律若干问题的解释》(2020)的规定,就相同或者类似的商品申请注册的商标是复制、摹仿或者翻译他人未在中国注册的驰名商标或其主要部分,容易导致混淆的,不予注册并禁止使用。已使用的,应当承担停止侵害的民事法律责任。该款规定中涉及的"容易导致混淆"是指足以使相关公众对使用驰名商标和被诉商标的来源发生误认,或者足以使相关公众认为使用驰名商标和被诉商标的经营者之间具有许可使用、关联企业关系等特定联系的。

（二）已注册驰名商标的保护

《商标法》(2019)第 13 条第 3 款规定,就不相同或不相类似的商品申请注册的商标是复制、摹仿或者翻译他人已在中国注册的驰名商标,误导公众,致使该驰名商标注册人的利益可能受到损害的,不予注册并禁止使用。对于已在中国注册的驰名商标,《商标法》(2019)提供的是跨类保护。该款规定中涉及的"误导公众,致使该驰名商标注册人的利益可能受到损害的"是指足以使相关公众认为被诉商标与驰名商标具有相当程度的联系,从而减弱驰名商标的显著性、贬损驰名商标的市场声誉,或者不正当利用驰名商标的市场声誉。

第五章　其他知识产权

其他知识产权不是知识产权的一个类型,而是对随着技术发展而形成的知识产权新客体的归纳。本章主要介绍了集成电路布图设计权、植物新品种权、地理标志权、商号权、商业秘密权和域名权。

我国《民法典》(2020)第 123 条规定了知识产权的客体。除了作品、发明、实用新型、外观设计、商标之外,还包括地理标志、商业秘密、集成电路布图设计、植物新品种和法律规定的其他客体。本章将主要介绍除著作权、专利权、商标权之外的其他知识产权,主要包括以下内容:集成电路布图设计权、植物新品种权、地理标志权、商号权、商业秘密权和域名权。

第一节　集成电路布图设计权

▶ **一、集成电路布图设计权概述**

《集成电路布图设计保护条例》(2001)第 2 条规定,集成电路布图设计是指集成电路中至少有一个是有源元件的两个以上元件和部分或者全部互连线路的三维配置,或者为制造集成电路而准备的上述三维配置。一般说来,集成电路,即半导体芯片,是指以特殊的技术将若干电子元件及它们之间的连线集中地制作在金属绝缘物或半导体涂层上,使它们成为紧密联系的整体,并发挥电子电路技术功能的电子产品。① 布图设计需要投入相当的资金和人力,而其仿造却比较容易、成本低、耗时短,因此,为了保护开发者的积极性,保护微电子技术及行业的发展,有必要以法律形式对集成电路布图设计予以保护。国务院于 2020 年 7 月 27 日发布《新时期促进集成电路产业和软件产业高质量发展的若干政策》,从财税、投融资、研究开发、知识产权等八个方面加大了对于该产业的政策支持力度。在知识产权政策方面,应严格落实集成电路布图设计及软件领域的知识产权保护制度,加大对侵权违法行为的惩治力度。

布图设计具有工业版权的性质,其基本特征表现为:

(1) 独创性。布图设计凝结着创作者的智慧,集成电路系一次做成,不能对不合格或出错的地方进行修补,因此布图设计不容许有一丝一毫的差错。同时,随着集成电路集成化提高,为了设计先进性更高的布图设计,创作者需要付出巨大的创造性劳动。因此,《集成电路布图设计保护条例》(2001)第 4 条第 1 款规定:"受保护的布图设计应当具有独创性,即该布图设计是创作者自己的智力劳动成果,并且在其创作时该布图设计在布图设计创作者和集成电路制造者中不是公认的常规设计。"关于独创性的判断及举证责任,最高人民法院发布的 2020 年中国法院 10 大知识产权案件之四:苏州赛芯电子科技有限公司与深圳裕昇科技有限公司等侵害集成电路布图设计专有权纠纷案——"锂电池保护芯片"集成电路布图设计侵权案中,最高人民法院经审理认为,集成电路布图设计的保护并不以公开布图设计的内容为条件。集成电路布图设计的保护对象是为执行某种电子功能而对于元件、线路所作的具有独创性的三维配置,对于独创性的证明,不能过分加大权利人的举证责任。权

① 丁丽瑛主编:《知识产权法》,厦门大学出版社 2009 年版,第 380 页。

利人主张其布图设计的三维配置整体或者部分具有独创性应受保护时，应当对其独创性进行解释或者说明，然后由被诉侵权人提供相反证据，在此基础上综合判断该布图设计的三维配置是否具备独创性。

（2）无形性。布图设计是集成电路中所有元器件之间的配置方式，而这种"配置方式"是抽象和无形的。虽然布图设计表现为一定的构形，或可以以数据代码的方式储存在磁盘或磁带中，但这些只是布图设计的特定载体，不能与布图设计本身相混淆。

（3）可复制性。当布图设计的载体为掩膜时，布图设计就以图形方式存在于掩膜板上，他人只需对其全套掩膜加以翻拍，即可复制出全套的布图设计。当布图设计以磁盘或磁带为载体时，可以拷贝磁盘或磁带来复制布图设计。当布图设计被"固化"到集成电路产品中时，可以通过"反向工程"了解集成电路功能、设计特点等，还原其布图设计。

▶ 二、集成电路布图设计权的客体与主体

（一）集成电路布图设计权的客体

并非所有的布图设计都能取得专有权。集成电路布图设计权的客体应具备独创性的条件。根据《集成电路布图设计保护条例》（2001）第 4 条，布图设计是创作者自己的智力劳动成果，并且在其创作时该布图设计在布图设计创作者和集成电路制造者中不是公认的常规设计。

（二）集成电路布图设计权的主体

集成电路布图设计权的主体，即布图设计权利人，是指依法对布图设计享有专有权的自然人、法人或者其他组织。外国人创作的布图设计首先在中国境内投入商业利用的，或者其创作者所属国同中国签订有关布图设计保护协议或者与中国共同参加有关布图设计保护国际条约的，也可以享有布图设计专有权。

▶ 三、集成电路布图设计权的取得

根据《集成电路布图设计保护条例》（2001）第 8 条的规定，布图设计专有权经国务院知识产权行政部门登记产生。未经登记的布图设计不受《集成电路布图设计保护条例》的保护。根据《集成电路布图设计保护条例》（2001）第 17 条的规定，布图设计自其在世界任何地方首次商业利用之日起 2 年内，未向国务院知识产权行政部门提出登记申请的，国务院知识产权行政部门不再予以登记。根据《集成电路布图设计保护条例实施细则》（2001）第 2 条的规定，《集成电路布图设计保护条例》所称的国务院知识产权行政部门是指国家知识产权局。2019 年 4 月，国家知识产权局印发《集成电路布图设计审查与执法指南（试行）》。

（一）申请登记

申请布图设计登记时，应当提交申请表、布图设计的复制件或者图样。布图设计在申请日之前已投入商业利用的，申请登记时应当提交含有该布图设计的集成电

路样品。布图设计在申请日之前没有投入商业利用的，该布图设计登记申请可以有保密信息，其比例最多不得超过该集成电路布图设计总面积的 50%。布图设计登记申请有保密信息的，含有该保密信息的图层的复制件或者图样纸件应当置于另一个保密文档袋中提交。

（二）初步审查

布图设计登记申请有下列情形的，国家知识产权局不予受理并通知申请人：（1）未提交布图设计登记申请表或者布图设计的复制件或者图样的，已投入商业利用而未提交集成电路样品的，或者提交的上述各项不一致的；（2）外国申请人的所属国未与中国签订有关布图设计保护协议或者与中国共同参加有关国际条约；（3）所涉及的布图设计属于《集成电路布图设计保护条例》（2001）第 12 条规定不予保护的；（4）所涉及的布图设计属于《集成电路布图设计保护条例》（2001）第 17 条规定不予登记的；（5）申请文件未使用中文的；（6）申请类别不明确或者难以确定其属于布图设计的；（7）未按规定委托代理机构的；（8）布图设计登记申请表填写不完整的。

除属于不予受理的情形外，申请文件不符合《集成电路布图设计保护条例》（2001）和《集成电路布图设计保护条例实施细则》（2001）规定的条件的，申请人应当在收到国家知识产权局的审查意见通知之日起 2 个月内进行补正。补正应当按照审查意见通知书的要求进行。逾期未答复的，该申请视为撤回，申请人按照国家知识产权局的审查意见补正后，申请文件仍不符合规定的，国家知识产权局应当作出驳回决定。国家知识产权局还可以根据《集成电路布图设计保护条例实施细则》（2001）第 19 条的规定对明显不符合《集成电路布图设计保护条例》（2001）第 2 条第 1、2 项和第 5 条规定的申请作出驳回决定。

（三）初步审查登记并公告

布图设计登记申请经初步审查，未发现驳回理由的，由国家知识产权局予以登记，发给登记证明文件并予以公告。

（四）复审

布图设计登记申请人对国家知识产权局驳回其登记申请的决定不服的，可以自收到通知之日起 3 个月内，向国家知识产权局专利局复审和无效审理部请求复审。专利局复审和无效审理部复审后，作出决定，并通知布图设计登记申请人。布图设计登记申请人对专利局复审和无效审理部的复审决定仍不服的，可以自收到通知之日起 3 个月内向人民法院起诉。

（五）登记的撤销

布图设计获准登记后，国家知识产权局专利局复审和无效审理部发现该登记不符合《集成电路布图设计保护条例》（2001）规定的，应当予以撤销，通知布图设计权利人，并予以公告。布图设计权利人对专利局复审和无效审理部撤销布图设计登记的决定不服的，可以自收到通知之日起 3 个月内向人民法院起诉。

▶ **四、集成电路布图设计权的内容及行使**

（一）集成电路布图设计权的内容

集成电路布图设计权主要包括两项具体权利：复制权和商业利用权。《集成电路布图设计保护条例》（2001）将复制权表述为：对受保护的布图设计的全部或者其中任何具有独创性的部分进行复制的权利。复制权是布图设计专有权人的一项最主要的权利。专有权人通过行使复制权，对布图设计进行进一步的利用，大批量地生产集成电路产品，从而获得经济利益。①《集成电路布图设计保护条例》（2001）将商业利用权表述为：布图设计权人依法享有将受保护的布图设计、含有该布图设计的集成电路或者含有该集成电路的物品投入商业利用的权利，包括为商业目的进口、销售或者以其他方式提供的行为。

（二）集成电路布图设计权的行使

集成电路布图设计权的行使主要包括三种形式，权利人自己对布图设计进行复制和商业利用、将布图设计权进行转让，以及许可他人对布图设计进行复制和商业利用。

▶ **五、集成电路布图设计权的限制**

为了平衡权利人与社会公众之间的利益，集成电路布图设计权受到一定的限制。《集成电路布图设计保护条例》（2001）对集成电路布图设计权规定了若干限制，包括合理使用、权利用尽、强制许可和善意购买。

（一）合理使用

《集成电路布图设计保护条例》（2001）第 23 条规定，下列行为可以不经布图设计权利人的许可，不向其支付报酬：（1）为个人目的或者单纯为评价、分析、研究、教学等目的而复制受保护的布图设计；（2）在依据前项评价、分析受保护的布图设计的基础上，创作出具有独创性的布图设计；（3）对自己独立创作的与他人相同的布图设计进行复制或者将其投入商业利用。

（二）权利用尽

权利用尽，又称权利穷竭，是指受保护的布图设计、含有该布图设计的集成电路或者含有该集成电路的物品，由布图设计权利人或者经其许可投放市场后，他人再次商业利用的，可以不经布图设计权利人许可，并不向其支付报酬。这一规定的合理性在于消除了知识产权的专有性与商品自由流通的矛盾，保障了布图设计、含有该布图设计的集成电路或者含有该集成电路的物品的市场流通能够正常进行。②

（三）强制许可

强制许可，又称非自愿许可，是指在国家出现紧急状态或者非常情况时，或者为

---

① 张耕主编：《知识产权法》，中国政法大学出版社 2011 年版，第 320 页。
② 张玉敏主编：《知识产权法学（第二版）》，法律出版社 2011 年版，第 424 页。

了公共利益的目的,或者经人民法院、不正当竞争行为监督检查部门依法认定布图设计权利人有不正当竞争行为而需要给予补救时,国家知识产权局可以给予使用其布图设计的非自愿许可。取得使用布图设计非自愿许可的自然人、法人或者其他组织不享有独占的使用权,并且无权允许他人使用。取得使用布图设计非自愿许可的自然人、法人或者其他组织应当向布图设计权利人支付合理的报酬,其数额由双方协商。双方不能达成协议的,由国务院知识产权行政部门裁决。

（四）善意购买

在获得含有受保护的布图设计的集成电路或者含有该集成电路的物品时,不知道也没有合理理由应当知道其中含有非法复制的布图设计,而将其投入商业利用的行为,不被视为侵权。这一规定的合理性在于,鉴于布图设计极为复杂细微,一般经销商无法辨认自己所购买或销售的集成电路产品是否含有非法复制的集成电路。因此,对善意买方因"不知"而从事了布图设计的商业利用或复制的行为给予豁免,从而维护集成电路贸易的正常秩序。行为人得到其中含有非法复制的布图设计的明确通知后,可以继续将现有的存货或者此前的订货投入商业利用,但应当向布图设计权利人支付合理的报酬。

▶ **六、集成电路布图设计权的保护**

（一）保护期限

《集成电路布图设计保护条例》（2001）规定,布图设计权的保护期为 10 年,自布图设计登记申请之日或者在世界任何地方首次投入商业利用之日起计算,以较前日期为准。但是,无论是否登记或者投入商业利用,布图设计自创作完成之日起 15 年后不再受《集成电路布图设计保护条例》保护。

（二）侵权行为

《集成电路布图设计保护条例》（2001）规定,未经布图设计权利人许可,复制受保护的布图设计的全部或者其中任何具有独创性的部分的,或为商业目的进口、销售或者以其他方式提供受保护的布图设计、含有该布图设计的集成电路或者含有该集成电路的物品的,属于侵犯布图设计权的行为,行为人必须立即停止侵权行为,并承担赔偿责任。

（三）侵权责任

未经布图设计权利人许可,使用其布图设计,即侵犯其布图设计专有权,引起纠纷的,由当事人协商解决;不愿协商或者协商不成的,布图设计权利人或者利害关系人可以向人民法院起诉,也可以请求国务院知识产权行政部门处理。根据侵权类型和损害后果,布图设计侵权人应当承担的法律责任分为民事责任和行政责任。

侵害集成电路布图设计权的民事责任包括停止侵害和赔偿损失两种方式。损害赔偿数额为侵权人所获得的利益或者被侵权人所受到的损失,包括被侵权人为制止侵权行为所支付的合理开支。如不及时制止相关侵权行为,将会使权利人的合法权益受到难以弥补的损害的,根据《集成电路布图设计保护条例》(2001)第32条规定,权利人可以在起诉前依法向人民法院申请采取责令停止有关行为和财产保全的措施。

关于行政责任,《集成电路布图设计保护条例》(2001)第31条规定,国家知识产权局处理因侵权而引起的纠纷,认定侵权行为成立的,可以责令侵权人立即停止侵权行为,没收、销毁侵权产品或者物品。值得注意的是,根据《关于技术调查官参与专利、集成电路布图设计侵权纠纷行政裁决办案的若干规定(暂行)》(2021),国家知识产权局和地方管理专利工作的部门处理集成电路布图设计侵权纠纷案件时,可以指派技术调查官参与行政裁决活动。技术调查官为查明案件技术事实提供咨询、出具技术调查意见和其他必要技术协助,但对案件合议结果不具有表决权。当事人对国务院知识产权行政部门处理决定不服的,可以自收到处理通知之日起15日内依照《行政诉讼法》(2017)向人民法院起诉,侵权人期满不起诉又不停止侵权行为的,国家知识产权局可以请求人民法院强制执行。

第二节　植物新品种权

▶ 一、植物新品种权概述

植物新品种,是指经过人工培育的或者对发现的野生植物加以开发,具备新颖性、特异性、一致性和稳定性并有适当命名的植物品种。植物新品种分为农业植物新品种和林业植物新品种,包括粮食、棉花、烟草、桑树、茶树、果树、观赏植物、草本药材及木本油料、木本草药等植物品种。植物新品种的产生来源于人们对植物的人工培育或对野生植物的开发。高产优质的植物新品种会促进农林业科技创新,可以实现农林业的可持续发展,对于促进国民经济的健康发展和社会稳定具有极为重要的意义。培育植物新品种是一个相当复杂的过程,需要投入时间、资金和精力,而培育出来的植物新品种却易于被他人繁殖。因此,如果国家没有相应的法律制度保证培育者因其先前的投资获得合理回报,就无法鼓励人们培育更多的优良品种,也无法满足社会发展和人民生活的需要。

《专利法》(2020)第25条规定,植物品种不属于专利法的保护对象,但对植物品种的生产方法则授予专利权。为了保护植物新品种权,鼓励培育和使用植物新品种,促进农业、林业的发展,国务院制定了《中华人民共和国植物新品种保护条例》(以下简称《植物新品种保护条例》),于1997年10月1日起施行。1999年4月,中国加入了《国际植物新品种保护公约》(1978文本),成为国际植物新品种保护联盟的第39个成员。随后,为进一步完善中国的植物新品种权制度,根据《国务院关于修改〈中华人民共和国植物新品种保护条例〉的决定》,国务院于2013年1月31日对《植物新品种保护条例》进行了第一次修订;根据《国务院关于修改部分行政法规的决定》,国务院于2014年7月29日对《植物新品种保护条例》进行了第二次修订,并于2014年7月29日起施行。为确保人民法院依法受理和公正审判植物新品种权纠纷案件,最高人民法院多次公布相应的司法解释。其中,最高人民法院《关于审理植物新品种纠纷案件若干问题的解释》(2020 修正)、最高人民法院《关于审理侵害植物新品种权纠纷案件具体应用法律问题的若干规定》(2020 修正)以及最高人民法院《关于审理侵害植物新品种权纠纷案件具体应用法律问题的若干规定(二)》(2021)等对植物品种权纠纷案件的受理、管辖、诉讼主体等方面法律规定的适用进行了明确规定。

▶ 二、植物新品种权的取得

（一）取得条件

植物新品种权,亦称品种权,是指国家植物新品种权审批机关依照法律规定,赋予育种者在一定期限内对其新品种所享有的独占权。植物新品种权要受到法律的保护,应具备以下法定的条件:

（1）属于国家植物品种保护名录。申请品种权的植物新品种应当属于国家植物品种保护名录中列举的植物的属或者种,植物品种保护名录由审批机关确定和公布。

（2）新颖性。授予品种权的植物新品种应当具备新颖性。新颖性,是指申请品种权的植物新品种在申请日前该品种繁殖材料未被销售,或者经育种者许可在中国境内销售该品种繁殖材料未超过 1 年;在中国境外销售藤本植物、林木、果树和观赏树木品种繁殖材料未超过 6 年,销售其他植物品种繁殖材料未超过 4 年。

（3）特异性。特异性,是指申请品种权的植物新品种应当明显区别于在递交申请以前已知的植物品种。

（4）一致性。一致性,是指申请品种权的植物新品种经过繁殖,除可以预见的变异外,其相关的特征或者特性一致。

（5）稳定性。稳定性,是指申请品种权的植物新品种经过反复繁殖后或者在特定繁殖周期结束时,其相关的特征或者特性保持不变。

（6）适当的名称。授予品种权的植物新品种应当具备适当的名称,并与相同或者相近的植物属或者种中已知品种的名称相区别。该名称经注册登记后即为该植物新品种的通用名称。但下列名称不得用于品种命名:仅以数字组成的;违反社会公德的;对植物新品种的特征、特性或者育种者的身份等容易引起误解的。

（二）取得程序

取得品种权必须经过申请、受理、审批程序,经主管部门批准后才能取得植物新品种权。

1. 申请

中国的单位和个人申请品种权的,可以直接或者委托代理机构向审批机关提出申请。中国的单位和个人申请品种权的植物新品种涉及国家安全或者重大利益需要保密的,应当按照国家有关规定办理;外国人、外国企业或者外国其他组织在中国申请品种权的,应当按其所属国和中华人民共和国签订的协议或者共同参加的国际条约办理,或者根据互惠原则,依照《植物新品种保护条例》(2014)办理。申请品种权的,应当向审批机关提交符合规定格式要求的请求书、说明书和该品种的照片。申请文件应当使用中文书写。

2. 受理

审批机关收到申请文件后,符合规定的应当予以受理,明确申请日、给予申请号,并自收到申请之日起 1 个月内通知申请人缴纳申请费。对不符合或者经修改仍不符合《植物新品种保护条例》(2014)的品种权申请,审批机关不予受理并通知申请人。

3. 审查

植物品种权的审查分为两个阶段,分为初步审查和实质审查。初步审查包括审查植物品种是否属于保护名录列举的植物属或者种的范围,是否符合《植物新品种保护条例》(2014)第 20 条规定,是否符合新颖性的规定,植物新品种的命名是否适当等。审批机关应当自受理品种权申请之日起 6 个月内完成初步审查,对经初步审查合格的品种权申请,审批机关予以公告,并通知申请人在 3 个月内缴纳审查费。对经初步审查不合格的品种权申请,审批机关应当通知申请人在 3 个月内陈述意见或者予以修正。逾期未答复或者修正后仍然不合格的,驳回申请。申请人按照规定缴纳审查费后,审批机关对品种权申请的特异性、一致性和稳定性进行实质审查。实质审查主要依据申请文件和其他有关书面材料进行,审批机关认为必要时,可以委托指定的测试机构进行测试或者考察业已完成的种植或者其他试验的结果。

4. 授权和公告

对经实质审查符合规定的品种权申请,审批机关应当作出授予品种权的决定,颁发品种权证书,并予以登记和公告。对经实质审查不符合《植物新品种保护条例》(2014)规定的品种权申请,审批机关予以驳回,并通知申请人。如果申请人对审批机关的驳回申请的决定不服的,申请人可以自收到通知之日起 3 个月内,向植物新品种复审委员会请求复审。植物新品种复审委员会应当自收到复审请求书之日起 6 个月内作出决定,并通知申请人。申请人对植物新品种复审委员会的决定不服的,可以自接到通知之日起 15 日内向人民法院提起诉讼。

▶ **三、植物新品种权的内容**

根据《植物新品种保护条例》(2014)的规定,可以将植物新品种权的权利内容归纳为以下三项具体权利:

1. 独占权

完成育种的单位或者个人对其授权品种享有排他的独占权。而独占权包含自己使用品种权和未经品种权所有人许可,禁止任何单位或者个人为商业目的生产或者销售授权品种的繁殖材料、为商业目的将该授权品种的繁殖材料重复使用于生产另一品种的繁殖材料的权利。

2. 转让权和许可使用权

品种权人可以转让植物新品种的申请权和品种权,但应遵守国家的法律规定。中国的单位或者个人就其在国内培育的植物新品种向外国人转让申请权或者品种权的,应当经审批机关批准。国有单位在国内转让申请权或者品种权的,应当按照国家有关规定报经有关行政主管部门批准。转让申请权或者品种权的,当事人应当订立书面合同并向审批机关登记,由审批机关予以公告。根据最高人民法院《关于审理侵害植物新品种权纠纷案件具体应用法律问题的若干规定(二)》(2021)第2条,品种权转让未经国务院农业、林业主管部门登记、公告,受让人以品种权人名义提起侵害品种权诉讼的,人民法院不予受理。

3. 名称标记权

标记权,是指植物品种权人有权在授权品种的包装上标明植物品种权标记的权利,如授权时间、品种权申请号、品种权号、品种的名称、品种权人的名称。①

▶ 四、植物新品种权的限制

植物作为人类衣食住行的重要原料来源,与人类的生存和发展息息相关。因此,各国在保护植物新品种的品种权人权利的同时,无不基于社会公共利益的目的,对品种权人的权利给予一定的限制。②《植物新品种保护条例》(2014)对品种权人的专有权规定了以下两个方面的限制。

1. 合理使用

利用授权品种进行育种及其他科研活动和农民自繁自用授权品种的繁殖材料使用授权品种时,可以不经品种权人许可,不向其支付使用费,但是不得侵犯品种权人享有的其他权利,因科研的需要,对品种权人的权利进行合理使用的限制为植物育种的后续研发提供了方便,减少了后续研发的成本和阻碍。③ 另外,根据最高人民法院《关于审理侵害植物新品种权纠纷案件具体应用法律问题的若干规定(二)》(2021)第11条,被诉侵权人主张对授权品种进行利用授权品种培育新品种,或者利用授权品种培育形成新品种后,为品种权申请、品种审定、品种登记需要而重复利用授权品种的繁殖材料、繁殖行为属于科研活动的,人民法院应予支持。

而农民自繁自用授权品种的繁殖材料,即农民特权,存在的合理性在于,历代农民长期在选种、育种中付出辛勤劳动,没有他们的贡献,植物新品种无法得以培育,因此有必要在保障品种权人的权利的同时,允许农民自己繁殖自己使用授权品种的繁殖材料,同时为无力购买新种子的贫困农民开启了生存之道,从而体现平衡品种权人的权利和社会公共利益的原则。

---

① 张耕主编:《知识产权法》,中国政法大学 2011 年版,第 340 页。
② 冯晓青主编:《知识产权法(第二版)》,中国政法大学出版社 2010 年版,第 461 页。
③ 张玉敏主编:《知识产权法学(第二版)》,法律出版社 2011 年版,第 415 页。

2. 强制许可使用

为了国家利益或者公共利益的需要，品种权人无正当理由自己不实施，又不许可他人以合理条件实施的；对重要农作物品种，品种权人虽已实施，但明显不能满足国内市场需求，又不许可他人以合理条件实施的，审批机关可以作出实施植物新品种强制许可的决定，并予以登记和公告。取得实施强制许可的单位或者个人应当付给品种权人合理的使用费，其数额由双方商定。双方不能达成协议的，由审批机关裁决。品种权人对强制许可决定或者强制许可使用费的裁决不服的，可以自收到通知之日起3个月内向人民法院提起诉讼。

▶ **五、植物新品种权的期限、终止和无效**

植物新品种权的保护期限是自授权之日起，藤本植物、林木、果树和观赏树木为20年；其他植物为15年。有下列情形之一的，植物新品种权在其保护期限届满前终止。

（1）品种权人以书面声明放弃品种权的；

（2）品种权人未按照规定缴纳年费的；

（3）品种权人未按照审批机关的要求提供检测所需的该授权品种的繁殖材料的；

（4）经检测该授权品种不再符合被授予植物新品种权时的特征和特性的。

品种权的终止，由审批机关登记和公告。

自审批机关公告授予植物新品种权之日起，植物新品种复审委员会可以依据职权或者依据任何单位或者个人的书面请求，对不符合《植物新品种保护条例》（2014）相关规定的植物新品种权宣告其无效。宣告植物新品种权无效的决定，由审批机关登记和公告，并通知当事人。对植物新品种复审委员会的决定不服的，可以自收到通知之日起3个月内向人民法院提起诉讼。被宣告无效的植物新品种权，视为自始不存在。

▶ **六、侵犯植物新品种权的行为及法律责任**

根据《植物新品种保护条例》（2014）的规定，侵犯植物新品种权的行为主要包括：（1）未经品种权人许可，以商业目的生产或者销售授权品种的繁殖材料的行为；（2）假冒授权品种的行为；（3）销售授权品种未使用其注册登记的名称的行为。

侵犯植物新品种权的，行为人应当根据具体情况，分别承担民事责任、行政责任和刑事责任。

1. 民事责任

人民法院审理侵犯植物新品种权纠纷案件，应当依照《民法典》（2020）的规定，结合案件具体情况，判决侵权人承担停止侵害、赔偿损失等民事责任。根据最高人民法院《关于审理植物新品种纠纷案件若干问题的解释》（2020）第1条的规定，人民法院受理的植物新品种纠纷案件主要包括以下几类：

（一）植物新品种申请驳回复审行政纠纷案件；

（二）植物新品种权无效行政纠纷案件；

（三）植物新品种权更名行政纠纷案件；

（四）植物新品种权强制许可纠纷案件；

（五）植物新品种权实施强制许可使用费纠纷案件；

（六）植物新品种申请权权属纠纷案件；

（七）植物新品种权权属纠纷案件；

（八）植物新品种申请权转让合同纠纷案件；

（九）植物新品种权转让合同纠纷案件；

（十）侵害植物新品种权纠纷案件；

（十一）假冒他人植物新品种权纠纷案件；

（十二）植物新品种培育人署名权纠纷案件；

（十三）植物新品种临时保护期使用费纠纷案件；

（十四）植物新品种行政处罚纠纷案件；

（十五）植物新品种行政复议纠纷案件；

（十六）植物新品种行政赔偿纠纷案件；

（十七）植物新品种行政奖励纠纷案件；

（十八）其他植物新品种权纠纷案件。

关于第 1 条所列第一类至第五类案件，由北京知识产权法院作为第一审人民法院审理；第六类至第十八类案件，由知识产权法院，各省、自治区、直辖市人民政府所在地和最高人民法院指定的中级人民法院作为第一审人民法院审理。当事人对植物新品种纠纷民事、行政案件第一审判决、裁定不服，提起上诉的，由最高人民法院审理。

植物新品种权民事侵权纠纷中，判断植物新品种权的保护范围往往是争议的焦点。最高人民法院审判委员会 2021 年 7 月 23 日发布的指导案例 160 号"蔡某某诉广州市润平商业有限公司侵害植物新品种权纠纷案"中，最高人民法院对此问题作出了详细的分析。本案中，虽然蔡某某在申请三红蜜柚植物新品种权时提交的是以嫁接方式获得的繁殖材料枝条，但并不意味着三红蜜柚植物新品种权的保护范围仅包括以嫁接方式获得的该繁殖材料，以其他方式获得的枝条也属于该品种的繁殖材料。随着科学技术的发展，不同于植物新品种权授权阶段繁殖材料的植物体也可能成为育种者选用的种植材料，即除枝条以外的其他种植材料也可能被育种者们普遍使用，在此情况下，该种植材料作为授权品种的繁殖材料，应当纳入植物新品种权的保护范围。

另外，最高人民法院认为，我国相关法律、行政法规以及规章对繁殖材料进行了列举，但是对于某一具体品种如何判定植物体的哪些部分为繁殖材料，并未明确规定。判断是否为某一授权品种的繁殖材料，在生物学上必须同时满足以下条件：其属于活体，具有繁殖的能力，并且繁殖出的新个体与该授权品种的特征、特性相同。

鉴于此，被诉侵权蜜柚果实是否为三红蜜柚品种的繁殖材料，不仅需要判断该果实是否具有繁殖能力，还需要判断该果实繁殖出的新个体是否具有果面颜色暗红、果肉颜色紫、白皮层颜色粉红的形态特征，如果不具有该授权品种的特征特性，则不属于三红蜜柚品种权所保护的繁殖材料。对于三红蜜柚果实能否作为繁殖材料，经审查，难以通过三红蜜柚果实的籽粒繁育出蜜柚种苗，柚子单胚，容易变异，该品种通过枝条、芽条、砧木或者分株进行繁殖，三红蜜柚果实有无籽粒以及籽粒是否退化具有不确定性。综合本案品种的具体情况，本案被诉侵权蜜柚果实的籽粒及其汁胞均不具备繁殖授权品种三红蜜柚的能力，不属于三红蜜柚品种的繁殖材料。

确定构成侵权后，人民法院可以根据被侵权人的请求，按照被侵权人因侵权所受损失或者侵权人因侵权所得利益确定赔偿数额，被侵权人请求按照植物新品种实施许可费确定赔偿数额的，人民法院可以根据植物新品种实施许可的种类、时间、范围等因素，参照该植物新品种实施许可费合理确定赔偿数额，依照前述规定难以确定赔偿数额的，人民法院可以综合考虑侵权的性质、期间、后果，植物新品种实施许可费的数额，植物新品种实施许可的种类、时间、范围及被侵权人调查、制止侵权所支付的合理费用等因素，在50万元以下确定赔偿数额。关于赔偿额的举证责任，根据最高人民法院《关于审理侵害植物新品种权纠纷案件具体应用法律问题的若干规定（二）》（2021）第15条规定，人民法院为确定赔偿数额，在权利人已经尽力举证，而与侵权行为相关的账簿、资料主要由被诉侵权人掌握的情况下，可以责令被诉侵权人提供与侵权行为相关的账簿、资料；被诉侵权人不提供或者提供虚假账簿、资料的，人民法院可以参考权利人的主张和提供的证据判定赔偿数额。

2. 行政责任

未经品种权人许可，以商业目的生产或者销售授权品种的繁殖材料的，品种权人或者利害关系人可以请求省级以上人民政府农业、林业行政部门，依据各自的职权进行处理，也可以直接向人民法院提起诉讼。省级以上人民政府农业、林业行政部门根据当事人自愿的原则，对侵权所造成的损害赔偿可以进行调解。调解达成协议的，当事人应当履行；调解未达成协议的，品种权人或者利害关系人可以依照民事诉讼程序向人民法院提起诉讼。省级以上人民政府农业、林业行政部门依据各自的职权处理品种权侵权案件时，为维护社会公共利益，可以责令侵权人停止侵权行为，没收违法所得和植物品种繁殖材料；货值金额5万元以上的，可处货值金额1倍以上5倍以下的罚款；没有货值金额或者货值金额5万元以下的，根据情节轻重，可处25万元以下的罚款。

假冒授权品种的，由县级以上人民政府农业、林业行政部门依据各自的职权责令停止假冒行为，没收违法所得和植物品种繁殖材料；货值金额5万元以上的，处货值金额1倍以上5倍以下的罚款；没有货值金额或者货值金额5万元以下的，根据情节轻重,处25万元以下的罚款。省级以上人民政府农业、林业行政部门依据各自的职权在查处品种权侵权案件和县级以上人民政府农业、林业行政部门依据各自的职权在查处假冒授权品种案件时,根据需要,可以封存或者扣押与案件有关的植物品种的繁殖材料,查阅、复制或者封存与案件有关的合同、账册及有关文件。

销售授权品种未使用其注册登记的名称的,由县级以上人民政府农业、林业行政部门依据各自的职权责令限期改正,可以处1000元以下的罚款。

3. 刑事责任

假冒授权品种情节严重,构成犯罪的,依法追究刑事责任。县级以上人民政府农业、林业行政部门的及有关部门的工作人员滥用职权、玩忽职守、徇私舞弊、索贿受贿构成犯罪的,依法追究刑事责任;尚不构成犯罪的,依法给予行政处分。

第三节　地理标志权

▶ 一、概述

(一) 地理标志

地理标志是指指示某商品来源于某地区,该商品的特定质量、信誉或其他特征,主要由该地区的自然因素或人文因素所决定的标志。在中国,地理标志和原产地名称系同义语。[①] 根据以上定义,地理标志具有如下特征:

(1) 地理标志是一种重要的商品来源指示器、商品质量指示器和集体利益的指示器,蕴藏着巨大的商业价值;(2) 地理标志标明商品或服务的真实来源地;(3) 地理标志并不是纯地理概念,而是表明商品特有的品质,并和特定地区的自然因素或人文因素有极为密切的联系;(4) 地理标志不归属于某一特定企业或者个人单独享有,而是属于某特定产地所有生产同类产品的或是提供类似服务的企业或者个人共同享有。

(二) 地理标志权

地理标志权是指特定地域范围内某些同类商品的经营者,对其产地名称所享有的专有性权利。地理标志本身虽然不具有知识的创造性,但这并不影响地理标志权所内含的经济价值。特定地理区域内的自然或人文因素影响消费者选购商品或服务的心理,在同类商品的竞争中,因其所在的地理区域因素往往处于优势地位。这种竞争的优势,无疑给生产者带来商业信誉和巨大的财富。[②] 地理标志的专有性体现在由特定区域范围内的经营者共同使用,而其他地区同类商品的经营者则不得使用该地理标志。地理标志权是附属于特定区域的自然因素或人文因素的权利。

地理标志权是一种特殊的知识产权,它并不完全具备知识产权权利的基本特

---

① 吴汉东主编:《知识产权法(第三版)》,北京大学出版社2011年版,第344页。

② 王锋主编:《知识产权法学(第二版)》,郑州大学出版社2010年版,第330页。

征。地理标志权的特殊性体现在以下几个方面：（1）地理标志权是一种集体性权利，地理标志是基于商品产地的自然条件和生产者的集体智慧而形成的，利益分享是地理标志权的一个显著特征。该权利只能归某一特定地区内生产者们集体共有。该权利由特定地理区域内每一个"适格"的生产者分享，而不可被原产地任何单个生产者独占所有。（2）地理标志权具有永久性，不同于著作权、商标权或专利权中的财产权有时间限制，保护期限届满该智力成果就会进入公共领域，成为人类共同财富，不再受到法律保护。地理标志没有保护期限，只要地理标志产品的质量、声誉或其他特征与该地理区域的自然、人文因素之间的关系不变，该项权利无保护期限的限制，是一项永久的权利。（3）地理标志权具有不可转让性，使用地理标志的任何生产经营者都不得转让或许可他人使用，这是由于权利客体即地理标志的本源性所决定的。倘若允许地理标志转让使用，即会造成商品地域来源混淆，扰乱社会经济秩序，从而也就丧失了地理标志的本来功能与作用。①

（三）与地理标志相似的概念

与地理标志相似的概念是货源标记和商标。这些术语都属于识别性标记，可用于识别商品或服务的不同来源（产地），或可帮助不同需求的消费者挑选商品或服务。

1. 地理标志与货源标记

地理标志与货源标记的共同点是都属于识别性标记，都是表明产品原产地的重要因素。但两者存在显著区别：

（1）货源标记只证明商品出处或产地来源，不代表产品具有某种特定质量或品质。而地理标志则不仅证明商品从何而来，更能表示和保证商品的特有品质、信誉或其他特征。

（2）使用范围不同。地理标志主要使用于农产品、食品、手工艺品等，很少用于工业品，而货源标记的使用范围则没有限制。

（3）作用不同。地理标志便于消费者识别、选择质优商品，有利于保护地理标志权利人的权益，给他们带来巨大的经济利益；货源标记则主要用于国际贸易，在商品上标注货源标记，便于确定商品原产地、征收关税、执行数量限制等非关税措施等。

（4）构成要素不同。构成地理标志的地理区域的名称可以是一个国名，也可以是国家的一个行政区域，甚至可以为更小的特定地点的名称。而货源标记的地域范围比地理标志大，如"中国制造""上海制造"等。

（5）权利属性不同。地理标志具有财产权属性，是特定地域内符合使用条件的生产商、经营者享有的一项集体权利；而货源标记则不具有财产权性质，不能被特定

---

① 王莲峰：《地理标志的法律保护》，载《郑州大学学报（哲学社会科学版）》2003 年第 5 期，第 67 页。

主体注册和持有。

2. 地理标志与商标

地理标志与商标都具有质量表示功能,都可以起到指示、区别不同商品生产者和服务提供者的功能,都受到知识产权的保护。但两者也有一定的区别:

(1)构成要素不同。地理标志一般是由特定地域的名称和商品名称组合而成,可以使用一国国家名称或其他地方、地区或场所名称。但按照商标显著性要求,商标通常不得使用地名,尤其是县级以上行政区划的地名或者公众知晓的外国地名。

(2)区别商品来源的功能不同。商标区别的是同一类商品的生产经营者或服务提供者,而地理标志表示的是商品来源地,本身并不区别具体的每个商品生产者,即同一产地的不同生产者可以使用相同的地理标志,但往往使用的不是相同的商标。

(3)权利主体不同。地理标志权是产品生产的地理区域内的所有生产商的集体权利,主体具有广泛性,权利具有公有性。而商标专用权的主体则是单个的自然人、法人或其他组织。

(4)权利内容不同。法律保护商标注册人独占性使用其注册商标,同时允许权利人转让或许可他人使用其商标,禁止任何第三人未经许可使用他人注册商标的行为。而地理标志既不能许可他人使用,也不能转让,只能由该地域内的人共同使用。①

除此之外,地理标志与商标在其适用范围、权利的保护期限、权利的取得方式等方面存在诸多差异。

▶ 二、中国对地理标志的法律保护体系

中国历史悠久、地域辽阔,经过世世代代的努力和智慧,培育出无数具有地方特色的名优特产。如吐鲁番葡萄、景德镇瓷器、宜兴紫砂等。建立地理标志保护法律制度对开发和拓展中国农业综合功能,保护资源和环境,实现我国经济、社会可持续发展具有重要的意义。目前,中国对地理标志的保护采用的是以《商标法》(2019)为主,《反不正当竞争法》(2019)、2018年《中华人民共和国产品质量法》(以下简称《产品质量法》)、2013年《中华人民共和国消费者权益保护法》(以下简称《消费者权益保护法》)等特别法与地理标志相关的部门规章和规范性文件相结合的地理标志多重保护制度。部门规章主要包括《集体商标、证明商标注册和管理办法》(2003)、《地理标志产品保护规定》(2005)、《农产品地理标志管理办法》(2019)、《地理标志专用标志使用管理办法(试行)》(2020)等。

(一)与地理标志相关的法律

地理标志作为一项特殊的知识产权类型被纳入商标法的保护体系,其制度设计

---

① 吴汉东主编:《知识产权法(第三版)》,北京大学出版社2011年版,第354页。

基本实现了以下功能：

（1）原则上禁止产地以外的生产经营者在其生产经营的商品或服务上使用地理标志。《商标法》（2019）第 16 条规定，商标中有商品的地理标志，而该商品并非来源于该标志所标示的地区，误导公众的，不予注册并禁止使用；但是已经善意取得注册的继续有效。

（2）以集体商标或证明商标的形式对地理标志进行保护。《商标法实施条例》（2014）第 4 条规定：《商标法》第 16 条规定的地理标志，可以依照《商标法》和《商标法实施条例》的规定，作为证明商标或者集体商标申请注册。以地理标志作为证明商标注册的，其商品符合使用该地理标志条件的自然人、法人或者其他组织可以要求使用该证明商标，控制该证明商标的组织应当允许。以地理标志作为集体商标注册的，其商品符合使用该地理标志条件的自然人、法人或者其他组织，可以要求参加以该地理标志作为集体商标注册的团体、协会或者其他组织，该团体、协会或者其他组织应当依据其章程接纳为会员；不要求参加以该地理标志作为集体商标注册的团体、协会或者其他组织的，也可以正当使用该地理标志，该团体、协会或者其他组织无权禁止。除了《商标法》（2019）及《商标法实施条例》（2014）对地理标志的专门保护外，《反不正当竞争法》（2019）第 6 条和第 8 条、《消费者权益保护法》（2013）第 8 条和第 20 条、《产品质量法》（2018）第 5 条和第 53 条、《中华人民共和国农业法》（2012）第 23 条，也为地理标志提供了法律保护。这些法律并不是从保护地理标志的角度，而是从保护生产者和消费者的角度对产品产地进行规范，这些产品产地当然包括了产品的地理标志。①

（二）与地理标志相关的部门规章、规范性文件

与地理标志相关的部门规章、规范性文件包括：

1.《集体商标、证明商标注册和管理办法》（2003）

这是由原国家工商行政管理总局（现国家市场监督管理总局）2003 年发布的部门规章，主要规定了地理标志作为集体商标、证明商标注册的申请和受理。同时，为了更好地履行 TRIPs 协议中有关葡萄酒和烈酒地理标志的额外保护规定，《集体商标、证明商标注册和管理办法》特别规定了多个葡萄酒地理标志构成同音字或者同形字的，在这些地理标志能够彼此区分且不误导公众的情况下，每个地理标志都可以作为集体商标或者证明商标申请注册等条款。

2.《地理标志产品保护规定》（2005）

这是由原国家质量监督检验检疫总局（现国家市场监督管理总局）2005 年颁布的部门规章，目的在于有效保护中国的地理标志产品，规范地理标志产品名称和专用标志的使用，保证地理标志产品的质量和特色。

3.《农产品地理标志管理办法》（2019）

原农业部（现农业农村部）为了规范农产品地理标志的使用，保证地理标志农产

---

① 冯晓青主编：《知识产权法（第二版）》，中国政法大学出版社 2010 年版，第 489 页。

品的品质和特色,提升农产品市场竞争力,对农产品地理标志的登记、使用、监督管理作出了详细规定。农产品地理标志,是指标示农产品来源于特定地域,产品品质和相关特征主要取决于自然生态环境和历史人文因素,并以地域名称冠名的特有农产品标志。根据《农产品地理标志管理办法》(2019)第3条,国家对农产品地理标志实行登记制度。经登记的农产品地理标志受法律保护。根据《农产品地理标志管理办法》(2019)第15条,符合下列条件的单位和个人,可以向登记证书持有人申请使用农产品地理标志:

(1) 生产经营的农产品产自登记确定的地域范围;

(2) 已取得登记农产品相关的生产经营资质;

(3) 能够严格按照规定的质量技术规范组织开展生产经营活动;

(4) 具有地理标志农产品市场开发经营能力。

使用农产品地理标志,应当按照生产经营年度与登记证书持有人签订农产品地理标志使用协议,在协议中载明使用的数量、范围及相关的责任义务。农产品地理标志登记证书持有人不得向农产品地理标志使用人收取使用费。

(三) 我国地理标志双轨制保护模式存在的冲突

目前,中国对地理标志的保护采取的是原国家质量监督检验检疫总局(现国家市场监督管理总局)的地理标志保护和国家知识产权局商标局的商标保护两个部门、两种保护模式并行的模式。[①] 商标局承担与地理标志相关商标的注册和管理工作,国家市场监督管理总局对地理标志产品实施保护,负责对原产地域产品保护的申请进行审核和注册登记管理工作。

由于国家知识产权局商标局与国家市场监督管理总局在地理标志保护方面依据的法规不同,审查标准各异,互相之间又缺乏必要的交流,两种并行的保护机制之间存在着冲突和矛盾。以地理标志认证程序为例,国家知识产权局对地理标志、集体商标、证明商标进行登记注册,由集体商标、证明商标所有人对地理标志的使用实施认证。国家市场监督管理总局对地理标志产品进行行政审批,由各地方的市场监督管理部门对地理标志产品专用标志的使用进行认证。认证机构不同形成了不同的认证程序,最终导致地理标志的使用人为了保证自己的使用权不存在瑕疵,要通过两个认证程序来分别取得地理标志的使用权。如果申请地理标志产品保护登记的申请人,未经证明商标或集体商标注册人授权,便将已被核准为证明商标或集体商标的地理标志与特定地区的特定产品连接,申请地理标志产品保护,只要该申请符合地理标志产品保护的登记条件,就可以被批准登记。在此情形下,对商标的权利人可能形成实质性的损害。[②]

① 冯晓青主编:《知识产权法(第二版)》,中国政法大学出版社2010年版,第486页。
② 吴彬:《我国地理标志法律保护模式的冲突与完善措施》,载《华中农业大学学报(社会科学版)》2011年第4期,第111、113页。

▶ 三、地理标志侵权行为及法律责任

（一）侵权行为

各地市场监督管理机构依法对地理标志保护产品实施保护。根据《地理标志产品保护规定》（2005）侵犯地理标志权的行为包括：擅自使用或伪造地理标志名称及专用标志的；不符合地理标志产品标准和管理规范要求而使用该地理标志产品的名称的；或者使用与专用标志相近、易产生误解的名称或标识及可能误导消费者的文字或图案标志，使消费者将该产品误认为地理标志保护产品的行为。质量技术监督部门和出入境检验检疫部门将依法进行查处。2021 年 5 月 21 日发布的《国家知识产权局、国家市场监督管理总局关于进一步加强地理标志保护的指导意见》第 10 条规定加强地理标志的行政保护。具体而言，严厉打击地理标志侵权假冒行为。加强执法检查和日常监管，严格依据《产品质量法》（2018）等有关伪造产地的处罚规定和《商标法》（2019）、《反不正当竞争法》（2019）相关规定，打击伪造或者擅自使用地理标志的生产、销售等违法行为，规范在营销宣传和产品外包装中使用地理标志的行为。加强对相同或近似产品上使用意译、音译、字译或标注"种类""品种""风格""仿制"等地理标志的"搭便车"行为的规制和打击。严格监督和查处地理标志专用标志使用人未按管理规范或相关使用管理规则组织生产的违规违法行为。

关于地理标志的司法保护，是否侵害地理标志证明商标的关键在于商品是否符合证明商标所标示的特定品质。对于在产地、品质、原料、制造方法等不符合规定的商品上标注该商标的，证明商标的注册人有权禁止，并依法追究其侵犯证明商标权利的责任。"西湖龙井"地理标志证明商标侵权纠纷案中，原告向法院诉称：原告经商标局核准注册了"西湖龙井"地理标志证明商标，被告销售的茶叶包装和名片上都显著地使用了"西湖龙井"标记，侵犯原告的商标权。请求判令被告停止侵犯原告"西湖龙井"注册商标专用权的行为，并赔偿 100,000 元，在《解放日报》《新民晚报》刊登声明，消除影响。对于原告主张，上海市杨浦区人民法院经审理后认为，原告是"西湖龙井"商标的商标权人。被告将印有"西湖龍井"字样的包装袋、礼盒和茶叶罐使用于其销售的茶叶，属于商标性使用。与涉案商标相比，两者区别仅在于简繁体、字体和横竖排列，且被告不能证明其产品来源于"西湖龙井"的指定生产区域并符合特定品质要求，其行为侵犯原告的商标权。此外，被告在名片上印制"虎牌西湖龙井"，使公众对茶叶的来源产生误认，亦构成侵权。被告应当承担停止侵权、赔偿损失等民事责任。据此判决，被告立即停止侵犯原告第 9129815 号"西湖龙井"注册商标专用权的行为；被告赔偿原告经济损失 30,000 元（其中包含合理费用 1,720 元）。一审判决后，双方当事人均未提出上诉。

另外，《反不正当竞争法》（2019）是从禁止虚假表示或虚假宣传的角度保护地理标志，将伪造产地、对商品质量作引入误解的虚假表示作为一种不正当竞争行为加以禁止。除此之外，《消费者权益保护法》（2013）也将伪造、冒用商品的产地的行

为列为违法行为。

（二）法律责任

由于中国对地理标志权的保护采用的是分散制立法模式。所以地理标志侵权行为法律后果的设置也呈分散状态。[1] 侵犯地理标志权将承担民事责任和行政责任。具体规定有《产品质量法》(2018)第53条、《消费者权益保护法》(2013)第50条、《反不正当竞争法》(2019)第21条等，行政责任包括警告、责令改正、没收违法生产或销售的产品、罚款、没收违法所得、责令停业整顿、吊销营业执照。民事责任包括停止侵害、赔偿损失。

第四节　商　号　权

▶ 一、商号权概述

（一）商号

商号，又称企业名称、厂商名称，是法人或者其他组织进行民商事活动时用于标识自己并区别于他人的标记。[2] 商号是生产经营者的营业标志，体现着特定的企业的商业信誉和服务质量。一个商号如果被市场认可，就可以产生良好的商业信誉，对于信誉好的企业，其名称或标志对消费者有着巨大的吸引力，是企业重要的无形财产。[3]

商号与商标作为企业的一种无形财产，都是企业在从事营业活动中使用的标识，都具有一定的识别功能和经济价值。但商号和商标在以下方面存在着区别：(1) 两者附着的载体不同，具有不同的标示功能。商号附着于生产经营者，通过商号，人们可以辨识不同的生产经营者。商标是使用在商品上的标记，消费者通过商标，区别相同商品或服务的不同提供者。(2) 一个生产经营者只能有一个商号，但可以有多个商标使用在其生产经营的商品上。(3) 商号的构成要素只能为文字，而商标则可以由文字、图形、字母、三维标志、颜色组合或声音等组合而成。此外，生产经营者对其商号必须进行核准登记才能在工商活动中使用，而商标不一定要登记注册。

（二）商号权

商号权是指企业对自己使用或注册的商号依法享有的专有权。商号具有识别不同的生产经营者或服务提供者的功能，体现着企业的商业信誉和服务质量。一项积累较好的声誉、获得社会公众信赖的商号能为企业带来巨大的经济利益。商号本身具有无形财产权的性质，需要从法律上予以保护。商号权主体，是依法设立的商

---

① 王锋主编：《知识产权法学（第二版）》，郑州大学出版社2010年版，第335页。
② 曹新明主编：《知识产权法学（第二版）》，中国人民大学出版社2011年版，第251页。
③ 吴汉东主编：《知识产权法（第三版）》，北京大学出版社2011年版，第370页。

事主体。不从事商事活动的机关、团体、个人不能成为商号权的主体；而虽从事商品生产经营活动，但未取得独立的商事主体的资格者，如公司的分支机构也不能成为商号权主体。商号权的客体，是依法核准注册企业名称中的商号。

商号权属于知识产权的保护对象，具有知识产权的某些共同特征。例如，客体的非物质性、权利的专有性、地域性等。但与其他知识产权相比较，商号权具有以下自身的特点：

（1）商号权的效力一般仅及于登记主管机关的行政管理范围。相对商标权与专利权受到全国范围保护而言，商号权仅在其有效登记的范围内享有排他性的专有权。

（2）权利具有永久性。商号权具有一般人格权的某些属性，无法定的保护期限。商号与企业共存亡，只要企业存在，其商号权就得以继续存在。[①]

▶ 二、商号权的取得

有关商号权的取得，国内立法主要集中在《企业名称登记管理规定》（2020）以及《企业名称登记管理实施办法》（2004）。这两部规范性法律文件对企业名称的申请、受理、核准作了详细规定。

（一）取得方式

《企业名称登记管理规定》（2020）第 16 条规定，企业名称由申请人自主申报。申请人可以通过企业名称申报系统或者在企业登记机关服务窗口提交有关信息和材料，对拟定的企业名称进行查询、比对和筛选，选取符合《企业名称登记管理规定》要求的企业名称。申请人提交的信息和材料应当真实、准确、完整，并承诺因其企业名称与他人企业名称近似侵犯他人合法权益的，依法承担法律责任。各级市场监督管理机关应当依法核准登记企业名称。

（二）取得条件

《企业名称登记管理规定》（2020）规定，企业名称由行政区划名称、字号、行业或者经营特点、组织形式组成。跨省、自治区、直辖市经营的企业，其名称可以不含行政区划名称；跨行业综合经营的企业，其名称可以不含行业或者经营特点。而且企业名称中的行政区划名称应当是企业所在地的县级以上地方行政区划名称。市辖区名称在企业名称中使用时应当同时冠以其所属的设区的市的行政区划名称。开发区、垦区等区域名称在企业名称中使用时应当与行政区划名称连用，不得单独使用。另外，企业应当根据其组织结构或者责任形式，依法在企业名称中标明组织形式。

企业名称冠以"中国""中华""中央""全国""国家"等字词，应当按照有关规定从严审核，并报国务院批准。国务院市场监督管理部门负责制定具体管理办法。企

---

① 吴汉东主编：《知识产权法（第三版）》，北京大学出版社 2011 年版，第 363 页。

业名称中间含有"中国""中华""全国""国家"等字词的,该字词应当是行业限定语。

（三）取得程序

企业向企业名称的登记主管机关申请商号。在中国企业名称的登记主管机关是国家市场监督管理总局和地方各级市场监督管理局。根据《企业名称登记管理规定》(2020)第20条,企业登记机关在办理企业登记时,发现企业名称不符合《企业名称登记管理规定》的,不予登记并书面说明理由。企业登记机关发现已经登记的企业名称不符合《企业名称登记管理规定》的,应当及时纠正。人民法院或者企业登记机关依法认定企业名称应当停止使用的,企业应当自收到人民法院生效的法律文书或者企业登记机关的处理决定之日起30日内办理企业名称变更登记。

企业认为其他企业名称侵犯本企业名称合法权益的,可以向人民法院起诉或者请求为涉嫌侵权企业办理登记的企业登记机关处理。企业登记机关受理申请后,可以进行调解;调解不成的,企业登记机关应当自受理之日起3个月内作出行政裁决。

▶ 三、商号权的内容

（一）设定权

设定权是指民商事主体享有依法决定其商号的权利但商号的构成应当符合法律规定。《企业名称登记管理规定》(2020)第11条对商号不得含有的内容和文字进行了明确规定。具体包括不得有下列情形:

（1）损害国家尊严或者利益;

（2）损害社会公共利益或者妨碍社会公共秩序;

（3）使用或者变相使用政党、党政军机关、群团组织名称及其简称、特定称谓和部队番号;

（4）使用外国国家（地区）、国际组织名称及其通用简称、特定称谓;

（5）含有淫秽、色情、赌博、迷信、恐怖、暴力的内容;

（6）含有民族、种族、宗教、性别歧视的内容;

（7）违背公序良俗或者可能有其他不良影响;

（8）可能使公众受骗或者产生误解;

（9）法律、行政法规以及国家规定禁止的其他情形。

（二）专有使用权

商号使用权是指商号权人对其商号享有独占使用的权利。根据《企业名称登记管理规定》(2020),企业只准使用一个名称。在同一企业登记机关,申请人拟定的企业名称中的字号不得与下列同行业或者不使用行业、经营特点表述的企业名称中的字号相同:

（1）已经登记或者在保留期内的企业名称,有投资关系的除外;

（2）已经注销或者变更登记未满1年的原企业名称,有投资关系或者受让企业名称的除外;

（3）被撤销设立登记或者被撤销变更登记未满 1 年的原企业名称,有投资关系的除外。

企业分支机构名称应当冠以其所从属企业的名称,并缀以"分公司""分厂""分店"等字词。境外企业分支机构还应当在名称中标明该企业的国籍及责任形式。同时《反不正当竞争法》（2019）禁止擅自使用他人有一定影响的企业名称（包括简称、字号等）、社会组织名称（包括简称等）、姓名（包括笔名、艺名、译名等）引人误认为是他人的商品的不正当竞争行为。

（三）转让权

商号权具有一定的财产属性,可以予以转让。根据《企业名称登记管理规定》（2020）第 19 条的规定,企业名称转让或者授权他人使用的,相关企业应当依法通过国家企业信用信息公示系统向社会公示。但需要注意的是,预先核准的企业名称在有效期内,不得用于经营活动,不得转让。企业变更名称,在其登记机关核准变更登记前,不得使用《企业名称变更核准通知书》上核准变更的企业名称从事经营活动,也不得转让。

（四）许可使用权

许可使用权是商事主体将商号使用权的部分或全部让与他人的行为。使用人通过使用许可协议在特定范围内使用商号。商号许可的效力是被许可人通过一定的条件获得他人商号的部分使用权,而原商号权人仍然保留商号的专有权。一些连锁经营、特许经营模式中也存在商号许可使用的情况。

▶ **四、商号权的法律保护**

《民法典》（2020）、《反不正当竞争法》（2019）、《公司法》（2018）、《消费者权益保护法》（2013）和《企业名称登记管理规定》（2020）等多部法律、行政法规形成了商号权的法律保护体系。

（一）《民法典》

《民法典》（2020）规定,法人、非法人组织享有名称权,有权依法决定、使用、变更、转让或者许可他人使用自己的名称。任何组织或者个人不得以干涉、盗用、假冒等方式侵害他人的姓名权或者名称权。《民法典》（2020）第 995 条规定,人格权受到侵害的,受害人有权依照《民法典》（2020）和其他法律的规定请求行为人承担民事责任。受害人的停止侵害、排除妨碍、消除危险、消除影响、恢复名誉、赔礼道歉请求权,不适用诉讼时效的规定。

（二）《反不正当竞争法》

《反不正当竞争法》（2019）第 6 条第 2 项规定,擅自使用他人有一定影响的企业名称（包括简称、字号等）、社会组织名称（包括简称等）、姓名（包括笔名、艺名、译名等）,引人误认为是他人商品或者与他人存在特定联系的行为是不正当竞争行为。

在申请再审人福建省白沙消防工贸有限公司（以下简称"福建白沙公司"）与被

申请人南安市白沙消防设备有限公司(以下简称"南安白沙公司")侵犯企业名称(商号)权及不正当竞争纠纷案〔(2012)民申字第14号〕中,双方当事人的争议焦点为南安白沙公司注册包含有"白沙"字号的企业名称、注册并使用"白沙"文字商标是否侵犯福建白沙公司的企业名称权,构成不正当竞争。首先,南安白沙公司将"白沙"作为其企业名称中的字号登记注册具有特殊的地理因素。南安白沙公司与福建白沙公司同处福建省南安市美林镇白沙村,"白沙"系两公司住所地村名,属于公共资源。福建白沙公司虽先将"白沙"村名作为其企业名称中的字号登记注册,但对该村名并不享有专有权,不能排斥同处该村的其他企业使用"白沙"二字。事实上,白沙村已有不少企业将"白沙"登记注册为企业名称中的字号。而且,至本案一审起诉时止,福建白沙公司使用"白沙"字号18年,南安白沙公司使用"白沙"字号也12年,二者已共存了十余年。因此,南安白沙公司将"白沙"作为其字号属于对该公司住所地村名的正当使用。其次,福建白沙公司主张其企业名称因该公司拥有"远红"驰名商标而具有较高的知名度、南安白沙公司注册"白沙"字号具有傍名牌、搭便车的恶意。要判断南安白沙公司申请注册其企业名称中字号的主观意图,主要以其申请注册时的主观状况为准,不能以福建白沙公司此后具有知名度而推定南安白沙公司此前注册"白沙"字号时具有攀附其声誉和市场价值的主观恶意。对此,最高人民法院认为,南安白沙公司将"白沙"登记注册为企业名称中的字号属于对其住所地村名的正当使用,该公司将其村名且字号"白沙"注册为商标的行为本身即具有正当性,因此,二审法院认定南安白沙公司申请注册"白沙"商标不构成侵犯福建白沙公司的企业名称权及不正当竞争,并无不当。

《反不正当竞争法》(2019)第17条规定,经营者违反相关规定实施的行为给被侵害的经营者造成损害的,应当承担损害赔偿责任,被侵害的经营者的损失难以计算的,赔偿额为侵权人在侵权期间所获得的利益并应当承担被侵害的经营者因调查该经营者侵害其合法权益的不正当竞争行为所支付的合理开支。

(三) 其他专门法的保护

(1)《产品质量法》(2018)第5条规定,禁止伪造产品的产地,伪造或者冒用他人的厂名、厂址。《产品质量法》(2018)第30条、第37条还分别规定了生产者以及销售者不得伪造产地、不得伪造或者冒用他人的厂名、厂址。另外,《产品质量法》(2018)第53条对违反上述规定的行为设定了罚则:责令改正,没收违法生产、销售的产品并处违法生产、销售产品货值金额等值以下的罚款;有违法所得的,并处没收违法所得。情节严重的,吊销营业执照。

(2)《消费者权益保护法》(2013)第21条规定,经营者应当标明其真实名称和标记。租赁他人柜台或者场地的经营者应标明其真实名称和标记。根据《消费者权益保护法》(2013)第56条的规定,若经营者伪造产品的产地,伪造或者冒用他人的厂名、厂址的,除承担相应的民事责任外,其他有关法律、法规对处罚机关和处罚方式有规定的,依照法律、法规执行,法律、法规未作规定的,由市场监督管理部门或者其他有关行政部门责令改正，可以根据情节单处或者并处警告、没收违法所得、处以违法所得 1 倍以上 10 倍以下的罚款；没有违法所得的，处以 50 万元以下的罚款；情节严重的，责令停业整顿、吊销营业执照。

第五节　商业秘密权

▶ 一、商业秘密

商业秘密是指不为公众所知悉、能为权利人带来经济利益、具有实用性并经权利人采取保密措施的技术信息和经营信息。根据最高人民法院《关于审理侵犯商业秘密民事案件适用法律若干问题的规定》（2020），技术信息，是指与技术有关的结构、原料、组分、配方、材料、样品、样式、植物新品种繁殖材料、工艺、方法或其步骤、算法、数据、计算机程序及其有关文档等信息。而经营信息，是指与经营活动有关的创意、管理、销售、财务、计划、样本、招投标材料、客户信息、数据等信息。除此之外，客户信息也构成商业秘密，主要包括客户的名称、地址、联系方式以及交易习惯、意向、内容等信息。根据上述对商业秘密作出的定义，可以得出商业秘密的特征包括：

（1）秘密性。秘密性是商业秘密区别于其他知识产权客体的显著特征。商业秘密的"秘密性"是相对的概念，如果有关信息不为其所属领域的相关人员普遍知悉和容易获得即认为具有"秘密性"。

（2）价值性。价值性是某项技术信息或经营信息能为持有者带来经济利益或竞争优势。如果能够使企业节省开支、降低成本、提高产品质量，或者实现保护环境、安全生产的功效，并能为企业创造利润、增强或保持企业的竞争优势、竞争对手愿意投资去获取相关信息等时，认为该项技术或信息具有价值。①

（3）保密性。保密性是指权利人对技术信息或经营信息采取了适当、合理的保密措施。秘密性是商业秘密最本质的特征。权利人为防止信息泄露所采取的保密措施是与其商业价值等具体情况相适用的合理保护措施。显然没有万无一失的保密措施，法律仅要求在当时、当地条件下采取的保密措施合理即可。

▶ 二、商业秘密权

商业秘密权是指商业秘密的权利人依法享有的通过其商业秘密获取商业利益和竞争优势，并排除他人非法侵害的权利。商业秘密权是依附于商业秘密存在的，法律赋予当事人对商业秘密的支配权利。②

商业秘密与专利权、商标权等传统的知识产权相比，是人类智力活动的产物，在属于无形的财产权等方面具有共性，但在以下方面存在区别于传统知识产权的

---

①　曹新明主编：《知识产权法学（第二版）》，中国人民大学出版社 2011 年版，第 238 页。

②　王锋主编：《知识产权法学（第二版）》，郑州大学出版社 2010 年版，第 380 页。

特征：

（1）专利权、商标权等传统的知识产权的权利人是以向社会公开其智力成果而换取法律赋予的专有权。与之相反，商业秘密权的存在取决于商业秘密的保密，一旦被公开则丧失权利。

（2）商业秘密权没有保护期限的限制。只要未曾泄密，商业秘密权即受法律保护。

（3）权利的排他性含义不同。专利权、商标权、著作权等一旦被授予后，权利人享有独占权。而商业秘密不具有严格意义上的独占性，权利人无权排斥他人以正当手段，如反向工程等破解商业秘密。[①]

在中国，商业秘密权的保护散见于《反不正当竞争法》（2019）、《民法典》（2020）、《民事诉讼法》（2021）、《刑法》（2020）及其他相关的行政法规、部门规章和司法解释中。

▶ 三、侵犯商业秘密的行为

（一）非法获取他人的商业秘密

《反不正当竞争法》（2019）第 9 条第 1 款第 1 项规定，经营者不得以盗窃、贿赂、欺诈、胁迫、电子侵入或者其他不正当方式侵犯商业秘密。所谓"盗窃"，是指行为人以非法占有为目的，以秘密的方式窃取他人商业秘密的行为。由于商业秘密的无形性，中国刑法上并没有将盗窃商业秘密行为规定为一般意义上的盗窃财产犯罪，而是规定为侵犯商业秘密罪。作为侵犯知识产权罪的一种，所谓"利诱"，是指行为人通过向掌握或了解商业秘密的有关人员提供财物，或提供优厚的工作待遇，或某种利益承诺，从而获取他人商业秘密的行为。这里的"掌握或了解商业秘密的有关人员"包括内部人（即雇员）和知情人（即负有保密义务的人）。利诱的方式必须以内部人或知情人的参与为条件，否则将不属于利诱方式的侵权行为。所谓"胁迫"，是指行为人直接对商业秘密持有人或者其雇员及其亲属的生命、健康、荣誉、名誉、财产等实施损害为要挟，迫使持有人或者其雇员提供商业秘密的行为。其他不正当手段，是指行为人采取盗窃、利诱、胁迫手段之外的不正当手段，违背商业秘密权利人的意愿获取权利人的商业秘密的行为。如现实中以所谓洽谈业务、合作开发、学习取经以及技术贸易谈判为幌子套取权利人的商业秘密。[②]

（二）披露、使用或者允许他人使用以上述手段获取的权利人的商业秘密

"披露"是指公开散布不正当获取的商业秘密。商业秘密一旦被公开，必将损害商业秘密权利人的权益。"使用"是指行为人将自己非法获取的商业秘密用于生产或经营。"允许他人使用"是指行为人将非法获取的商业秘密以有偿或无偿的方式

---

① 孙国瑞主编：《知识产权法学》，知识产权出版社 2012 年版，第 200 页。
② 丁丽瑛主编：《知识产权法》，厦门大学出版社 2009 年版，第 348 页。

提供或转让给他人使用。

（三）违反保密义务或者违反权利人有关保守商业秘密的要求，披露、使用或允许他人使用其所掌握的商业秘密

尽管通过合法的途径获得了商业秘密，但因与商业秘密的权利人有合同关系或雇佣关系，而有义务对其所掌握的商业秘密进行保密，违反明示或默示的保密义务，公开商业秘密，或者违反约定使用或允许他人使用商业秘密，属于侵犯权利人商业秘密权的行为。《民法典》（2020）第501条规定：当事人在订立合同过程中知悉的商业秘密或者其他应当保密的信息，无论合同是否成立，不得泄露或者不正当地使用；泄露、不正当地使用该商业秘密或者信息，造成对方损失的，应当承担赔偿责任。此外，《民法典》（2020）第785条、第868条、第869条、第871条等，对加工承揽、技术转让合同和技术许可合同关系中的商业秘密保密义务都有明确规定。

（四）第三人明知或应知侵犯商业秘密的违法行为，获取、使用或者披露权利人的商业秘密

尽管第三人没有直接侵犯商业秘密，但明知或应知他人的侵犯商业秘密的行为，仍然获取、使用或再披露的，被视为侵犯商业秘密。如果第三人主观上不存在故意或过失，即不知道或没有理由知道他人侵犯了商业秘密，则不构成侵权。

▶ 四、侵犯商业秘密的法律责任

侵犯商业秘密的法律责任包括民事责任、行政责任和刑事责任。

（一）民事责任

商业秘密的权利人可以直接通过向法院提起诉讼的方式维护自己的权利。《反不正当竞争法》（2019）第32条规定了侵犯商业秘密纠纷中的举证责任问题。根据《反不正当竞争法》（2019）第17条的规定，因不正当竞争行为受到损害的经营者的赔偿数额，按照其因被侵权所受到的实际损失确定；实际损失难以计算的，按照侵权人因侵权所获得的利益确定。经营者恶意实施侵犯商业秘密行为，情节严重的，可以在按照上述方法确定数额的1倍以上5倍以下确定赔偿数额。赔偿数额还应当包括经营者为制止侵权行为所支付的合理开支。

（二）行政责任

侵犯商业秘密的行为不仅会直接侵犯商业秘密权利人的合法权益，还会扰乱公平竞争的市场秩序，行政机关有责任维护正常的市场秩序。

《反不正当竞争法》（2019）规定，由县级以上人民政府履行市场监督管理职责的部门对不正当竞争行为进行查处；法律、行政法规规定由其他部门查处的，依照其规定。另外，对涉嫌不正当竞争行为，任何单位和个人有权向监督检查部门举报，监督检查部门接到举报后应当依法及时处理。监督检查部门应当向社会公开受理举报的电话、信箱或者电子邮件地址，并为举报人保密。对实名举报并提供相关事实和证据的，监督检查部门应当将处理结果告知举报人。

经营者以及其他自然人、法人和非法人组织违反《反不正当竞争法》(2019)第9条规定侵犯商业秘密的,由监督检查部门责令停止违法行为,没收违法所得,处10万元以上100万元以下的罚款;情节严重的,处50万元以上500万元以下的罚款。

（三）刑事责任

将严重侵犯知识产权的行为纳入刑法调整的范围是保护商业秘密的重要救济手段之一。《刑法》(2020)第219条第1款、第2款规定:有下列侵犯商业秘密行为之一,情节严重的,处3年以下有期徒刑,并处或者单处罚金;情节特别严重的,处3年以上10年以下有期徒刑,并处罚金:(1)以盗窃、贿赂、欺诈、胁迫、电子侵入或者其他不正当手段获取权利人的商业秘密的;(2)披露、使用或者允许他人使用以前项手段获取的权利人的商业秘密的;(3)违反保密义务或者违反权利人有关保守商业秘密的要求,披露、使用或者允许他人使用其所掌握的商业秘密的。明知前述所列行为,获取、披露、使用或者允许他人使用该商业秘密的,以侵犯商业秘密论。

根据最高人民检察院、公安部《关于印发〈关于修改侵犯商业秘密刑事案件立案追诉标准的决定〉的通知》(2020),侵犯商业秘密刑事案件立案追诉标准是,给商业秘密权利人造成损失数额在30万元以上的;因侵犯商业秘密违法所得数额在30万元以上的;直接导致商业秘密的权利人因重大经营困难而破产、倒闭的;或者其他给商业秘密权利人造成重大损失的情形。

前款规定的造成损失数额或者违法所得数额,可以按照下列方式认定:

（1）以不正当手段获取权利人的商业秘密,尚未披露、使用或者允许他人使用的,损失数额可以根据该项商业秘密的合理许可使用费确定。

（2）以不正当手段获取权利人的商业秘密后,披露、使用或者允许他人使用的,损失数额可以根据权利人因被侵权造成销售利润的损失确定,但该损失数额低于商业秘密合理许可使用费的,根据合理许可使用费确定。

（3）违反约定、权利人有关保守商业秘密的要求,披露、使用或者允许他人使用其所掌握的商业秘密的,损失数额可以根据权利人因被侵权造成销售利润的损失确定。

（4）明知商业秘密是不正当手段获取或者是违反约定权利人有关保守商业秘密的要求披露、使用、允许使用,仍获取、使用或者披露的,损失数额可以根据权利人因被侵权造成销售利润的损失确定。

（5）因侵犯商业秘密行为导致商业秘密已为公众所知悉或者灭失的,损失数额可以根据该项商业秘密的商业价值确定。商业秘密的商业价值,可以根据该项商业秘密的研究开发成本、实施该项商业秘密的收益综合确定。

（6）因披露或者允许他人使用商业秘密而获得的财物或者其他财产性利益,应当认定为违法所得。

第六节 域 名 权

▶ **一、域名的概念和特征**

网络基于 TCP/IP 协议进行通信和链接，为了区别网络上数以万计的用户和计算机，每个主机或局域网都被分配了一个独一无二的地址，而域名则是解决互联网上 IP 地址对应的一种方法，是"因特网上的电子地址"。① 域名是互联网络上识别和定位计算机的层次结构式的字符标识，与该计算机的互联网协议 IP 地址相对应。IP 地址由 4 组用圆点隔开的阿拉伯数字组成，如世界知识产权组织的 IP 地址为 192.91.247.53。然而 IP 地址难以记忆，不利于互联网的应用与推广。域名则是此类地址的便于记忆的替代品。例如，与世界知识产权组织的 IP 地址相对应的域名为 http://www.wipo.int。②

根据以上的定义，域名具有下列特征：

（1）域名由英文字母、汉字、数字、句点及其他特殊符号组成，包括英文域名和中文域名。

（2）域名体系采用层次结构设置，至少包括顶级域名和二级域名。顶级域名包括国际域名、国家代码域名和通用顶级域名。例如，wipo.int 中国际顶级域名为 int。国家顶级域名中，如中国是 cn，美国是 us 等。国际通用顶级域名目前有 .com、.net 等。二级域名是用以识别域名所属类别、应用范围等公用信息的代码。如 http://yahoo.com.cn 中二级域名为 yahoo。此外，各个国家和地区根据互联网发展的需要，还可以设计层次更多的域名系统，使其包括三级域名、四级域名等，以分别代表不同的地域、组织或者行业标志。③

（3）域名的无地域性和唯一性。在任何国家和地区的因特网管理中心注册的域名，都可以同时在其他国家和地区得到承认，因此域名具有无地域性特点。域名的唯一性，指的是每个域名都有一个全球唯一的网际地址，而且域名一旦申请注册，其他人将无法将相同的域名申请注册。

（4）域名具有标识性。域名是互联网上区别经营者的标记。如微软公司的域名为 www.microsoft.com，通过这一域名，公众可以很容易地找到企业的主页和网络。

▶ **二、域名权的概念**

域名权，是指域名持有人对其注册的域名依法享有的专有权，包括使用权、禁止权、转让权、许可使用权等几项具体权利。具体论述如下：

---

① 王锋主编：《知识产权法学（第二版）》，郑州大学出版社 2010 年版，第 347 页。
② 曹新明主编：《知识产权法学（第二版）》，中国人民大学出版社 2011 年版，第 258 页。
③ 冯晓青主编：《知识产权法（第二版）》，中国政法大学出版社 2010 年版，第 491 页。

（1）使用权，是指域名持有人基于域名的技术功能有权使用自己的域名定位网址。具体而言，域名持有人有权不受他人干涉地将其注册的域名解析为特定的 IP 地址，并且通过 IP 地址使用与该域名唯一对应的网页。

（2）禁止权，是指禁止他人在定位网址的相同目的上使用该域名。这是基于域名技术上的唯一性而拥有的权力。域名在互联网中起到的是为计算机指途引路的功能，计算机通过对域名的识别进而定位不同的网页。因此，域名持有人有权禁止他人注册相同的域名。

（3）转让权，是指域名权利人将域名有偿或无偿转让他人的权利，转让权是域名权利人行使处分权的一种方式。申请转让域名的，应当向域名注册服务机构提交合法有效的域名转让申请表、转让双方的身份证明材料。

（4）许可使用权，是指域名权利人按照一定的条件和方式许可他人使用其域名并获得收益的权利。

▶ 三、域名权的取得、变更与注销

（一）域名权的取得

域名权的取得基于域名申请登记。域名注册遵循"先申请先注册"原则，为维护国家利益和社会公众利益，域名注册管理机构可以对部分保留字进行必要保护。域名注册有效期最长不得超过 10 年。域名续费的，自续费日至续费后的到期日最长不得超过 10 年，因注册服务机构变更自动续费的情况除外。除此之外，域名注册管理机构和注册服务机构不得预留或变相预留域名、域名注册管理机构和注册服务机构在提供域名注册服务过程中不得代表任何实际或潜在的域名持有者。

任何自然人或者能独立承担民事责任的组织均可在《国家顶级域名注册实施细则》（2019）规定的顶级域名下申请注册域名。申请注册域名时，应向域名注册服务机构提交如下书面材料：申请者的身份证明材料，域名注册者联系人的身份证明材料，中国互联网络信息中心要求提交的其他材料。

申请注册域名时，申请者应当以书面形式或电子形式向域名注册服务机构提交如下信息：申请注册的域名，主、辅域名服务器的主机名以及 IP 地址。申请者为自然人的，应提交姓名、通信地址、联系电话、电子邮箱等。申请者为组织的，应提交其单位名称、组织机构代码、通信地址、电子邮箱、电话号码等申请者的管理联系人、域名技术联系人、缴费联系人、承办人的姓名、通信地址、电子邮件、电话号码。

域名注册服务机构应当在收到域名注册申请后一个工作日内向中国互联网络信息中心提交如上域名注册信息。中国互联网络信息中心收到第一次有效注册申请的日期为申请日，中国互联网络信息中心、域名注册服务机构应当将申请日告知申请者。

（二）域名权的变更与注销

域名持有者之外的注册信息发生变更的，域名持有者应当按照申请注册域名时

所选择的变更确认方式,在注册信息变更后的 30 日内向域名注册服务机构申请变更注册信息。域名注册服务机构应当在接到域名持有者变更的注册信息 3 个工作日内,将变更后的注册信息提交给中国互联网络信息中心。未经域名持有者同意,域名注册服务机构不得对注册信息进行变更。

申请注销域名的,申请者应当向域名注册服务机构提交合法有效的域名注销申请表和身份证明材料。域名注册服务机构收到前款资料后 3 个工作日内进行审核,审核合格后应予以注销。

▶ 四、域名的法律保护

（一）中国域名保护的立法概况

《反不正当竞争法》(2019)第 6 条第 3 项要求经营者不得擅自使用他人有一定影响的域名主体部分。如果经营者实施该行为,引人误认为是他人商品或者与他人存在特定联系,那么,构成不正当竞争。人民法院审理域名纠纷案件,对符合以下各项条件的,应当认定被告注册、使用域名等行为构成侵权或者不正当竞争:(1) 原告请求保护的民事权益合法有效;(2) 被告域名或其主要部分构成对原告驰名商标的复制、模仿、翻译或音译,或者与原告的注册商标、域名等相同或近似,足以造成相关公众的误认;(3) 被告对该域名或其主要部分不享有权益,也无注册、使用该域名的正当理由;(4) 被告对该域名的注册、使用具有恶意。

目前为止,中国还没有制定一部专门针对域名的法律,仅由部门规章、部门规范性文件和司法解释构成中国现行域名申请、变更、注销、监督管理、纠纷解决等方面的法律制度。域名保护相关的部门规章有《互联网域名管理办法》(2017),部门规范性文件有《国家顶级域名注册实施细则》(2019)、《通用网址争议解决办法》(2010)、中国国际经济贸易仲裁委员会《关于〈中国互联网络信息中心域名争议解决办法〉补充规则》(2014)、《中文域名注册暂行管理办法》(2000) 等。另外,相关司法解释有最高人民法院《关于审理涉及计算机网络域名民事纠纷案件适用法律若干问题的解释》(2020)。

（二）域名权纠纷解决机制

对于涉及计算机网络域名注册、使用等行为的民事纠纷,当事人向人民法院提起诉讼,经审查符合《民事诉讼法》(2021)第 122 条规定的,人民法院应当受理。域名纠纷案件的案由,根据双方当事人争议的法律关系的性质确定,并在其前冠以计算机网络域名;争议的法律关系的性质难以确定的,可以通称为计算机网络域名纠纷案件。

另外,域名争议也可以由中国互联网络信息中心认可的争议解决机构受理解决。争议解决机构实行专家组负责争议解决的制度,专家组由 1 名或 3 名掌握互联网络及相关法律知识,具备较高职业道德,能够独立并中立地对域名争议作出裁决的专家组组成。域名争议解决机构通过在线方式公布可供投诉人和被投诉人选择的专家名册。

符合下列条件的投诉应当获得支持：（1）投诉人享有受中国法律保护的权利或合法利益；（2）被投诉的通用网址与投诉人享有权利或利益的名称相同或者近似；（3）被投诉的通用网址注册人对通用网址或其主要部分不享有权利或者合法利益；（4）被投诉的通用网址注册人对通用网址的注册或使用具有恶意。

被投诉的通用网址注册人具有下列情形之一的，构成恶意注册或使用通用网址：（1）注册或者受让通用网址是为了向作为民事权益所有人的投诉人或其竞争对手出售、出租或者以其他方式转让该通用网址，以获取不正当利益；（2）多次将他人享有合法权益的名称注册为自己的通用网址，其注册通用网址的目的是阻止他人以通用网址的形式在互联网上使用其享有合法权益的名称；（3）注册或受让通用网址的目的是损害投诉人的声誉，破坏投诉人正常的业务活动，或者混淆与投诉人之间的区别误导公众；（4）其他恶意的情形。

域名争议解决机构裁决注销域名或者裁决将域名转移给投诉人的，自裁决在争议解决机构网站正式公布之日起满 10 日的，域名注册服务机构应予以执行。但被投诉人自裁决公布之日起 10 日内，提供有效证据证明有管辖权的人民法院或者仲裁机构已经受理相关争议的，争议解决机构的裁决暂停执行。

第六章　知识产权国际条约

知识产权国际保护是指公约的成员方调整其知识产权法律，使之达到其所参加或缔结的公约的基本原则和最低要求。本章主要介绍目前重要的知识产权国际公约，包括《巴黎公约》《伯尔尼公约》和 TRIPs 协议。

第一节　知识产权国际保护概述

▶ 一、知识产权国际保护的成因

根据知识产权的地域性特征,依据一国法律所取得的知识产权,仅在该国领域内发生效力;同时,按照一国法律取得的知识产权,非经他国的国内法程序,不能得到该国保护。① 这意味着权利人不可能依据在一个国家获得的权利而在另一个国家获得保护。

随着资本主义的兴起和科学技术的日益进步,在国际贸易不断扩大的同时,知识产权贸易市场也开始形成。知识产权的地域性限制与知识产权的国际性需求之间出现了巨大的矛盾。② 如何实现知识产权的国际保护,如何协调各国的知识产权保护标准,成为摆在世界各国面前的重要课题。在经历了一百多年的冲突和调整的复杂过程,以多边国际条约③为核心的知识产权保护体系基本形成。这些条约主要有:《巴黎公约》《伯尔尼公约》《世界版权公约》《罗马公约》TRIPs 协议、《世界知识产权组织版权条约》(WCT)、《世界知识产权组织表演和录音制品条约》(WPPT)、《视听表演北京条约》和《工业品外观设计国际注册海牙协定》等。

除此之外,知识产权国际条约的形成与发达国家及相关利益集团推行的单边利益主义密切相关,它们利用国际条约框架的制定和运行促进其知识产权利益最大化。④ 以美国为例,至 19 世纪 80 年代,以爱迪生为代表的发明家在电灯、发电等技术领域作出重大发明创造,申请了上百件美国专利。当时美国的技术创新成果在世界范围内处于领先地位,具有极大的市场潜力和应用价值。美国为了保护其发明人和产业的海外利益,在《巴黎公约》实施后就选择加入该公约。但是,美国对几乎同时产生的《伯尔尼公约》在长达一个世纪内都坚持不加入,直至它成为"版权强国"后,为适应和引领世界贸易组织(WTO)和世界知识产权组织(WIPO)下的国际知识产权保护环境,才在 1989 年选择加入《伯尔尼公约》。此前,美国已意识到长期脱离国际版权保护环境可能给本国带来负面影响,会导致其国际影响降低。但是,由于美国当时的版权法与《伯尔尼公约》存在冲突,所以,从 20 世纪 40 年代后期开始,美国选择支持联合国教科文组织(UNESCO),继而推动制定《世界版权公约》。随着很多发展中国家的加入,美国发现难以在联合国教科文组织维护其版权利益,难以操

---

① 郑成思:《知识产权法(第二版)》,法律出版社 2003 年版,第 15—16 页。
② 吴汉东:《知识产权总论(第四版)》,中国人民大学出版社 2020 年版,第 39 页。
③ 条约是指两个或两个以上国家、或其他国际法主体之间通常以书面形式缔结的创设相互权利和义务并受国际法支配的国际协议。具体的条约有各种名称,如条约、公约、议定书、盟约、宪章、规约、换文、协议备忘录等。参见〔英〕戴维·M.沃克:《牛津法律大辞典》,北京社会与科技发展研究所译,光明日报出版社 1988 年版,第 895 页。
④ 刘银良:《国际知识产权政治问题研究》,知识产权出版社 2014 年版,第 5 页。

纵世界知识产权组织，于是，开始寻求构建新的知识产权国际规则的可行性，提议把知识产权议题纳入多边贸易协议谈判中。在美国强力推动下，最终形成的 TRIPs 协议实质性地把美国的知识产权立法延伸至世界各地，美国可以随时把知识产权议题与贸易相联系，实现美国的利益最大化。TRIPs 协议的制定更加体现了美国的单边利益主义。知识产权国际保护从来不是单纯的无形财产权保护问题，它早已演变为国际知识产权政治问题，而国际知识产权政治问题反过来又与各国知识产权制度的建设和运行密切相关。①

知识产权国际保护并不是指用本国法去保护依外国法产生的知识产权，而是指一个国家应当调整其知识产权法律，使之达到其所参加或缔结的知识产权国际条约的基本原则和最低要求。②

▶ 二、知识产权国际条约的种类

（一）双边条约和多边条约

双边条约是指两个国家或其他国际法主体之间签订的知识产权条约，例如中国和美国于 1992 年签订的《关于保护知识产权的谅解备忘录》。随着越来越多的国家相继加入全球性多边条约，知识产权双边条约的内容基本被全球性多边条约所覆盖。

区域性多边条约是指某一区域内的两个以上的国家或其他国际法主体之间签订的知识产权条约，如美国、加拿大和墨西哥于 1992 年签订的《北美自由贸易协定》，其中包括版权、专利、商标和集成电路布图设计保护等方面的内容。2018 年 11 月 30 日，三个国家签订了《美国、墨西哥和加拿大协定》（USMCA），该协定于 2020 年 7 月 1 日生效。

全球性多边条约是指全球范围内的两个以上的国家或其他国际法主体之间签订的知识产权条约，如 1994 年缔结的 TRIPs 协议。该类条约在协调各国知识产权保护方面起着非常重要的作用，它确定了各国知识产权保护的最低标准。

（二）知识产权保护条约、全球保护体系条约和知识产权分类条约

知识产权保护条约是缔约方接受的国际法律保护的源泉，这类条约对各国知识产权保护规定了国际议定的基本标准，如《巴黎公约》《伯尔尼公约》《罗马公约》《商标法条约》等。

全球保护体系条约的目的是确保一项国际注册或国际申请将在任何相关的缔约方内具有效力。根据这些条约，可以简化提交单一申请或在寻求对某一知识产权给予保护的所有国家提交申请的手续并减少了相应的费用。这一类条约有《专利合

---

① 刘银良：《国际知识产权政治问题研究》，知识产权出版社 2014 年版，第 5 页。
② 关于知识产权国际保护的概念，可参见郑成思：《知识产权法（第二版）》，法律出版社 2003 年版，第 75—76 页。李明德：《知识产权法》，法律出版社 2008 年版，第 328 页。吴汉东主编：《知识产权法学（第七版）》，北京大学出版社 2019 年版，第 451 页。

作条约》《商标国际注册马德里协定》《工业品外观设计国际注册海牙协定》等。

知识产权分类条约的目的是创建分类体系，该体系将有关发明、商标和工业品外观设计的信息编排为便于检索的索引式可管理的结构。这一类条约有《建立工业品外观设计国际分类洛迦诺协定》《商标注册用商品和服务国际分类尼斯协定》《国际专利分类斯特拉斯堡协定》等。

▶ 三、知识产权国际保护的进展

（一）两种不同发展趋势

在当今知识产权国际保护领域存在着两种不同的发展趋势：一种是发达国家不断强化知识产权的国际保护，提高知识产权保护的标准；另一种是发展中国家主张合理保护知识产权，在世界贸易组织（WTO）、世界卫生组织（WHO）和世界知识产权组织（WIPO）的框架内加强对公共健康、气候变化、遗传资源、传统知识等方面的保护。上述两种趋势反映了发达国家和发展中国家为保护各自的优势知识产权而进行的博弈与制衡。

发达国家主张强化知识产权与贸易、投资的"联姻"以进一步强化保护，这以《反假冒贸易协定》（ACTA）、《全面与进步跨太平洋伙伴关系协定》（CPTPP）以及美国、墨西哥和加拿大协定（USMCA）涉及知识产权的相关内容为其主要标志。美国单方挑起中美贸易战，最后双方在2020年1月15日签订了包括知识产权条款在内的经济贸易协议也是典型例子（后面详述）。《反假冒贸易协定》是一个以打击仿冒、盗版等侵权活动为宗旨，谋求建立新的打击全球假冒、盗版的国际知识产权执法框架的政府间协议，其目的是全面加强国际贸易中知识产权的保护。《反假冒贸易协定》最初由日本发起，日本、澳大利亚、加拿大、韩国、摩洛哥、新西兰、新加坡和美国成为首批签字国。《反假冒贸易协定》的讨论是在严格保密的情况下进行的，非政府组织和发展中国家被排除在外。根据《反假冒贸易协定》的规定，其成员方将建立一个类似于世界贸易组织和世界知识产权组织的理事机构。从这一机构成立时起，《反假冒贸易协定》就引发了广泛争论。一些国家质疑其合法性，因为协定中的部分条款超出了TRIPs协议的执行义务，对其包含的灵活性加以限制，并施加了变相的贸易限制，有可能与TRIPs协议相抵触。另外，《反假冒贸易协定》的制定将会削弱现有的国际贸易和知识产权保护机制，弱化WTO、WHO和WIPO等多边体系的作用。同时，《反假冒贸易协定》还被广泛地批评为限制人权、隐私权与言论自由的协议，并因此遭到抵制和抗议。《反假冒贸易协定》包括初始条款和定义、知识产权执法的法律框架、执法实践、国际合作、制度安排、最后条款等共计6章。

发展中国家针对跨国公司对专利药品的合法垄断以及对遗传资源的掠夺等情况，主张在遗传资源、传统知识、公共健康和知识共享等领域积极合作，不断寻求符合自身利益的知识产权保护策略。

2001年11月，在卡塔尔多哈召开的世界贸易组织第四届部长级会议上，围绕着专利权与公共健康问题上的争端,在第三世界国家的力争下,会议通过了《关于与贸易有关的知识产权协定与公共健康的多哈宣言》(以下简称《多哈宣言》)。《多哈宣言》确认了WTO成员方使用强制实施许可和平行进口等措施的权利,发展中国家为促进公共健康的目的,能够最大限度地利用TRIPs协议的灵活性。其中包括:(1)每个成员方都有授予强制许可的权利以及确定授予此类许可的理由;(2)每个成员方都有权决定什么是构成"国家紧急状态或其他极端紧急的情况",诸如艾滋病、疟疾等传染病造成的公众健康危机,即构成这种"紧急状态";(3)缔约方有权在遵守最惠国待遇和国民待遇条款的前提下,构建自己的"知识产权权利用尽"制度;(4)发达国家应促进和鼓励其企业向最不发达国家转让技术。最不发达国家对于药品提供专利保护的时间可推迟到2016年。WTO总理事会于2003年8月30日通过《关于TRIPs协议与公共健康多哈宣言第六段的执行》的决议,允许发展中国家或最不发达国家的成员方可以豁免TRIPs协议第31条(f)规定的义务(指"任何此种使用的授权应主要为供应授权此种使用的成员方的国内市场"),使该成员方能够将其强制许可下生产或进口的药品出口到属于同一区域性贸易协议成员方,且面临同一健康问题的其他发展中或最不发达国家成员方。本条款并不损害有关专利权的地域性特征。《多哈宣言》对实施专利药品强制实施许可制度、解决发展中国家成员方公共健康危机具有重要意义。针对新型冠状病毒疫情问题,第73届世界卫生组织大会通过了《应对COVID-19疫情》的决议(编号:WHA73.1,2020年5月19日),倡议在遵守包括TRIPs协议以及《多哈宣言》等相关国际条约的基础上,确保相关方及时获得高质量、安全、负担得起和有效的COVID-19反应诊断、治疗、药物和疫苗等。

（二）中美第一阶段经贸协议中的知识产权问题

美国是当今世界头号大国。自从19世纪90年代赶超英国成为世界第一大经济体后,美国一直信奉霸权理念,推行单边利益主义,主导国际秩序的发展方向,并按照西方的价值观念、发展阶段和政治结构,设计有利于美国发展的国际游戏规则。如有一国的经济实力位列世界第二并开始对美国的领先地位形成威胁,美国就会从政治、经济、文化、军事等方面全线围堵,引发贸易争端。[①]

中国是最大的发展中国家。自改革开放以来,中国的综合国力与国际竞争力不断增强。自2010年以来,中国国内生产总值(GDP)跃居世界第二,成为仅次于美国的世界第二大经济体。在跨国公司游说和支持下,美国积极要求中国加强知识产权保护,以维护美国人的知识产权利益。知识产权之争成为屡次贸易战的核心问题。美国利用"最惠国待遇""一般301调查""特别301调查"和"337调查"等手段,通过贸易压制和制裁,逼迫中国签订对知识产权保护要求更高的双边协定。

通观美国屡次发起贸易战,知识产权政治博弈贯穿于中美关系,双方先后进行了多次知识产权谈判。2020年1月15日,双方在华盛顿签署了《中华人民共和国政

---

① 曹新明、咸晨旭:《中美贸易战的知识产权冲突与应对》,载《知识产权》2020年第9期,第22页。

府和美利坚合众国政府经济贸易协议》，即《中美第一阶段经贸协议》（以下简称《协议》），《协议》包括知识产权、技术转让、食品和农产品贸易、金融服务、宏观经济政策、汇率问题和透明度、扩大贸易、双边评估和争端解决等内容，其中知识产权条款作为最重要的内容被置于《协议》的第一部分，对我国知识产权保护提出了更高的要求。

《协议》第一章开篇指出：美国认识到知识产权保护的重要性。中国正从重要知识产权消费国转变为重要知识产权生产国，中国认识到，建立和实施知识产权保护和执行的全面法律体系的重要性。中国认为，不断加强知识产权保护和执法，有利于建设创新型国家，发展创新型企业，推动经济高质量发展。《协议》有关知识产权的具体内容如下：

第一，商业秘密和保密商务信息。《协议》就侵犯商业秘密责任人的范围、构成侵犯商业秘密的禁止行为范围、民事程序中的举证责任转移、阻止使用商业秘密的临时措施、启动刑事执法的门槛、刑事程序和处罚、保护商业秘密和保密商务信息免于政府机构未经授权的披露等方面进行了约定，每一条款针对中国都作出特别约定。

第二，与药品相关的知识产权。《协议》规定了药品数据保护、药品专利审查中的数据补充、专利纠纷早期解决的有效机制（药品专利链接制度）、专利有效期的延长等内容。每一条款针对中国都作出特别约定。

第三，电子商务平台的盗版与假冒。《协议》对打击网络侵权、主要是电子商务平台上的侵权进行了约定。针对网络侵权行为，中国应做到：（1）要求迅速下架；（2）免除善意提交错误下架通知的责任；（3）将权利人收到反通知后提出司法或行政投诉的期限延长至 20 个工作日；（4）通过要求通知和反通知提交相关信息，以及对恶意提交通知和反通知进行处罚，以确保下架通知和反通知的有效性。该约定显著增加了电商平台知识产权注意义务，提高了对知识产权保护的要求。

第四，地理标志。《协议》就地理标志和国际协议、一般市场准入相关的地理标志问题、复合名称等进行约定，并特别要求中国应确保：（1）主管部门在确定某一名称在中国是否为通用名称时，考虑中国消费者如何理解这一名称的相关因素；以及（2）任何地理标志，无论是否根据国际协议或其他方式被授予或承认，都可能随时间推移而变成通用名称，并可能因此被撤销。

除此之外，《协议》在盗版和假冒产品的生产和出口、假冒药、存在健康和安全风险的假冒商品、销毁假冒商品、边境执法行动、实体市场执法、恶意商标、知识产权案件司法执行和程序、双方知识产权保护合作等方面，从立法、执法、国际合作等多个方面要求中国提高知识产权保护力度。

此前，美国屡次以"强制转让技术要求""歧视性的技术许可要求""试图获取技术以实施产业政策"为名指控中国。《协议》从总则、市场准入、行政管理和行政许可要求及程序、正当程序和透明度、科学与技术合作等方面规定了双方在技术转让方面的义务,还特别规定对于收购、合资或其他投资交易,任何一方都不得要求或施压对方个人向己方个人转让技术。

本着平等协商、双方共赢的原则致力于解决中美两国之间的贸易争端,在《协议》签署前后,中国通过立法程序,修改《反不正当竞争法》《商标法》《专利法》《著作权法》《刑法》等法律,制定最高人民法院《关于审理申请注册的药品相关的专利权纠纷民事案件适用法律若干问题的规定》、最高人民法院《关于审理侵害知识产权民事案件适用惩罚性赔偿的解释》、最高人民法院《关于知识产权民事诉讼证据的若干规定》、最高人民法院《关于审理侵犯商业秘密民事案件适用法律若干问题的规定》等系列司法解释,正在将《协议》中的约定转化为国内法律规定。同时,通过修订知识产权相关的法律和司法解释,亦是中国进一步强化知识产权保护、建设创新型国家的应然要求。

第二节 《巴黎公约》

《巴黎公约》是工业产权领域的基本公约。以《巴黎公约》为核心,辅以其他工业产权协定为辅助,共同构成了巴黎公约体系。在该体系中,其他协定是对《巴黎公约》的补充或者具体化,而绝大多数的专门协定都是闭合性的,只对《巴黎公约》的成员方开放。在两者关系上,《巴黎公约》的基本原则和最低要求标准制约着专门协定,专门协定要以《巴黎公约》为基础且不得与《巴黎公约》相抵触。

▶ 一、《巴黎公约》产生的背景

19世纪后,由于资本主义的兴起和科学技术的日益进步,越来越多的国家建立了保护发明的法律制度。由于知识产权具有明显的地域性,加之各国法律的差异较大,很难形成工业产权的国际保护。随着国际技术交流和国际贸易的不断增长,工业产权之间的冲突也愈发明显和激烈,从而迫切需要在工业产权领域进行国际性协调。

1873年,奥匈帝国邀请其他国家参加在维也纳举办的国际发明展览会。由于担心对参展的发明缺乏足够的法律保护,获得邀请的多数国家都不愿参会。该事件直接导致奥地利通过一项专门法律,对所有参展的外国人的发明、商标和工业品外观设计提供临时保护。受这一事件的影响,1873年在维也纳召开了专利改革会议,会议建立了一套有效实用的专利制度基础的原则,并敦促各国政府尽可能迅速地就专利保护达成谅解。作为专利改革维也纳会议的继续,1878年在法国巴黎召开了工业产权国际会议,会议决定召集一次国际性的外交会议,旨在在工业产权领域建立统一的立法基础。

1883年,由法国、比利时、巴西、意大利、荷兰等11个国家发起的外交会议在巴黎召开,会议通过并签署了《巴黎公约》,并于1884年7月正式生效。《巴黎公约》是在保护工业产权方面最早、最重要和最基本的国际公约,确立了工业产权保护的基本原则和要求,对世界各国的工业产权制度产生了深远的影响。其后《巴黎公约》历经数次修改,1967 年的斯德哥尔摩文本是迄今为止绝大多数国家所批准和采纳的文本。截至 2022 年 7 月,《巴黎公约》共有 179 个缔约方。由于 TRIPs 协议已将《巴黎公约》纳入其范围之内,所以《巴黎公约》又协调着世界贸易组织成员方的工业产权制度。

《巴黎公约》共计 30 条,包括实体性条款和行政性条款。实体性条款规定了实体法领域的一些共同规则,保证各成员方国民享有在条约下与工业产权保护有关的基本权利。行政性条款则包括为实施公约而建立行政机构等条款。

▶ 二、《巴黎公约》的基本原则

(一) 国民待遇原则

国民待遇原则一般是指在同样的条件下,外国人和本国人所享有的权利和承担的义务相同。《巴黎公约》是最早规定国民待遇原则的多边国际条约,有关国民待遇原则的条款规定在《巴黎公约》的第 2 条和第 3 条。

根据《巴黎公约》第 2 条第 1 款的规定,本联盟任何国家的国民在其他成员方内应享有各该国法律现在授予或今后可能授予国民的各种利益以及一切都不应损害《巴黎公约》特别规定的权利。因此,他们和该成员方国民享有同样的保护,对侵犯他们的权利享有同样的法律上的救济手段。

国民待遇原则要求各成员方负有使得他国国民和本国国民享有同等保护的义务。与此同时,《巴黎公约》第 3 条规定,即使不是《巴黎公约》成员方的国民,但在《巴黎公约》的一个国家的领土内设有住所或有真实和有效的工商业营业所的,应享有与本联盟国家国民同样的待遇。由此可见,《巴黎公约》规定的享受国民待遇的主体范围非常广泛,凡是成员方国民向其他成员方主张工业产权法律保护的,均可享受该被申请国的国民待遇。主张工业产权保护的非成员方国民,只要在一个成员方内有真实有效的营业所即可。

国民待遇中的"待遇",是指各成员方的有关法律规定的本国国民已经享有或今后可能享有的待遇。不过,成员方在授予其他国民国民待遇时,"一切都不应损害本公约特别规定的权利",如专利申请、商标与外观设计的优先权等权利。

各成员方国民在某一成员方就工业产权主张保护时,也要承担条约规定的义务,即遵守对该国国民适用的条件和手续。

(二) 优先权原则

优先权是指申请人享有的在某一成员方提出申请后,在一定期限内又向其他成员方提出同样的申请,其后的申请被视为与首次申请的日期相同的权利。《巴黎公约》第 4 条对优先权作了详细规定。按照《巴黎公约》的规定,优先权的取得需要满足以下条件:

(1) 主张优先权的申请人是可以享受国民待遇的同盟成员方国民。

(2) 申请人已就专利和商标向某一成员方提出正规的国家申请。依《巴黎公约》第 4 条的规定,正规的国家申请是指在有关国家中足以确定提出申请日期的任何申请,而不问该申请以后的结局如何。

（3）主张优先权以申请人主动作出声明为前提。

（4）成员方可以要求作出优先权声明的任何人提交以前提出的申请(说明书、附图等)的副本。

（5）优先权只适用于发明、实用新型、外观设计和商标(不包括服务商标)申请。

根据《巴黎公约》第 4 条(B)款的规定,优先权作为一种对抗冲突申请的权利,具有排他性效力。换言之,在优先权期间届满以前,申请人在任何其他国家后来提出的任何申请,不应由于在这期间完成的任何行为,特别是另外一项申请的提出、发明的公布或利用、外观设计复制品的出售、或商标的使用而成为无效。但是,优先权的效力不是绝对的,须受第三人在先权利的限制。

《巴黎公约》为优先权设定了时间期限。对于专利和实用新型为 12 个月,对于外观设计和商标为 6 个月,期限自第一次申请的申请日开始,申请日不计入期间之内。

（三）独立保护原则

《巴黎公约》第 4 条之二和第 6 条规定了专利权、商标权的独立原则。独立原则的法理根据在于知识产权的地域性。

关于专利权独立原则,《巴黎公约》规定其成员方国民向各成员方申请的专利,与在其他国家,不论是否是成员方,就同一发明所取得的专利是相互独立的。尤其在优先权期间内申请的各项专利,就其无效和丧失权利的理由以及其正常的期间而言,也是相互独立的。

关于商标权独立原则,《巴黎公约》规定商标的申请和注册条件,均由成员方本国法律决定。但任何成员方对成员方国民提出的商标注册申请,不得以未在原属国申请、注册或续展为理由而予以拒绝,也不得使注册无效。在某一个国家正式注册的商标,与在其他国家注册的商标,包括在原属国注册的商标在内,都是相互独立的。

不过,《巴黎公约》第 6 条之五 A 款(1)特别规定的商标同等保护规则是对商标权独立原则的一个限制。

▶ 三、《巴黎公约》的保护范围

《巴黎公约》第 1 条第 2 款确定了工业产权的保护对象包括专利、实用新型、工业品外观设计、商标、服务标记、厂商名称、货源标记或原产地名称和制止不正当竞争。该条第 3 款强调对工业产权应作最广义的理解,它不仅应适用于工业和商业本身,而且也应同样适用于农业和采掘业,适用于一切制成品或天然产品。

需要注意的是,《巴黎公约》规定的专利仅指发明专利。对于实用新型、工业品的外观设计的保护,《巴黎公约》未作规定。上述保护范围内所指的商标不包括服务商标。在《巴黎公约》中，服务商标被称为服务标记。《巴黎公约》中有关商标的规定，如有关优先权的规定，成员方没有义务对服务商标授予优先权。不过如果它们想这样做，它们也有自由这样做。[①]《巴黎公约》并未限制成员方自愿选择为服务标记提供保护。至于该如何保护服务标记，《巴黎公约》并未作具体规定。

▶ 四、其他规定

除了基本原则外，《巴黎公约》还规定了临时保护、专利权限制、驰名商标特别保护以及制止不正当竞争等法律措施。

（一）关于专利

（1）署名权。《巴黎公约》第4条之三规定，发明人有在专利中被记载为发明人的权利。

（2）对驳回专利申请和撤销专利的限制。《巴黎公约》第4条之四、第5条A款规定，不得以专利产品的销售或依专利方法制造的产品的销售受到本国法律的禁止或限制为理由，而拒绝授予专利或使专利无效，不得因专利权人将在某成员方内制造的物品进口到对该物品授予专利的国家而导致该项专利的取消。

（3）颁发强制许可。《巴黎公约》对颁发强制许可规定了相应条件。

（4）利用进口国的专利方法制造产品的进口。《巴黎公约》第5条之四对方法专利作出特别规定，规定一种产品进口到对该产品的制造方法有专利保护的成员方时，专利权人对该进口产品，享有按照进口国法律对在该国依照专利方法制造的产品所享有的一切权利。

（5）禁止权利人滥用专利权。《巴黎公约》第5条A款规定各国都有权采取立法措施规定授予强制许可，以防止由于行使专利所赋予的专有权而可能产生的滥用，例如不实施。

（6）临时豁免。《巴黎公约》第5条之三规定下列情况不应认为是侵权行为：① 暂时或偶然地进入某一成员方领水的船舶，在该船的船身、机器、船具、装备及其他附件上使用构成专利对象的器械，但以专为该船的需要而使用这些器械为限；② 暂时或偶然地进入某一成员方的飞机或陆上车辆，在该飞机或陆上车辆的构造或操作中，或者在该飞机或陆上车辆附件的构造或操作中使用构成专利对象的器械。

（二）关于商标

（1）商标同等保护规则。《巴黎公约》第6条之五A款（1）特别规定：在原属国正规注册的每一商标，除有本条规定的以外，本联盟其他国家应与在原属国注册那样接受申请和给予保护。各该国家在确定注册前可以要求提供原属国主管机关发

---

① 〔奥地利〕博登浩森：《保护工业产权巴黎公约指南（附英文文本）》，汤宗舜、段瑞林译，中国人民大学出版社2003年版，第22页。

给的注册证书。该项证书无需认证。依照上述规定,获得同等保护是指对注册申请不得予以拒绝,已获注册的,不得宣布其无效,但是,获得同等保护以不违反下列规定为条件:① 在其要求保护的国家,商标具有侵犯第三人的既得权利的性质的;② 商标缺乏显著特征,或者完全是由商业中用以表示商品的种类、质量、数量、用途、价值、原产地或生产时间的符号或标记所组成,或者在要求给予保护的国家的现代语言中或在善意和公认的商务实践中已经成为惯用的;③ 商标违反道德或公共秩序,尤其是具有欺骗公众的性质。这三项规定在符合适用《巴黎公约》第 10 条之二关于不正当竞争的条件下,也可以适用。

（2）驰名商标的特殊保护。《巴黎公约》第 6 条之二对驰名商标作出特别规定,对于是复制、仿制或翻译驰名商标的且易于产生混淆的商标,成员方有权拒绝或撤销注册,并禁止使用。这也适用于商标的主要部分构成对上述驰名商标的复制或仿制,易于产生混淆的情形。自注册之日起至少 5 年的期间内,应允许提出撤销这种商标的请求。对于依恶意取得注册或使用的商标提出撤销注册或禁止使用的请求,不受时间限制。但《巴黎公约》并未规定驰名商标的认定条件,而是由成员方自己解决。

（3）商标标识的禁用性规定。《巴黎公约》第 6 条之三要求各成员方应拒绝注册或使其注册无效,并采取适当措施禁止使用以下标记:① 成员方的国徽、国旗和其他的国家徽记、各该国用以表明监督和保证的官方符号和检验印章以及从徽章学的观点看来的任何仿制用作商标或商标的组成部分,但该商标的使用或注册性上不会使公众理解为有关组织与这种徽章、旗帜、徽记、缩写和名称有联系时,或者如果这种使用或注册性质上大概不会使公众误解为使用人与该组织有联系时除外。② 一个或一个以上成员方参加的政府间国际组织的徽章、旗帜、其他徽记、缩写和名称,但已成为保证予以保护的现行国际协定的对象的徽章、旗帜、其他徽记、缩写和名称除外。如果损害《巴黎公约》在该国生效前善意取得的权利的所有人的,本项规定不适用。

（4）平行进口。平行进口是指注册商标持有人在某国（出口国）生产并销售带有注册商标的商品后,第三人（进口商）擅自将该商品进口到另一国（进口国）,而该注册商标所有人或其他被许可人也在该进口国取得同一商标专用权。根据《巴黎公约》第 9 条、第 10 条、第 10 条之三的规定,一切非法标有商标或厂商名称的商品,在进口到该项商标或厂商名称有权受到法律保护的本联盟国家时,应予以扣押。在发生非法黏附上述标记的国家或在该商品已进口进去的国家,扣押应同样予以执行。《巴黎公约》要求各成员方保证其他成员方的国民能获得有效地制止前述行为的适当的法律上救济手段。

（5）集体商标。《巴黎公约》第 7 条之二规定,如果社团的存在不违反其原属国的法律,即使该社团没有工商业营业所,各成员方也要受理集体商标的申请,并保护属于该社团的集体商标。《巴黎公约》没有规定关于保护集体商标的特别条件,而是授权各国自行审定,但如果商标违反公共利益,可以拒绝给予保护。

(三) 关于不正当竞争

《巴黎公约》特别将反不正当竞争的权利作为工业产权的保护范围,要求成员方对各该国国民保证给予制止不正当竞争的有效保护。按照《巴黎公约》第10条之二的规定,凡在工商业事务中违反诚实习惯做法的竞争行为构成不正当竞争的行为,尤其应特别禁止下列行为:(1) 具有采用任何手段对竞争者的营业所、商品或工商业活动产生混淆性质的一切行为;(2) 在经营商业中,具有损害竞争者的营业所、商品或工商业活动的信用性质的虚伪说法;(3) 在经营商业中使用会使公众对商品的性质、制造方法、特点、用途或数量易于产生误解的表示或说法。

第三节 《伯尔尼公约》

在著作权与邻接权领域,《伯尔尼公约》是最早和最基本的国际公约。《伯尔尼公约》所确立的著作权保护基本原则和基本要求对世界各国的著作权制度产生了深刻影响。由于 TRIPs 协议将《伯尔尼公约》纳入其范围,《伯尔尼公约》还协调着世界贸易组织成员的著作权制度。受《伯尔尼公约》的影响,国际社会还缔结了《罗马公约》《保护录音制品制作者防止未经许可复制其录音制品公约》《关于播送由人造卫星传播载有节目的信号的公约》《世界知识产权组织版权条约》《世界知识产权组织表演和录音制品条约》和《视听表演北京条约》等公约和条约。这些公约和条约既相互联系,又相互区别,共同构筑了著作权与邻接权的伯尔尼公约体系。

▶ 一、《伯尔尼公约》产生的背景

伴随传播技术的发展和文化交流的扩大,跨国传播和使用作品的情况越来越普遍,在已有双边著作权保护框架的基础上实行更为广泛和统一的国际保护就成为必需。1878 年,维克多·雨果在巴黎主持召开了一次重要的文学大会,建立了一个国际文学艺术协会。1883 年,该协会将一份经过多次讨论的国际公约草案交给瑞士政府。瑞士政府于 1886 年 9 月 9 日在伯尔尼举行的第三次大会上予以通过,定名为《伯尔尼公约》,并于 1887 年 12 月 5 日正式生效。此后,由于不断有新的文学和艺术作品创作形式出现,例如摄影作品和电影作品,而且作者的权利范围也随着作品使用和传播技术的发展而逐步扩大,《伯尔尼公约》相应进行了多次修改、补充和修正。《伯尔尼公约》最后一次修订的文本并不是唯一有效的文本。1971 年的巴黎文本是被最多国家批准的文本,但也有少数国家批准了某个早期的文本,如罗马文本、布鲁塞尔文本和斯德哥尔摩文本。中国于 1992 年 10 月 15 日加入《伯尔尼公约》,适用 1971 年的巴黎文本。为了平衡成员方的权利义务,巴黎文本第 32 条对各文本之间的关系作出了规定。

▶ **二、《伯尔尼公约》的基本原则**

（一）国民待遇原则

《伯尔尼公约》第 5 条第 1 款对国民待遇原则作出规定：根据《伯尔尼公约》得到保护作品的作者，在除作品起源国外的本联盟各成员方，就其作品享受各该国法律现今给予或今后将给予其国民的权利，以及《伯尔尼公约》特别授予的权利。《伯尔尼公约》第 5 条第 3 款还规定：起源国的保护由该国本国法律作出规定。即使作者并非作品起源国的国民，但他就其作品根据《伯尔尼公约》受到保护，他在该国仍享有同该国公民作者相同的权利。由此可见，"起源国"在《伯尔尼公约》中是确定国民待遇的关键问题。

《伯尔尼公约》第 5 条第 4 款对"起源国"规定如下：

（1）对于首次在本同盟某一成员方出版的作品，以该国家为起源国；对于在分别给予不同保护期的几个本同盟成员方同时出版的作品，以立法给予最短保护期的国家为起源国。

（2）对于同时在非同盟国和本同盟成员方出版的作品，以后者为起源国。

（3）对于未出版的作品或首次在非同盟成员方出版而未同时在本同盟成员方出版的作品，以作者为其国民的本同盟成员方为起源国，但对于制片人总部或惯常住所在某一成员方国内的电影作品，以该国为起源国；对于建造在某一本同盟成员方国内的建筑作品或构成某一本同盟成员方建筑物一部分的平面和立体艺术作品，以该国为起源国。

由此可见，《伯尔尼公约》是通过作者和作品发表地两个要素来确定国民待遇原则的适用范围，这样使著作权能在更广泛的范围内受到保护。

（二）自动保护原则

《伯尔尼公约》第 5 条第 2 款规定，享有和行使依国民待遇提供的权利时不需要履行任何手续，也不论作品起源国是否存在保护。这便是自动保护原则。但是，《伯尔尼公约》第 2 条第 2 款允许成员方作出一项保留，即各成员方可以通过国内立法规定所有作品或任何特定种类的作品未以某种物质形式固定下来的，便不受保护，这即是对作品的"固定要求"。

（三）独立保护原则

根据《伯尔尼公约》第 5 条第 2 款的规定，除公约条款外，著作权保护的程度以及为保护作者权利而向其提供的补救方法完全由被要求给予保护的国家的法律规定，因此，作品在某一成员方所受到的保护，完全独立于作品起源国所给予的保护。同时，作品在成员方所受到的保护，也完全依照该成员方的法律予以规定。当然，各成员方均依本国法律的规定向外国作者提供的保护，不得损害作者依《伯尔尼公约》特别规定所享有的权利。

各国的历史文化传统和政治经济发展不一,著作权保护的地域性和独立性必然导致各国著作权保护制度的差异。《伯尔尼公约》从四个方面规定了著作权保护的最低标准。

（一）受保护的作品

《伯尔尼公约》中有关受保护的作品的规定主要包括:

(1) 作品的保护范围。根据《伯尔尼公约》第 2 条第 1 款,"文学艺术作品"指文学、科学和艺术领域内的一切成果,不论其表现形式或方式如何,它包括书籍、小册子和其他文字作品;讲课、演讲、讲道和其他同类性质作品;戏剧或音乐戏剧作品;舞蹈艺术作品和哑剧;配词或未配词的乐曲;电影作品和以类似摄制电影的方法表现的作品;图画、油画、建筑、雕塑、雕刻和版画作品;摄影作品和以类似摄影的方法表现的作品;实用艺术作品;与地理、地形、建筑或科学有关的插图、地图、设计图、草图和立体作品。

(2) 演绎作品。《伯尔尼公约》规定受保护的作品包括演绎作品,即翻译、改编、乐曲改编以及对文学或艺术作品的其他变动应得到与原作同等的保护,但不得损害原作的著作权。

(3) 汇编作品。《伯尔尼公约》规定,文学或艺术作品的汇编,诸如百科全书和选集,凡由于对材料的选择和编排而构成智力创作的汇编作品,应得到相应的、但不损害汇编内每一作品的著作权的保护。

(4) 实用艺术作品、工业品外观设计。《伯尔尼公约》规定,各成员方可以通过国内立法规定其法律在何种程度上适用于实用艺术作品以及工业品平面和立体设计,以及此种作品和平面与立体设计受保护的条件。在起源国仅仅作为平面与立体设计受到保护的作品,在本同盟其他成员方只享受各该国给予平面和立体设计的那种专门保护;但如在该国并不给予这种专门保护,则这些作品将作为艺术作品得到保护。

(5) 时事新闻。根据《伯尔尼公约》第 2 条第 8 款,《伯尔尼公约》的保护不适用于日常新闻或纯属报刊消息性质的社会新闻。但是,对于立法、行政或司法性质的官方文件及其正式译本,以及政治演说和诉讼过程中发表的言论的保护,《伯尔尼公约》规定由各成员方的国内立法确定。另外,公开发表的讲课、演说或其他同类性质的作品,如为新闻报道的目的有此需要,在什么条件下可由报刊登载,进行广播或向公众传播,以及以《伯尔尼公约》第 11 条之二第 1 款的方式公开传播的,也属于各成员方国内立法的范围。

（二）作者的经济权利

《伯尔尼公约》从第 8 条至第 14 条规定了作者享有的经济权利:

(1) 翻译权。作者在对原著享有权利的整个保护期内,享有翻译和授权翻译其作品的专有权利。不过,这种权利要受到公约附件规定的强制许可制度的限制。

（2）复制权。作者享有授权以任何方式和采取任何形式复制其作品的专有权利,但是,成员方法律允许在某些特殊情况下复制上述作品,只要这种复制不损害作品的正常使用也不致无故侵害作者的合法利益。《伯尔尼公约》第 9 条第 3 款特别指出所有录音或录像均应视为复制。此外,《伯尔尼公约》第 10 条、第 10 条之二还对复制权作了一些限制。

（3）表演权。戏剧作品、音乐戏剧作品和音乐作品的作者享有授权公开表演和演奏其作品,包括用各种手段和方式公开表演和演奏,以及授权用各种手段公开播送其作品的表演和演奏的权利。戏剧作品或音乐戏剧作品的作者,在享有对其原作的权利的整个期间对其作品的译作享有同等的权利。

（4）广播权。文学艺术作品的作者授权广播其作品或以任何其他无线传送符号、声音或图像的方法向公众传播其作品,授权由原广播机构以外的另一机构通过有线传播或转播的方式向公众传播广播的作品以及授权通过扩音器或其他任何传送符号、声音或图像的类似工具向公众传播广播的作品的权利。《伯尔尼公约》规定,行使以上权利的条件应由成员方的法律规定,但这些条件的效力严格限于该国范围内,且这些条件均不应有损于作者的精神权利,也不应有损于作者获得合理报酬的权利,该报酬在没有协议情况下应由主管当局规定。

（5）朗诵权。文学作品的作者享有授权公开朗诵其作品,包括用各种手段或方式公开朗诵,以及授权用各种手段公开播送其作品的朗诵的权利。文学作品作者在对其原作享有权利的整个期间,对其作品的译作享有同等的权利。

（6）改编权。文学艺术作品的作者享有授权对其作品进行改编、音乐改编和其他变动的专有权利。

（7）录制权。音乐作品作者及允许其歌词与音乐作品一道录音的歌词作者授权对上述音乐作品以及有歌词的音乐作品进行录音的专有权利,但根据《伯尔尼公约》第 14 条第 3 款的规定,这种权利不适用于电影。《伯尔尼公约》规定,行使以上权利的条件应由成员方的法律规定,但这些条件的效力严格限于该国范围内,且在任何情况下均不得损害作者获得在没有协议情况下由主管当局规定的合理报酬的权利。

（8）制片权。文学艺术作品的作者享有授权将其作品改编和复制成电影以及发行经过如此改编或复制的作品;以及授权公开表演、演奏以及向公众有线传播经过如此改编或复制的作品的权利。根据文学或艺术作品制作的电影作品以任何其他艺术形式改编,在不妨碍电影作品作者授权的情况下,仍须经原作作者授权。

（9）追续权。对于艺术作品原作和作家与作曲家的手稿,作者或作者死后由国家法律所授权的人或机构,享有在作者第一次转让作品之后对作品进行的任何出售中分享利益的不可剥夺的权利。不过《伯尔尼公约》同时还规定,只有在作者本国法律承认这种保护的情况下,才可在成员方国内要求这种保护,而且保护的程度应限于被要求给予保护的国家的法律所允许的程度。由此可见，追续权不是《伯尔尼公约》最低限度保护标准的内容，各成员方可根据本国情况决定是否授予前述作者这种权利。

（三）作者的精神权利

《伯尔尼公约》第6条之二规定了作者享有的精神权利：

（1）署名权，即要求表明其作品作者身份的权利。

（2）保护作品完整权，即反对对其作品的任何有损其声誉的歪曲、割裂或其他更改，或其他损害行为的权利。

《伯尔尼公约》规定的精神权利不受作者经济权利的影响，甚至当经济权利被转让之后，作者仍然保有上述精神权利。为保障作者的精神权利而采取的补救方法，适用保护该权利的国家的法律。

（四）著作权的限制

由于著作权涉及作者、传播者和使用者的利益，各国著作权法都不同程度地对著作权人的权利作了限制，代表性的制度即是合理使用和强制许可制度。《伯尔尼公约》对此作了一些基本规定。

1. 合理使用

《伯尔尼公约》第2条之二、第9条第2款、第10条、第10条之二第1款、第11条之二第3款将下列行为纳入合理使用的范围：（1）以提供信息为目的，将作者公开发表的讲课、演说或其他同类性质的作品进行报刊登载，播放、公开有线或无线方式传播。（2）从一部合法公之于众的作品中摘出引文，包括以报刊提要形式引用报纸期刊的文章，但应限于合理范围并说明出处，如原出处有作者姓名，也应同时说明。（3）为教学之目的，通过出版物、无线电广播或录音录像的方式使用作品，但应限于合理范围并说明出处，如原出处有作者姓名，也应同时说明。（4）通过报刊、广播或对公众有线传播，复制发表在报纸、期刊上的有关经济、政治或宗教的时事性文章，或具有同样性质的已经广播的作品，但以对这种复制、广播或有线传播并未明确予以保留的为限，并且均应明确说明出处。（5）广播机构使用自己的设备并为自己播送之目的而录制有关作品并临时保存该录制品，官方档案保存机关可以由于这些录制品具有特殊文献性质而予以保存。

2. 强制许可

《伯尔尼公约》第11条之二第2款规定了对广播权的强制许可，第13条第1款规定了对音乐作品的强制许可，但在实行这种制度时，既不能有损于作者的精神权利，也不能有损于作者获得合理报酬的权利。

（五）经济权利的保护期限

《伯尔尼公约》第7条、第7条之二规定了经济权利的保护期限：（1）一般作品的保护期限为作者有生之年及其死后50年内。（2）电影作品自作品公之于众后50年期满，如果自作品完成后50年内尚未公之于众，则自作品完成后50年期满。

（3）匿名作品和假名作品，自其合法公之于众之日起 50 年内有效。但根据作者采用的假名可以毫无疑问地确定作者身份或者作者在上述期间内公开其身份时，该保护期适用一般作品的保护期限。（4）摄影作品和作为艺术作品保护的实用艺术作品的保护期限不应少于自该作品完成之后算起的 25 年。（5）合作作品的作者死后的保护期应从最后死亡的作者死亡时算起。

▶ **四、对发展中国家的特殊规定**

《伯尔尼公约》主要是在出版业发达的西方国家主导下签订的，其许多规定对发展中国家而言不尽合理。经过发展中国家的努力，在 1971 年修订《伯尔尼公约》时增加了对发展中国家的特殊规定，这些规定集中反映在《伯尔尼公约》第 21 条和《伯尔尼公约》的附件中。

根据附件第 I、II、III 条的规定，被联合国大会确认为发展中国家的任何国家，作为《伯尔尼公约》的成员方，可以根据《伯尔尼公约》规定的优惠条件颁发"翻译许可""翻译广播许可"以及"复制许可"三种强制许可证，但这类强制许可仅为教学、学术或研究的目的。公约对发放强制许可证在具体适用条件和程序上附加了许多限制条件，如只有在一定期限届满之后并且经过主管当局履行一定手续方可进行；只能向本国国民发放；许可只能是非独占的、不可转让的；只能在本国销售，不得出口等。

第四节 《与贸易有关的知识产权协议》

▶ **一、TRIPs 协议产生的背景**

TRIPs 协议是乌拉圭回合谈判达成的最后文件《建立世界贸易组织马拉喀什协定》的附件 1C。TRIPs 协议的产生具有深刻的历史背景。虽然 1947 年的关贸总协定（GATT）规定的国民待遇原则和最惠国待遇原则适用于对知识产权的保护，但是 GATT 中直接涉及知识产权的条款和内容却非常有限，远远不能适应急速增长的世界经济贸易的需要，而且缺乏关于知识产权保护的明确规则。

1986 年乌拉圭回合谈判正式开始前，GATT 各缔约方始终未能就是否将知识产权纳入谈判议题达成一致意见。1986 年 9 月发起的乌拉圭回合谈判的部长级会议确认接受美国的提议，将知识产权问题作为三项新议题之一列入乌拉圭回合谈判的议程。在通过的《部长宣言》中决定，为了减少对国际贸易的扭曲和障碍，促进充分有效地保护知识产权的必要性，并保证实施的知识产权措施和程序本身不对合法贸易构成障碍的目的，谈判目标应"澄清关贸总协定的有关规定"，"视情况制定新的规则和纪律"，并"制定处理国际冒牌货物贸易的多边原则、规则和纪律的框架"。[①]

---

① 曹建明、贺小勇：《世界贸易组织》，法律出版社 1999 年版，第 284—285 页。

按最初的议题,只就与贸易有关的知识产权问题进行谈判。但随着谈判的进展,谈判的议题已经远远超出原定的范围,几乎涉及了知识产权的各个领域。这一轮谈判的焦点是:是否要在关贸总协定范围之内谈判知识产权保护的规则和标准;是否要在各国的国内法之外谈判知识产权实施措施方面的国际原则;是否要建立争端解决的多边机制。[①] 1989 年 4 月,各方经过妥协,终于在日内瓦就知识产权保护谈判的框架协议达成谅解,此后知识产权谈判开始进入了实质阶段。

由于发展中国家与发达国家的立场差距很大,致使谈判的过程极为艰苦。但是,由于这次谈判采用的是"一揽子"谈判方式,许多发展中国家为了换取发达国家在其他方面的支持,不得不在知识产权问题上作出让步。1991 年 12 月,由 GATT 当时的总干事邓克尔提出了"知识产权协定"的最后文本。1993 年 12 月 25 日,邓克尔文本在没有作出大的修改的情况下与其他协议一起获得通过,列入《建立世界贸易组织马拉喀什协定》的附件 1C。1995 年 1 月 1 日,WTO 成立,知识产权、货物贸易和服务贸易并列成为支撑 WTO 的三大支柱。鉴于 TRIPs 协议第 72 条规定:"未经其他成员方同意,不得对本协议的任何规定提出保留",因此 TRIPs 协议也成为 WTO 成员方必须遵守的重要法则。

TRIPs 协议产生的主要原因有两个:(1) 技术和知识密集型产品在国际贸易和国际技术投资领域中的地位不断上升,知识产权及其保护与国际贸易之间的关系日趋紧密。就与贸易有关的知识产权的效力、范围和使用,需要规定新的适当的标准和原则。相比较而言,由于发达国家输往发展中国家的货物的技术含量更高,而发展中国家的知识产权保护水平相对低下,发达国家在其对外贸易中更为关注知识产权的保护。[②] (2) 原有的知识产权国际条约存在诸多不足,除了《巴黎公约》《伯尔尼公约》《世界版权公约》等几个主要条约之外,大部分条约的参加国少,影响力有限;允许缔约方保留的范围太宽,导致条约名存实亡;缺乏行之有效的实施程序和争端解决机制,条约约束力差。更重要的是,大多数条约对于高新技术的知识产权保护缺乏规定,现存的知识产权国际保护体系不适应高新技术的发展需求。

从某种意义上,知识产权国际保护不力对国际贸易构成了严重的障碍。发达国家认为通过关贸总协定的多边贸易谈判机制来制定新公约是适宜的,尽管这样会加重发展中国家的义务,但在发达国家的压力下,发展中国家不得不接受要拟定和签署新条约的现实。

TRIPs 协议由序言和七部分内容组成,共计 73 条,是乌拉圭回合谈判达成的最后成果中最长的一个新协议。从技术层面分析,它对各成员方[③]就知识产权保护提

---

① 曹建明、贺小勇:《世界贸易组织》,法律出版社 1999 年版,第 285 页。

② 唐广良、董炳和:《知识产权的国际保护(修订版)》,知识产权出版社 2006 年版,第 200 页;曹建明、贺小勇:《世界贸易组织》,法律出版社 1999 年版,第 283 页。

③ WTO 的成员方有特殊的含义,参见郑成思:《版权法(修订本)》,中国人民大学出版社 1997 年版,第 442 页。

供了一套既概括又具体、既严格又灵活、既创设新规则又借助现存国际公约的一个可操作性很强的原则和规则。

▶ 二、TRIPs 协议与其他相关国际公约的关系

尽管 TRIPs 协议对知识产权的国际保护进行了新的规定，但是并非完全取代了以往的相关国际公约。关于 TRIPs 协议与《巴黎公约》（1967 文本）、《伯尔尼公约》（1971 文本）、《罗马公约》以及《关于集成电路的知识产权条约》等国际条约的关系，TRIPs 协议第 2 条作了明确规定：就 TRIPs 协议第二部分"有关知识产权的效力、范围和保护标准"，第三部分"知识产权执法"的规定，第四部分"知识产权的取得、维持及有关当事人之间的程序"而言，各成员方应遵守《巴黎公约》（1967 文本）第 1 条至第 12 条和第 19 条规定，即《巴黎公约》有关工业产权的实质性规定。同时，TRIPs 协议第一部分至第四部分，即关于知识产权实体内容的所有规定，均不应减损各成员方在《巴黎公约》（1967 文本）、《伯尔尼公约》（1971 文本）、《罗马公约》和《关于集成电路知识产权条约》项下应承担的义务。

结合 TRIPs 协议的具体条文，可以看出 TRIPs 协议并不要求其成员方加入这些国际公约，但是它要求其成员方遵守这些公约的大部分实质性条款。而且，上述公约所规定的实体内容基本上已被 TRIPs 协议所吸收。因此，TRIPs 协议的保护水平是以上述国际公约所确立的保护标准为起点，表明了 TRIPs 协议对于知识产权保护的较高水平。

▶ 三、TRIPs 协议的基本原则

TRIPs 协议的基本原则实际上主要包含两部分内容：一部分是既有国际公约对知识产权保护的基本原则[1]；另一部分是该协议本身创设的新原则[2]。前者包括"国民待遇原则""地域性原则""优先权原则""版权自动保护原则"等；而后者包括"最惠国待遇原则""透明度原则""对行政终局决定的司法审查和复审原则"，以及"知识产权私权原则"。[3] 不言而喻，TRIPs 协议所确立的这些新原则对各国知识产权保护的法律制度和执法会产生深刻的影响。[4]

（一）国民待遇原则

TRIPs 协议第 3 条第 1 款规定：在知识产权保护[5]方面，在遵守《巴黎公约》（1967 文本）、《伯尔尼公约》（1971 文本）、《罗马公约》或《关于集成电路的知识产权

---

[1]　包括《巴黎公约》《伯尔尼公约》《罗马条约》《关于集成电路的知识产权条约》等国际公约。

[2]　李顺德：《TRIPs 与我国的知识产权法律制度（上）》，载《中国律师》2000 年第 3 期，第 72 页。

[3]　在对 TRIPs 协议基本原则的归纳上，学术界的意见不尽一致。不过，对于这些原则所涵盖的内容，普遍认为是 TRIPs 协议规定的重要内容。

[4]　TRIPs 协议重申了现行知识产权国际公约的一些基本原则，其中有些已经被吸纳成为中国法律的一部分。

[5]　在 TRIPs 协议第 3 条和第 4 条中，"保护"一词应包括影响知识产权的效力、取得、范围、维持和实施的事项，以及 TRIPs 协议专门处理的影响知识产权的使用的事项。

条约》中各自规定的例外的前提下,每一成员方给予其他成员方国民的待遇不得低于给予本国国民的待遇。就表演者、录音制品制作者和广播组织而言,此义务仅适用于本协定规定的权利。任何利用《伯尔尼公约》(1971 文本)第 6 条或《罗马公约》第 16 条第 1 款(b)项规定的可能性的成员方,均应按这些条款中所预想的那样,向 TRIPs 理事会作出通知。另外,TRIPs 协议的国民待遇原则的例外不仅限于上述四个公约所规定的例外,而且还包括有关知识产权在司法和行政程序方面的例外,如服务地的指定或司法程序中代理人的指定;但是,这项例外不能限制正常的贸易。根据 TRIPs 协议第 5 条规定,国民待遇原则也不适用于在 WIPO 主持下订立的有关取得或维持知识产权的多边协定中规定的程序。

（二）最惠国待遇原则

最惠国待遇原则是 TRIPs 协议新创设的在知识产权领域的基本原则,这是以前缔结的《巴黎公约》(1967 文本)、《伯尔尼公约》(1971 文本)等知识产权条约所没有的。根据 TRIPs 协议第 4 条,该原则要求,在保护知识产权方面,任何成员方给予另一方成员方国民的优惠、特权与豁免,应立即无条件地给予所有其他成员方国民。WTO 的任何成员方,只要曾经给予任何一个(不仅限于成员方的国民)以任何有关知识产权保护的任何利益、优惠、特权或豁免,该成员方均应无条件立即将其提供给其他所有人。

但是,TRIPs 协议的最惠国待遇不适用以下例外:(1)由一般司法协助和法律执行的国际协定而产生,并非专为保护知识产权而设;(2)依照《伯尔尼公约》(1971 文本)或《罗马公约》,允许不依照国民待遇而是根据另一国家待遇而给予的具有互惠性质的待遇;(3)关于 TRIPs 协议规定的表演者、录音制品作者和广播组织者的权利;(4)源于《建立世界贸易组织协定》生效前已经生效的有关知识产权保护的国际协定所产生的,但以该项协定已经通知与贸易有关的知识产权理事会,并且对其他成员方国民不构成任意的或无理歧视为前提。

根据 TRIPs 协议第 5 条规定,最惠国待遇原则不适用于在 WIPO 主持下订立的有关取得或维持知识产权的多边协定中规定的程序。

（三）最低保护标准原则

TRIPs 协议第 1 条第 1 款就明确规定"各成员方应使本协议的规定生效",在第 72 条还规定"未经其他成员方同意,不得对本协定的任何规定提出保留"。这即是 TRIPs 协议设定的知识产权的最低保护标准原则。对于超出 TRIPs 协议要求的保护,TRIPs 协议第 1 条第 1 款规定,只要不违反 TRIPs 协议,各成员可以作出这样的规定,但成员方并没有这样的义务非作出这样的规定不可。

在上述基本原则中,最低保护标准原则设定了成员方在知识产权保护方面的最低标准,成员方授予其国民的待遇不能低于该标准。按照国民待遇原则,在知识产权保护方面,一个成员方给予其他成员方国民的保护,不得低于本成员方国民所享有的保护。国民待遇的主要作用是防止优待本成员方国民而歧视外国人。因此,按照国民待遇原则,一个成员方给予其他成员方国民的保护不可能低于授予本成员方国民的最低标准。

依照最惠国待遇原则,在知识产权保护方面,一个成员方给予另一个成员方或另几个成员方的优惠条件,必须无条件地给予其他成员。最惠国待遇的主要作用是防止优惠一个或某几个成员方而歧视另一个成员方。① 在 TRIPs 协议范围内,国民待遇是首要的基本原则,最惠国待遇原则是其补充。②

▶ **四、TRIPs 协议的保护范围**

TRIPs 协议在其序言中明确宣布知识产权是私权,这并非无意之举,而是针对国际上存在对知识产权的基本性质有两种根本对立的理解以及适用不同性质的制度而作出的回应。

根据 TRIPs 协议第 1 条第 2 款的规定,知识产权的范围包括以下几个方面:

（一）著作权与邻接权

1. 关于著作权的保护

TRIPs 协议第 9 条第 1 款规定,各成员方必须遵守《伯尔尼公约》(1971 文本)第 1 条至第 21 条及其附录的实体规定。但是,对于《伯尔尼公约》(1971 文本)第 6 条之二授予或派生的权利,各成员方在本协议项下没有权利或义务。

TRIPs 协议第 9 条第 2 款明确规定,著作权保护仅延及表达方式,而不延及思想、程序、操作方法或数学概念本身。

TRIPs 协议还将计算机程序和数据库纳入到著作权保护的客体。TRIPs 协议第 10 条规定:计算机程序,无论是源程序还是目标程序,必须按照《伯尔尼公约》(1971 文本)作为文字作品加以保护。数据汇编或其他资料,无论机器可读还是其他形式,只要由于对其内容的选取或编排而构成智力创作,即应作为智力创作加以保护。该保护不得延及数据或资料本身,并不得损害存在于数据或资料本身的任何版权。

在《伯尔尼公约》(1971 文本)之外,TRIPs 协议还规定了计算机程序和电影作品的出租权。根据 TRIPs 协议第 11 条规定,每个成员方应给予计算机程序和电影作品的作者及其合法继承人向公众出租其原作或其原作的复制品的权利。但 TRIPs 协议对此也规定了例外,即:对于电影作品而言,出租电影作品未导致对该作品的大量复制,从而没有实质性减损该成员方授予作者及其合法继承人的复制权;对于计算机程序,如果该程序本身不是出租的主要标的,这些都不在此限。

关于作品的保护期问题,TRIPs 协议第 12 条对《伯尔尼公约》(1971 文本)作出补充规定:除摄影作品或实用艺术作品外,只要作品的保护期限不以自然人的生命为基础计算,则该期限自作品经授权出版的日历年年底计算即不得少于 50 年,或如

---

① 李明德:《知识产权法》,法律出版社 2008 年版,第 358 页。
② 张乃根:《国际贸易的知识产权法(第二版)》,复旦大学出版社 2007 年版,第 117 页。

果该作品在创作后 50 年内未经授权出版,则为自作品完成的日历年年底起计算的 50 年。

关于著作权的限制和例外,TRIPs 协议只在第 13 条作出概括性的规定:各成员方对作者专有权所作出的限制或例外仅限于某些特殊情况,且与作品的正常利用不相冲突,也不得无理损害权利持有人的合法权益。这是判断合理使用的"三步检验法"标准在国际条约层面上的规定。

2. 关于邻接权的保护

根据 TRIPs 协议第 14 条的规定,邻接权包括表演者权、录音制品(唱片)制作者权和广播组织权。

(1)表演者权。根据 TRIPs 协议第 14 条第 1 款,对于将其表演固定在录音制品上的情况,表演者应有可能防止下列未经其授权的行为:固定其未曾固定的表演和复制该录制品。表演者还有权阻止以无线广播方式播出和向大众传播其现场表演的未经其授权的行为。

(2)录音制品制作者权。根据 TRIPs 协议第 14 条第 2 款,录音制品制作者应享有准许或禁止直接或间接复制其录音制品的权利。如录音制品用于出租的,TRIPs 协议第 14 条第 4 款规定:协议第 11 条关于计算机程序的规定在细节上作必要修改后适用于录音制品制作者和按某成员方法律确定的录音制品的任何其他权利持有人。

(3)广播组织权。根据 TRIPs 协议第 14 条第 3 款,广播组织有权禁止下列未经其授权的行为:录制、复制录制品、以无线广播方式转播以及将其电视广播向公众传播。如各成员方未授予广播组织此类权利,则在遵守《伯尔尼公约》(1971 文本)规定的前提下,应给予广播的客体的版权所有权人阻止上述行为的权利。

(4)邻接权的保护期限。TRIPs 协议第 14 条第 5 款规定表演者和录音制品制作者享有的权利,自该固定或表演完成的日历年年底计算,应至少持续至 50 年年末。广播组织权自广播播出的日历年年底计算,应至少持续 20 年。但 TRIPs 协议允许成员方对前述邻接权在《罗马公约》允许的限度内,规定条件、限制、例外和保留。

(二)商标

1. 受保护的商标权客体

与《巴黎公约》(1967 文本)不同,TRIPs 协议第 15 条第 1 款为商标规定了明确的条件:任何标记或标记的组合,只要能够将一企业的货物和服务区别于其他企业的货物或服务,即能够构成商标。此类标记,特别是单词,包括人名、字母、数字、图案的成分和颜色的组合以及任何此类标记的组合,均应符合注册为商标的条件。如标记无固有的区别有关货物或服务的特征,则各成员方可以由通过使用而获得的显著性作为注册的条件。各成员方可要求作为注册条件的这些标记应为视觉上可感知的。

关于商标注册的条件,TRIPs 协议强调的是商标标识的"视觉识别性",即只有在视觉上可识别的标识才能作为商标注册,而以听觉、味觉识别的标识则不在此列。

TRIPs 协议第 15 条第 3 款确认了各成员方可以将使用作为注册条件,但不得将商标的实际使用作为接受申请的条件。第 4 款还特别规定商标所适用的货物或服务的性质不得形成对商标注册的障碍。各成员方应对注销注册的请求给予合理的机会，此外，可提供机会以便对商标的注册提出异议。

2. 授权及其例外

TRIPs 协议第 16 条规定了权利人享有注册商标专用权的范围。对于普通商标，注册商标所有人有权禁止第三人未经许可在相同或类似的商品或服务中，使用相同或类似的标识，以免造成混淆。对驰名商标，TRIPs 协议第 16 条第 2 款规定，《巴黎公约》(1967 文本) 第 6 条之二关于驰名商标的规定经必要修正后可以适用。在确定某商标是否驰名时，各成员方应考虑相关公众对该商标的了解程度，包括在该成员方中因出售带有该商标的商品而获得的了解程度。除此之外，TRIPs 协议还对驰名商标提供了跨类别的保护，只要该商标在对那些与已注册商标的货物或服务不相类似的货物或服务的使用方面，可表明这些货物或服务与该注册商标所有权人之间存在联系，且此类使用有可能损害该注册商标所有权人的利益。

TRIPs 协议第 17 条规定了商标的合理使用。成员方可以对商标授予的权利规定有限的例外，如合理使用描述性词语，只要此类例外考虑到商标所有权人和第三方的合法权益。所谓描述性词语，是指具体说明商品或服务的性质、用途、原料等不宜专属于特定主体的词语。

3. 商标的保护期限

TRIPs 协议第 18 条规定，商标首次注册及每次续展，其期限均不得少于 7 年。商标的注册应可以无限续展。

4. 商标的使用义务

根据 TRIPs 协议第 19 条，如果成员方国内法要求商标的使用作为维持商标权有效的前提，那么，只有在商标权人连续 3 年没有正当理由不使用的情况下才可以取消此项注册。需要注意的是，在受注册商标所有人控制的前提下，另一人使用该商标被视为对该商标的使用。

5. 商标的许可使用与转让

TRIPs 协议第 21 条规定，商标许可使用与转让的条件完全由成员方国内法规定，但是，不应采用强制许可，并且注册商标所有人有权将商标与该商标所属业务同时或不同时转让。该规定改变了《巴黎公约》(1967 文本) 第 6 条之四规定的企业和商誉与商标同时转让的条件。

（三）地理标志

1. 地理标志的保护

地理标志是指识别一货物来源于一成员方领土或该领土内一地区或地方的标识，该货物的特定质量、声誉或其他特性主要归因于其地理来源。TRIPs 协议要求成员方应对地理标志提供充分的法律保护，以防止下列行为的发生：(1) 在一货物的标志或说明中使用任何手段标明或暗示所涉货物来源于真实原产地之外的一地理区域,从而在该货物的地理来源方面使公众产生误解;(2)构成《巴黎公约》(1967 文本)第 10 条之二范围内的不公平竞争行为。TRIPs 协议第 22 条允许成员方对假冒的地理标志可拒绝注册,或宣布注册无效。TRIPs 协议对葡萄酒或烈性酒地理标志附加保护。

2. 地理标志保护的例外

TRIPs 协议第 24 条对于地理标志保护的例外作出具体规定,其所涉及的内容,可以归纳如下:(1)在先使用和善意使用。如果一个成员方的国民或居民,于其所属的成员方的领域内在其酿制或销售的葡萄酒、烈性酒上连续使用另一个成员方的表明葡萄酒、烈性酒的特定地理标志,至乌拉圭回合谈判结束之日起已满 10 年;或在该日期以前的使用是善意的,不在此限。(2)在先权利。如一个成员方依照协议,为适用 TRIPs 协议所作的过渡安排设定的日期以前,或地理标志在起源国获得保护以前,已善意地获得某一商标的注册,或业经善意使用而获得商标权保护,则该商标不应因为实施 TRIPs 协议的目的而遭受任何损害,以致影响到其效力。(3)地理标志中的习惯用语。如果一成员方在其领土内,以通用语言中的惯用术语作为某一类商品或服务的普通名称,与其他成员方的相同或类似的商品或服务上使用的地理标志相同或类似,不受 TRIPs 协议的禁用的限制。如果一个成员方领土内已有的葡萄酒品种的惯用名称与其他成员方的关于葡萄酒品种及产品的地理标志在 TRIPs 协议生效之日起仍旧相同,亦不受 TRIPs 协议禁用规定所限。(4)地理标志的注册申请对抗非法使用的期限。TRIPs 协议第 24 条第 7 款规定,申请地理标志的注册请求,必须在受保护的地理标志不被作为地理标志使用在该成员方域内已经为人所共知之后的 5 年内提出,如果该商标在注册之日已被公布,并且公布之日早于上述"人所共知"之日,则须在该商标注册后 5 年内提出,只要对该地理标志的使用或注册不是恶意的。(5)有关姓名的使用权。TRIPs 协议的规定并不排除任何人在贸易过程中使用自己的姓名或其业务前任的姓名,只要这种使用方式不至于导致公众的误解和混淆。(6)在原产地不受保护或已被终止、废弃的地理标志在本协议项下不受保护。

(四) 工业品外观设计

1. 获得保护的条件

《巴黎公约》(1967 文本)虽将工业品外观设计作为保护对象,但受保护的条件以及具体的权利内容,则由各国自行规定。TRIPs 协议第 25 条第 1 款对工业品外观设计获得保护规定了两个条件:(1)工业品外观设计必须是独立创作的;(2)工业品外观设计必须具有新颖性或独创性。能够满足上述条件的工业品外观设计,成员方均应提供保护。各成员方可规定,如工业品外观设计不能显著区别于已知的设计或已知设计特征的组合,则是不具有新颖性或独创性的设计。各成员方可规定该保护不应延及主要出于技术或功能上的考虑而进行的设计。

2. 工业品外观设计的保护

工业品外观设计权利人有权阻止第三方未经其同意而为商业目的生产、销售或进口所载或所含设计是一受保护设计的复制品或实质上是复制品的物品。工业品外观设计的保护期至少为 10 年。

（五）专利

1. 可获专利权的客体

根据 TRIPs 协议第 27 条第 1 款、第 2 款、第 3 款的规定，专利可授予所有技术领域的任何发明，无论是产品还是方法，只要它们具有新颖性、创造性和实用性，但在下述两种情况下，各成员方可拒绝对发明授予专利权：（1）在该成员方领土内阻止对这些发明的商业利用是维护公共秩序或道德，包括保护人类、动物或植物的生命或健康或避免对环境造成严重损害所必需的，只要此种拒绝授予并非仅因为此种利用为其法律所禁止。（2）人类或动物的诊断、治疗和外科手术方法，以及除微生物外的植物和动物，以及除非生物和微生物外的生产植物和动物的主要生物方法。但是，各成员方应规定通过专利或一种有效的特殊制度或通过这两者的组合来保护植物品种。

2. 授予的权利及保护期

根据 TRIPs 协议第 28 条的规定，专利权人享有下列专有权利：（1）对产品专利，则有权制止第三方未经许可而进行制造、使用、许诺销售、销售或为这些目的而进口该产品的行为；（2）对方法专利，则有权制止第三方未经许可而使用该方法的行为，以及使用、许诺销售、销售或为上述目的而进口至少是依照该方法直接获得产品的行为。专利权人还有权转让或以继承方式转移其专利并订立许可合同。TRIPs 协议规定专利保护期应不少于 20 年，自专利申请日起算。

3. 授予权利的例外

TRIPs 协议第 30 条规定，各成员方可对专利授予的专有权规定有限的例外，只要此类例外不会对专利的正常利用发生不合理冲突，也并未不合理地损害专利权人的合法权益，同时考虑第三方的合法权益。

4. 未经权利持有人授权的其他使用

除了上述的例外情况，许多国家的法律还允许第三人可以在未经专利权人许可下实施其专利，但必须满足一定的条件，如强制许可。TRIPs 协议的第 31 条将这种情况视为"其他使用"，但不包括前述第 30 条所规定的例外情形。TRIPs 协议第 31 条主要规定了专利的强制许可制度。各国授予强制许可的，必须遵守该条对此附加的以下 12 项条件，其中包括：此种使用的授权应个案考虑；申请使用人在申请提出前已经合理地依照商业条款和条件去努力获取权利人的授权，但是，在合理的时间内该种努力未获成功；或者在全国处于紧急状态或其他极端紧急的状态下；或者为了公共的、非商业性目的的使用；这种使用应当是非独占性的。

5. 撤销或无效的司法审查

TRIPs 协议第 32 条原则规定，对任何有关撤销或宣布某一专利无效的决定应可进行司法审查。

6. 方法专利及举证责任

TRIPs 协议第 34 条为方法专利提供了特别保护。按照该条规定，在方法专利的民事诉讼中,实行举证责任倒置,由被告证明其获得相同产品的方法不同于已获专利的方法。但是,为了防止方法专利权人滥用诉权,TRIPs 协议第 34 条规定,各成员方应规定至少在下列一种情况下,任何未经专利权人同意而生产的相同产品,如无相反的证明,则应被视为是通过该已获专利方法所获得的:第一,通过方法专利获取的产品是新的;第二,通过这种方法生产的相同产品存在实质性相似,而专利权人经过必要的努力又不能确定事实上使用了该方法的。如果被告能够提出相反证据,则其商业秘密不应因此受到侵害。

(六)集成电路布图

《关于集成电路的知识产权条约》是有关集成电路的专门条约。TRIPs 协议规定,各成员方应按照《关于集成电路的知识产权条约》的相关规定对集成电路布图提供保护。此外,TRIPs 协议还作了一些补充规定。

1. 保护范围

TRIPs 协议规定,为商业目的进口、销售或分销一受保护的布图设计、含有受保护的布图设计的集成电路、或含有此种集成电路的物品,只要该集成电路仍然包含非法复制的布图设计,该行为未经权利持有人的授权的,则为非法。与《关于集成电路的知识产权条约》相比,TRIPs 协议增加了对包含非法复制的布图设计的集成电路的物品的进口、销售以及其他商业性分销的禁止权。

2. 无需权利持有人授权的行为

TRIPs 协议第 37 条规定了无需权利持有人授权的两种行为:善意侵权和强制许可。

善意侵权的情形是指从事或命令从事与含有非法复制的布图设计的集成电路或包含此种集成电路的物品有关行为的人,在获得该集成电路或包含该集成电路的物品时,不知道且无合理的根据知道其中包含此种非法复制的布图设计者,则不得将该行为视为非法。该条是对《关于集成电路的知识产权条约》第 6 条第 4 款的补充。《关于集成电路的知识产权条约》第 6 条第 4 款虽然规定了善意侵权的情形,但没有明确将含有此种集成电路的物品包括在内。虽然前述情形不构成侵权,但TRIPs 协议要求各成员方应规定行为人有责任向权利持有人支付费用,数额相当于根据就此种布图设计自愿达成的许可协议应付的合理使用费。

强制许可的情形规定在 TRIPs 协议第 37 条第 2 款。TRIPs 协议要求应适用前述有关专利"未经权利持有人授权的其他使用"中所规定的相关条件。TRIPs 协议这样规定实际上是将《关于集成电路的知识产权条约》有关强制许可的内容排除适用了。[①]

(七)未披露信息

根据 TRIPs 协议第 39 条第 2 款的规定,未披露信息的构成须满足 3 个条件:(1)未披露信息具有秘密性,即作为一个整体或就其各部分的精确排列和组合而

---

① 唐广良、董炳和:《知识产权的国际保护(修订版)》,知识产权出版社 2006 年版,第 227 页。

言,该信息尚不为通常处理所涉信息范围内的人所普遍知道,或不易被他们获得。(2) 未披露信息因其秘密性而具有商业价值。(3) 由该信息的合法控制人,在此种情况下采取合理的步骤以保持其秘密性质。以违反诚实商业行为的方式披露、获得或使用未披露信息的行为至少包括以下违约、泄密和违约诱导,并且包括第三方已经知道或应当知道但因严重疏忽未能知道而取得未披露信息的行为。

(八) 对许可协议中限制竞争行为的控制

由于知识产权许可活动中经常有一些条款和条件限制竞争,对贸易产生不利影响,并会妨碍技术的转让和传播。TRIPs 协议注意到这个问题,并在第 40 条作了原则规定。按照该条规定,成员方可在其立法中明确规定在特定情况下可构成对知识产权的滥用并对相关市场中的竞争产生不利影响的许可活动或条件,并在与 TRIPs 协议其他规定相一致的条件下,可按照该成员方的有关法律法规,采取适当的措施以防止或控制此类活动,包括诸如独占性返授条件、禁止对知识产权的有效性提出异议的条件和强制性一揽子许可等。

▶ **五、争端解决机制**

如前所述,TRIPs 协议产生的原因之一在于既往的知识产权国际条约缺乏行之有效的实施程序和争端解决机制,约束力不强,TRIPs 协议则弥补了上述之不足。与以往的知识产权国际条约只规定实体权利、权利的获得与维持程序相比,TRIPs 协议的权利实施程序对权利的实现提供了具体的保证。对任何受歧视或侵权行为在公平的非歧视性的执法程序保障下,有机会获得及时和有效的司法救济;与此同时,被控侵权人也同样可以获得为自己辩护的机会。实体权利规范和实施程序规范相结合是 TRIPs 协议最重要的特点。加上 WTO 争端解决机制,TRIPs 协议成为众多知识产权国际条约中最具执行力的条约。

WTO 的知识产权争端解决机制,包括基本原则、管辖范围、规则、程序、效力等内容。除适用 GATT 和其他普遍适用的制度和原则以外,TRIPs 协议还规定了争端的防止和解决机制。WTO 框架下的知识产权争端解决机制基本上由两部分构成:一是以《关于争端解决规则与程序的谅解》为主要法律文件的 WTO 争端解决制度的普遍性规范;二是以 TRIPs 协议第五部分条款为内容的知识产权争端解决的特别性规范。根据《关于争端解决规则与程序的谅解》第 1 条第 1 款的规定,TRIPs 协议是《关于争端解决规则与程序的谅解》的适用协议之一。TRIPs 协议第五部分就《关于争端解决规则与程序的谅解》对其的适用规则进行了具体规定。① 将 TRIPs 协议争端解决纳入到 WTO 解决争端谅解的机制,为监督成员方内部执法的公正性提供了保障。

---

① 古祖雪:《国际知识产权法》,法律出版社 2002 年版,第 269 页。

第七章　知识产权的管理与运用

知识产权的管理与运用是充分发挥知识产权价值的重要手段。本章主要介绍了关于知识产权的管理和运用的概念、特征等基本理论问题，并着重对企业的知识产权管理以及知识产权运用的主要形式进行了较为详细的介绍。

第一节 知识产权管理和运用概述

▶ **一、知识产权管理的概念、特征和类型**

（一）知识产权管理的概念和特征

知识产权管理，是随着知识经济的发展、对无形资产管理的需求等因素催生并发展出的一个新的管理理念。[①] 所谓管理，就是在特定的环境下，对组织所拥有的资源进行有效地计划、组织、领导和控制，以便达到既定组织目标的过程。[②] 因此，知识产权管理就是对知识产权工作加以计划、组织、领导和控制的活动和过程。知识产权管理一般由管理机构、管理制度、管理方法和管理目标四个要素构成。从广义上讲，知识产权管理包括政府部门的知识产权管理、行业的知识产权管理、企业的知识产权管理以及事业单位的知识产权管理等。狭义的知识产权管理仅指企业的知识产权管理。

知识产权管理属于管理范畴，但是与一般意义上的行政管理、企业管理等存在比较明显的区别。一般而言，知识产权管理具有以下几个特征：

（1）合法性。知识产权是权利人对其智力成果和经营标记依法享有的排他性专有权，是以法律形式赋予知识产权所有人的一种专有权，国家制定了一系列有关知识产权管理和保护的法律。无论是知识产权的获得、流通、转让、许可使用或者纠纷的处理，都要严格受法律的制约。知识产权管理的合法性，就是指知识产权的管理应当遵循相关的知识产权法律制度，管理工作在法律框架下进行。

（2）市场性。知识产权是现代市场竞争中的重要武器，也是国家竞争力的重要体现。为了充分发挥知识产权在生产竞争中的重要作用，知识产权管理应当遵循市场经济规律，以市场为导向，维护市场经济秩序、提高企业竞争能力，实现市场化管理。

（3）动态性。知识产权管理的市场性决定了知识产权管理需要根据市场的变动作出相应的调整，以适应这种变化。同时，由于知识产权具有时间性的特点，知识产权法律状态随时间不断变化，必须采取不同的策略，对知识产权必须实施动态管理。另外，国家知识产权制度和政策的调整，也会对知识产权管理造成影响。因此，知识产权管理的动态性，就是指知识产权管理者根据被管理的知识产权的具体情形、市场发展变化、国家宏观政策变化等，对知识产权的管理及时作出调整。

（4）从属性。知识产权管理只是国家宏观管理及企业经营管理的一部分，既与

[①] 参见马海群等编著：《现代知识产权管理》，科学出版社 2009 年版，第 6 页。

[②] 吴汉东主编：《知识产权法通识教材》，知识产权出版社 2007 年版，第 319 页。

其他领域的管理结合起来,还要符合全局性管理的整体战略思路。① 需要注意的是,知识产权管理的从属性特征并不否定知识产权管理具有较强的专业性,因此,需要专门的管理部门和人员实施。

（5）文化性。知识产权管理的文化性,是指知识产权管理蕴含着深厚的文化底蕴,体现了知识产权管理者所具有的文化素养,促进知识产权文化的构建与形成。②

（二）知识产权管理的主要类型

根据不同标准,知识产权管理可以被划分为不同的种类。根据知识产权管理主体的不同,可以将知识产权管理划分为政府部门的知识产权管理、行业的知识产权管理、企业的知识产权管理、事业单位的知识产权管理等;根据知识产权管理客体的不同,可以将知识产权管理划分为专利管理、商标管理、版权管理以及其他知识产权管理;根据知识产权管理模式的不同,可以将知识产权管理划分为集中统一管理、相对集中统一管理和分散管理等。

以下对根据知识产权管理主体不同进行的分类作具体介绍:

1. 政府部门知识产权管理

政府部门知识产权管理,主要包括知识产权的授权、知识产权行政执法、纠纷调处、市场秩序的维护等内容。中国现行的知识产权行政管理体制,主要由中央和地方两个层面组成。总体来看,中国现行的知识产权行政管理体制主要采取"分而治之"的管理方式,不同的知识产权类型可能归属不同行政部门管理。中央到地方各级行政管理部门呈现"多层级"的特点,不同地方层级和编制设置也不同。

在中央层面,国家知识产权局及其下设的专利局是管理专利和集成电路布图设计,以及统筹协调知识产权事宜的机构。过去,商标和著作权的管理分属原国家工商行政管理总局和国家版权局负责。除此之外,其他知识产权则由相关的国家部门负责:不正当竞争行为由原国家市场监督管理总局的价格监督检查和反不正当竞争局管理;地理标志归国家质量监督检验检疫总局和农业农村部管理;植物新品种权由农业农村部和林业局的植物新品种办公室负责;国际贸易中的知识产权由商务部负责;与科技有关的知识产权由科学技术部管理;与进出境货物有关的知识产权由中华人民共和国海关总署负责;互联网域名则由工业和信息化部管理。③ 同时,地方层面也是采取分别管理的方式,将专利、商标、著作权等客体归属不同的与中央管理部门对应的机构负责,涉及地方知识产权局、市场监督管理局、版权局（新闻出版

---

① 马海群等编著:《现代知识产权管理》,科学出版社 2009 年版,第 9 页。

② 罗国轩主编:《知识产权管理概论》,知识产权出版社 2007 年版,第 28 页。

③ 丛雪莲:《中国知识产权行政管理机构之设置与职能重构》,载《首都师范大学学报（社会科学版）》2011 年第 5 期,第 137 页。

局)、科技局(科技厅)、技术监督局、海关等多个部门。①

随着我国经济和社会的向前发展以及新的时代条件和实践要求,我国推进重点领域和关键环节的机构职能优化和调整,构建职责明确、依法行政的政府治理体系。2018年党的十九届三中全会通过了《深化党和国家机构改革方案》。《深化党和国家机构改革方案》提出将国家知识产权局的职责、原国家工商行政管理总局的商标管理职责、原国家质量监督检验检疫总局的原产地地理标志管理职责整合,重新组建国家知识产权局,由国家市场监督管理总局管理。中央宣传部对外加挂国家新闻出版署(国家版权局)牌子,著作权管理工作由中央宣传部负责。地方机构改革及其职能部门的设置参照执行。其目的在于解决商标、专利分头管理和重复执法问题,完善知识产权管理体制。中央及地方机构调整已于2019年上半年完成,原专利、商标以及原产地地理标志的行政管理职能全部划拨至新组建的国家知识产权局、地方知识产权局归口管理。2023年在新一轮国务院机构改革中,国家知识产权局由国家市场监督管理总局管理的国家局调整为国务院直属机构。商标、专利等领域执法职责继续由市场监管综合执法队伍承担,机关执法工作接受国家知识产权局专业指导。

纵向来看,现行知识产权行政管理体制从中央到地方分为多个管理层次。著作权由国家版权局实行垂直领导,专利、商标和地理标志由国家知识产权局统一负责、分级管理,形成了较为统一的自上而下的管理体系。

2. 行业知识产权管理

行业知识产权管理,是指各行业协会、行业管理者或者组织根据各自的情况,依据法律规定所进行的知识产权管理。从某种意义上说,行业知识产权管理比单个企业所进行的知识产权管理具有更加重要的作用,是产业和企业后续发展的基础。根据WTO规则,政府对企业的经济活动只能起到引导的作用;而行业协会则可以充分发挥其整合力量,促进相关行业的技术创新,实现行业整体的对外抗衡能力。

从前述行业知识产权管理角度而言,目前典型的运行较为成功的行业知识产权管理模式是标准专利池的运行模式,标准专利的管理和运营主要依据各标准化组织的知识产权政策,不同的标准化组织具有不同的知识产权政策要求。其中,标准化组织的知识产权政策核心内容包括标准必要专利的定义、标准必要专利许可承诺、标准必要专利披露要求等。3GPP(第三代合作伙伴计划)、3GPP2(第三代合作伙伴计划2)、ETSI(欧洲电信标准化协会)、ITU(国际电信联盟)、ISO(国际标准化组织)、IEC(国际电工委员会)、IETF(国际互联网工程任务组)、AVS(数字音视频编解

---

① 由于各地实际情况的差异,管理机构的设置也呈现多元化。以专利为例,管理专利工作的机构为知识产权局或专利管理局,或者是科学技术局或其下设机构,有的地方则是由地方政府设立的专门机构负责专利的管理。而这些管理机构有的是行政机关(如河北、江苏知识产权局,为省科技厅下属局),有的则是直属事业单位(如北京、天津知识产权局),为政府直属独立局。专利方面,地方行政管理机构有正厅级的机构(如北京、上海、湖南知识产权局),也有副厅级(如天津、河北、浙江知识产权局)、正处级(如山西、西藏、青海知识产权局)的机构,级别设置不统一。参见杨美琳:《论我国知识产权行政管理体制的完善》,载《保定学院学报》2012年第2期,第68—69页。

码技术标准工作组）、CCSA（中国通信标准化协会）等国际和国内标准化组织具有较为明确的知识产权政策，用于妥善处理技术标准化过程中的知识产权问题，鼓励标准会员单位自主创新和采用新技术，保护专利持有人和社会公众的利益，促进标准研制与广泛实施。

3. 企业和事业单位的知识产权管理

企业知识产权管理是企业为规范企业知识产权工作，充分发挥知识产权制度在企业发展中的重要作用，运用知识产权制度的特性和功能，从法律、经济和科技的角度，对企业知识产权的开发、保护和运营而进行的有计划地组织、协调、谋划和利用的活动。① 企业知识产权管理是企业管理的重要组成部分。企业知识产权管理的根本目的，主要在于将企业的人力资源、技术信息、管理方式、市场分析等知识资源与企业的资源以及企业经营战略资源等予以有效整合，面向市场促进企业的知识产权创新，以此来实现企业知识产权的有效应用。②

与企业不同，事业单位是指国家以社会公益为目的的，由国家机关举办或者其他组织利用国有资产举办的，从事教育、科技、文化、卫生等活动的社会服务组织。作为知识产权的拥有者和使用者，企业和事业单位的知识产权管理由于其性质不同而具有不同的特征。尤其是高等学校、科研院所，作为拥有大量知识产权的事业单位，更需要建立一整套知识产权管理体系。

为指导和加强企业、事业单位的知识产权管理，我国陆续出台了相关的国家推荐性标准。《企业知识产权管理规范》（GB/T 29490-2013）由国家知识产权局组织起草，于 2013 年 3 月 1 日起实施，是我国首部企业知识产权管理国家标准。《科研组织知识产权管理规范》（GB/T 33250-2016）由国家知识产权局、中国科学院、中国标准化研究院共同起草，于 2017 年 1 月 1 日起实施，是科研组织知识产权管理体系认证的依据。《高等学校知识产权管理规范》（GB/T 33251-2016）由国家知识产权局、教育部、中国标准化研究院共同起草，于 2017 年 1 月 1 日起实施，是我国各类高等学校知识产权管理体系认证的依据。近年来，我国大力推行企业、事业单位等开展知识产权贯标工作，并取得一定成绩。针对具有生产经营业务的军工集团等涉军单位而言，除贯彻实施《企业知识产权管理规范》外，目前还建议同步贯彻实施《装备承制单位知识产权管理要求》（GJB 9158-2017），将国家军用标准内容设计到知识产权管理体系中。

此外，我国一直致力于推动国际知识产权管理相关的标准制定工作。2020 年年底，我国参与制定的国际标准 ISO 56005：2020《创新管理—知识产权管理工具和方法—指南》由国际标准化组织正式发布。该标准由我国国家知识产权局于 2017 年向 ISO 提出立项并担任项目联合负责人，全球多个国家 100 多位专家参与研制。未

---

① 吴汉东主编：《知识产权法通识教材》，知识产权出版社 2007 年版，第 319 页。
② 蒋坡主编：《知识产权管理》，知识产权出版社 2007 年版，第 37 页。

来该标准将会在我国部分中央企业率先试点实施。至此,标志着我国知识产权管理接轨国际,借鉴全球创新与知识产权管理先进理念,提升我国企业、事业单位的创新能力和知识产权体系化管理能力。

▶ **二、知识产权运用的概念和特征**

长期以来,中国仅仅强调知识产权的获取和保护,随着《国家知识产权战略纲要》(2008)的颁布,知识产权如果不运用就不能发挥其价值已经成为社会共识。伴随着国家和企业对知识产权运用的重视,知识产权运用或知识产权运营已经成为近年来的热门词汇。国家层面也频频出台各类政策性文件引导和促进相关工作的开展。2014年,财政部会同国家知识产权局联合印发《关于开展市场化方式促进知识产权运营服务工作的通知》,启动了以市场化方式促进知识产权运营服务工作,推动构建"平台+机构+资本+产业"四位一体的知识产权运营服务体系。2016年,国务院正式发布《"十三五"国家知识产权保护和运用规划》,并提出"实施严格的知识产权保护制度,完善有利于激励创新的知识产权归属制度,建设知识产权运营交易和服务平台,建设知识产权强国"。此外,2017年国务院印发《关于强化实施创新驱动发展战略进一步推进大众创业万众创新深入发展的意见》提出:要"发挥国家知识产权运营公共服务平台枢纽作用,加快建设国家知识产权运营服务体系"。2021年,新华社授权发布《中华人民共和国国民经济和社会发展第十四个五年规划和2035年远景目标纲要》提出构建知识产权保护运用公共服务平台。同年,财政部、国家知识产权局联合印发《关于实施专利转化专项计划 助力中小企业创新发展的通知》,启动实施专利转化专项计划。

但是,国家层面并未针对何为知识产权运用、何为知识产权运营给出明确的定义和范围界定。需要注意的是,与知识产权管理的概念不同,知识产权运用或知识产权运营并非一个严格的学理概念。从国家部委发文或者官方的一些发言中,我们可以对其内涵和特征进行概括。根据2013年工业和信息化部印发的《工业企业知识产权管理指南》,知识产权运用是指各类市场主体依法获得、拥有知识产权,并在生产经营中有效利用知识产权,增强知识产权防卫能力,实现知识产权价值的活动。知识产权运营是指以实现知识产权经济价值为直接目的、促进知识产权流通和利用的商业活动行为。具体模式包括知识产权的许可、转让、融资、产业化、作价入股、专利池集成运作、专利标准化等,涵盖知识产权价值评估、交易经纪以及基于特定专利运用目标的专利分析服务。知识产权运用或者知识产权运营就是为了实现知识产权的价值对知识产权进行有效利用的各种手段、策略的总称。为了全书描述的概念统一,本书均采用知识产权运用阐述相关内容。

在上述概念的基础上,可以对知识产权运用的特征作如下的归纳:

(1)目的性。知识产权运用是实施知识产权战略的核心,加强知识产权的创造、管理和保护的目的是提高知识产权的运用能力,全面提高企业的市场竞争力和国家的核心竞争力。知识产权运用的目的在于有效利用知识产权、实现知识产权的价值。知识产权只有通过实际的运营和利用才能为企业带来良好的经济效益，因此知识产权的获取和保护，并不是知识产权战略实施的最终目的，对于国家和企业而言，关键在于通过知识产权的取得并在市场中转化利用而形成现实的生产力。因此，知识产权运用是知识产权获取和保护的最终目的，知识产权有效运用是创新发展的基本目标。

（2）多样性。知识产权运用的手段具有多样性。《工业企业知识产权管理指南》（2013）指出，"企业知识产权运用包括知识产权获得、实施、许可、转让、产业化等"。国家知识产权局原专利管理司（现为运用促进司）在全国性的公益讲座《知识产权运营体系建设介绍》中提出知识产权运营"具体模式包括知识产权的许可、转让、融资、产业化、作价入股、专利池集成运作、专利标准化等"。此外，在实践中实现知识产权价值的方式还有很多，例如，权利人行使知识产权、知识产权保险以及包括知识产权质押、资产证券化、风险投资在内的具体融资模式。

（3）灵活性。知识产权运用策略具有灵活性的特点。知识产权运用的手段具有多样性，为灵活选择知识产权运用策略提供了前提和基础。知识产权的运用要因势利导，不同的企业、不同的新技术需要采取不同的运用策略。例如，权利人自己利用其知识产权是一种可以考虑的选择，但是不一定是最佳选择。如果知识产权所有人缺乏利用能力或者自己没有利用知识产权的必要时，则可以选择许可、转让、出资等方式加以利用。权利人利用知识产权设置市场壁垒，也可以通过建立专利池来对知识产权分享和市场份额作出精细的安排，实现竞争伙伴之间的强强联合或者策略联合。①

▶ 三、知识产权管理和运用的重要意义

知识产权作为自主创新能力和水平的集中体现，是国家和企业提高竞争力的核心要素，是实现可持续发展的重要战略资源。提升知识产权创造、运用、保护和管理能力，是实施知识产权强国战略的具体要求。知识产权管理和运用是在知识产权创造和保护的基础上对知识产权工作提出的更高层次的要求。知识产权管理在整个知识产权工作中起着基础性、全面性的重要作用，只有知识产权管理水平提高了，知识产权的创造、保护和运用才能得以实现。具体来讲，知识产权管理和运用的重要意义主要表现在以下几个方面：

1. 有利于促进科技创新

加强知识产权管理是提高知识产权创造的数量和质量的必要条件。从政府部门层面看，大部分知识产权，例如专利权、商标权、集成电路布图设计权、植物新品种权等都需要行政机关依法授予相关的权利。政府部门知识产权管理水平，涉及知识产权审查的效率和质量等，直接影响着一国知识产权创造数量和质量。从企业层面

---

① 罗国轩主编：《知识产权管理概论》，知识产权出版社2007年版，第100—101页。

上看,良好的知识产权管理可以明确创新目标、提高创新研发的起点、避免重复研究,调动发明人和设计人的创造积极性。

2. 有利于提高知识产权保护水平

相对而言,知识产权保护侧重于事后救济,而知识产权管理则侧重于事前预防。对于企业来说,通过知识产权管理,能够及时把握其拥有的知识产权的数量、内容、法律状态等方面的信息,这样可以为知识产权保护奠定坚实的基础。从政府部门层面看,加大知识产权执法的协调管理,以及逐步完善知识产权管理部门的内部管理,可以为知识产权提供更为有效的保护。

3. 有利于充分利用知识产权

整体上看,中国自主知识产权数量和规模较为可观,但质量和水平尚有差距,其转化运用和实施效益亟待提高。从政府部门层面看,强化知识产权运用,是提高本国竞争力行政管理的主要任务之一。而企业才是知识产权运用的主体,因此应提高企业的知识产权运用能力,促使企业有效利用知识产权、实现知识产权的价值。知识产权运用是全面提高企业的市场竞争力和国家的核心竞争力的重要手段之一。同时,知识产权管理水平的高低制约着知识产权运用能力的充分发挥。知识产权管理是企业经营管理活动中的重要环节,通过知识产权管理能够提高知识产权的经济效益。知识产权盈利的主要手段是知识产权的实施、转让和许可,在这些工作过程中,均涉及知识产权管理的相关内容。

第二节　企业知识产权管理

从企业的层面看,知识产权已经成为争夺市场、谋求经济利益最大化的主要工具。企业知识产权管理对于企业的发展至关重要,拥有知识产权、对知识产权进行管理是企业发展不可阻挡的潮流。中国制定了《企业知识产权管理规范》(GB/T 29490-2013),提供了基于过程方法的企业知识产权管理模型,用以指导企业策划、实施、检查、改进知识产权管理体系。2020 年国际标准化组织也发布了新的国际标准 ISO 56005:2020《创新管理—知识产权管理工具和方法—指南》。这一标准是 ISO 创新管理系列标准之一,是由我国率先发起的,首个涉及创新和知识产权管理的国际标准。GB/T 29490-2013 完整、系统地提供了一套知识产权管理体系;而 ISO 56005:2020 给出了更为宏观而全面的方案,并提供了 6 种实用的知识产权管理工具和方法。企业可以将国际标准和国家标准结合实施,运用体系加工具的管理方式,从而让企业知识产权管理走上一个新的台阶。

▶ 一、企业知识产权管理的基本目标

企业的知识产权管理属于企业经营管理的一部分,其目标在于协调相关资源,

实现知识产权资源的优化配置，为企业的市场竞争服务。① 具体来讲，企业知识产权管理的基本目标有：（1）增强企业的知识产权意识。企业在知识产权管理的过程中，通过宣传、培训、教育等方式来增强企业管理层和员工的知识产权意识，从而为企业知识产权工作的顺利开展奠定基础。（2）大力发展自主知识产权。企业知识产权管理的重要组成部分就是技术开发的管理、专利的申请、商标品牌的宣传和推广。通过企业的自主研发以及品牌的推广，可以促进企业自主知识产权的发展，从而增强企业的市场竞争力。（3）防止企业无形资产的流失。企业可以通过知识产权管理来规范企业及其员工的行为，防止企业无形资产的流失。比如，商标在境外被抢注，企业的技术因为未申请专利而被他人无偿使用，企业的商业秘密因保密不力而泄露等等。（4）提高企业知识产权的收益。知识产权是企业的重要无形资产，但知识产权本身只有通过实际利用才能为企业带来实际的收益。企业通过知识产权的运营，如用企业的知识产权进行融资、投资，或者许可他人使用，或者进行转让等，都可以为企业带来巨大的收益。（5）加强企业知识产权的保护。只有通过及时有效的知识产权管理，企业才能知己知彼，既及时保护自身的知识产权不受侵犯，也避免重复研发和侵犯他人的知识产权，避免产生知识产权纠纷。

▶ **二、企业知识产权管理体系的建立**

（一）管理部门

知识产权管理部门，是指企业中专门履行知识产权管理职责的部门。目前，几乎所有的跨国企业，例如西门子、IBM、松下、东芝等都设有专门的知识产权管理部门，海尔、华为等国内企业也建立了知识产权部。可见，大型企业设立自有的知识产权管理部门专门处理相关纠纷已经成为趋势，对于中小企业而言，也可以确定知识产权管理的工作人员，专门负责知识产权管理工作。对于大型企业集团，可以采用分层式管理架构，即总部、下属公司、部门分别设置知识产权管理机构。对于中小型企业，多采用专管或兼管模式，专管模式是指在总公司设置独立的知识产权管理机构，在分公司或各部门设置知识产权专员；而兼管模式是指由总公司的技术部门或法务部门兼顾知识产权管理，同样可以在分公司或各部门设置知识产权专员。而最简化的管理模式就是技术部门或者法务部门指定人员专职或兼职负责知识产权管理。

企业知识产权部门的职责应包括：（1）组织编制企业知识产权战略、目标、制度、工作计划，以及企业知识产权内部制度的执行；（2）与研发人员、技术人员沟通，挖掘创新发明并及时申请保护，负责专利、商标、技术秘密等工业产权的取得与维持相关的工作；（3）负责知识产权的风险管理和争议应对，处理知识产权纠纷；（4）负责知识产权的实施与收益管理，激励政策的制定与实施；（5）负责企业各种获得、使

---

① 吴汉东主编：《知识产权法通识教材》，知识产权出版社 2007 年版，第 321 页。

用、转让及许可知识产权的合同管理;(6) 负责企业知识产权信息资源的收集、管理和利用;(7) 负责涉密文件的管理;(8) 负责企业员工的知识产权教育及培训;(9) 对企业生产经营活动中涉及知识产权的部分提供建议。

知识产权管理部门应由具有专业知识、技能的人员组成。

（二）管理制度

企业实施知识产权管理,宏观上要制定和实施知识产权战略,微观上要制定和实施知识产权管理制度。制定完整的知识产权管理制度是知识产权管理的基础,企业根据需要可制定专门或综合性的知识产权管理制度。具体来讲,企业的知识产权管理制度应包括以下几个主要方面:(1) 知识产权议事决策制度;(2) 知识产权信息利用制度;(3) 知识产权奖惩制度;(4) 知识产权教育培训制度;(5) 知识产权文件档案管理制度;(6) 技术合同管理制度;(7) 知识产权交易管理制度;(8) 知识产权工作考核评价制度;(9) 知识产权评估制度;(10) 知识产权权属管理制度;(11) 知识产权保密制度;(12) 知识产权风险管理制度;(13) 专利管理制度;(14) 商标管理制度;(15) 著作权管理制度;(16) 商业秘密管理制度;(17) 集成电路布图设计管理制度;(18) 其他知识产权相关管理制度等。

▶ 三、企业知识产权管理的主要内容

企业知识产权管理是围绕企业知识产权的申请、授权、保护、利用等方面所进行的工作。具体来讲,企业的知识产权管理主要包括以下内容:

（一）知识产权的取得管理

知识产权具有法定性,知识产权的取得需要符合法律规定的要件,有的知识产权需要行政机关进行审查才能授权;同时,企业知识产权的取得还涉及企业合作开发者、委托开发者以及企业员工的关系等问题。以专利为例,加强专利申请的管理并严格控制专利申请质量,能够有效提高专利授权率,避免低质量专利的产生,进而降低专利的申请和维护成本。此外,企业专利其他管理工作,例如,专利实施监控、职务发明奖励、专利价值评估等,也需要从专利申请的管理阶段开始介入。

因此,企业需要事先做好知识产权归属的安排,特别是在委托开发、合作开发的过程中对权利的归属以及后续改进技术权利权属作出明确约定;并建立起完善的职务作品、职务发明管理制度和相应的奖酬机制。企业转移取得知识产权,应查明权属状态,转移合同中注明转移知识产权法律状态、转移范围及附加条件。

关于知识产权申请管理,企业需建立一套知识产权识别、评估、决策机制。企业的专利申请管理首先涉及专利申请前的决策分析。具体来讲,在一项发明创造完成之后,首先需要对其进行评估,以决定是否申请专利、申请何种类型的专利、何时以及在哪些国家申请专利等问题。[①] 上述工作可以通过建立专利申报中的审批制度,

---

① 参见朱雪忠主编:《企业知识产权管理》,知识产权出版社 2008 年版,第 54—60 页。

使得各部门在上述问题上进行分工合作进而得到良好的执行。同样地，企业在选用商标、使用作品以及形成商业秘密的过程中，根据需要建立起一系列的制度，保障企业顺利获得知识产权保护。

与商标、著作权不同，发明专利权的取得需要经过技术的实质性审查。实质性审查不仅包括创造性审查、客体审查，还包括非正常申请的审查。非正常申请是指任何单位或者个人，不以保护创新为目的，不以真实发明创造活动为基础，为牟取不正当利益或者虚构创新业绩、服务绩效，单独或者勾联提交各类专利申请、代理专利申请、转让专利申请权或者专利权等行为。为了打击非正常申请，全面提高专利质量，国家知识产权局于 2021 年 3 月 11 日发布了《关于规范申请专利行为的办法》，界定了属于非正常申请专利的 9 种行为，明确了国家知识产权局对非正常专利申请的专门处理程序及相关法律救济途径。因此，企业知识产权管理部门在取得知识产权时，还需要基于真实实力挖掘、布局专利，避免落入非正常申请的范畴；否则，将不利于日后正常申请工作的开展。

对于企业发展而言，时间就是金钱，知识产权的获取周期是企业极为关心的一点。2017 年 8 月 1 日起，国家知识产权局依据《专利优先审查管理办法》，对符合规定的发明、实用新型、外观设计专利申请提供了快速审查通道。通过优先审查，发明专利申请 1 年内结案，实用新型和外观设计专利申请两个月内结案。不仅如此，为了支撑快速审查、快速确权、快速维权，各地方知识产权保护中心为辖区内企事业单位提供专利快速预审服务。通过专利快速预审，发明专利获权周期可缩短至约 3 个月，实用新型专利获权周期缩短至约 1 个月，外观设计获权周期缩短至约两周。通过优先审查和快速预审，企业能够在短期内获得专利申请结果，为企业及时调整专利布局方案、及时维权以及加速科技创新成果转化，起到了积极作用。

（二）知识产权的维护管理

知识产权具有时间性，因此企业应定期监控拥有的知识产权法律状态，防止知识产权失效。同时，经过定期对拥有的各类知识产权进行内部评价，例如基于指标体系的分级分类管理，企业可以决定放弃部分知识产权，以降低管理成本。因此，企业应当制定知识产权维护流程，实现知识产权维护行为的流程管理。尤其是，专利权具有时间性，为了维持专利权的有效性，企业还须缴纳专利年费；另外，企业专利权权属可能发生变更、设定担保或者放弃权利等情形，因此还须对专利权的权利状态进行管理；同时，企业还须应对随时可能出现的专利无效申请，以保障专利权的有效性。注册商标的有效期届满之前，企业可以依照法律规定进行续展，未依照法律规定进行续展的，商标就会被注销；此外，《商标法》（2019）还有关于商标有效使用的规定，连续 3 年不使用的商标可能会被撤销。商业秘密的构成要件之一是采取保密措施，而确保保密措施的有效性正是企业知识产权维护中的重要内容。

（三）知识产权的保护管理

广义的企业知识产权管理还包括对知识产权的保护。我国法律为专利权的保护规定了多种救济渠道和救济手段,企业需要根据不同的个案情况选取适当的救济渠道和救济手段,以达到充分保护专利权的目的。例如,利用诉前禁令制止即发侵权;对于已经发生的侵权,可以选择协商达成许可协议等方式处理,也可以选择通过行政机关或者司法机关寻求公力救济。同时,企业可自行或者委托专门服务机构对其所涉及的各类知识产权、知识产权纠纷、相关贸易和销售产品所在地知识产权法律政策等信息进行统计、分析、判断并及时作出警示预报,根据反馈的结果对信息进行分析,并对相关预警信息进行持续跟踪。因此,企业知识产权的保护,并不仅仅是法律问题,还涉及作为企业知识产权管理重要内容的保护策略的选择问题。企业应结合市场竞争格局,跟踪竞争对手知识产权发展态势,分析竞争对手知识产权发展趋势,制定知识产权应对措施。

（四）知识产权档案管理

企业通过建立知识产权管理档案,记录知识产权资产信息,可以帮助企业领导者随时了解企业知识产权资产状况,以便使企业拥有的全部知识产权资产得到充分利用和保护。企业建立的知识产权档案,包括商标注册、专利申请的相关资料和文件、研发活动的研发记录以及知识产权评审资料等。一般而言,企业知识产权档案中的专利内容应包括从技术研发、试制、申请专利的原始文件、修改过程文件、专利申请受理通知书、专利证书、专利年费交费票据、专利变更文件等。企业知识产权档案中的商标内容应包括商标设计文件、注册商标申请文件、商标注册公告、注册商标证书、商标许可合同等。完备的企业知识产权档案,应根据企业知识产权的活动过程和特点进行整理和归纳,才能确保发挥原始的、直接的、完整的法律证据作用,作为防卫侵权诉讼的盾牌。这样既可以识别企业本身拥有的全部知识产权,确定知识产权的权属,也可以严格监控市场动态,了解竞争对手最新的产品开发情况和侵权发生现状。当企业知识产权受到侵犯或威胁时利用完备的知识产权档案,积极地参与起诉或应诉。

▶ **四、企业知识产权战略管理**

"战略"一词源于战争,是为了战争的目的运用战术的学问;而"战术"是"在战斗中运用军队的学问",所以,战略是一个比较宏观的概念,为了共同目标而进行的一系列有组织的战术就组成战略。它既包括胆量、坚韧、紧张与平静的平衡等精神因素,也包括进攻、防御、优势、劣势、出其不备、预备等战术因素。有关专家认为,知识产权战略是有效地运用知识产权制度,为充分维护自身的合法权益,获得和保持竞争优势并遏制竞争对手,谋求最佳的经济效益而进行的全局性谋划和采取的重要策略和手段。此外,它应该还有一层含义——它是平衡、互相妥协的结果,即在一个市场里,特别是涉及无形资产的市场里,各种利益团体在维护各自利益时,用来平衡、协调各自利益的一种手段。

企业知识产权战略管理是企业知识产权管理的最高境界。① 国外企业的知识产权管理经历了一个从低到高的发展过程：单纯研发专利阶段；防御性阶段：执行专利、成本管理、授权许可；前摄的阶段：知识产权的管理过程、价值萃取系统的建立；战略阶段：联盟与投机、知识产权和企业发展战略结合、把创新作为策略的连接点、战略价值的萃取等；完整的知识产权阶段：知识产权授权交易、知识资本的形成。这些阶段表现出螺旋上升，并且在同一时期对不同的技术项目或产品还会有相互交叉阶段并存的现象。这个从低到高的过程，有关专家将其命名为"公司集体意识的知识产权冲击"。

企业的知识产权战略具有法律性、保密性、时间性和地域性等特点，具体而言：（1）法律性是指知识产权战略和战术的运用是依法进行的，是在合法的环境下，进行理性竞争的一种策略，任何违背法律的战略和战术的运用，都不在知识产权战略范畴之列。（2）保密性是指知识产权战略和战术的运用是为了在竞争中获胜，并得到更多的利益，如果让对手知道自己的策略，就会功亏一篑，达不到抢占先机的目的，所以战略的制定和实施过程属于企业的商业秘密范畴，具有保密性。（3）时间性是指知识产权战略和战术运用的时机问题，因为商场如战场，对实效性有比较强的要求，只有在恰当的时间，实施合理的战略战术才能达到预期的效果。（4）地域性是指各国、各地区的经济发展状况、市场化程度，法律法规的制定情况、人文环境甚至文化背景都有相当的差异，应针对不同的情况，制定相应的战略战术，并随着情况的变化，不断进行调整。

发达国家利用在科学技术领域已有的优势，在贸易活动中，提高以知识产权为核心的技术壁垒，从而达到占有市场、保护市场的目的。近年来，国外高新技术企业往往将技术、专利和标准融为一体，采取三位一体的组合战略，利用知识产权优势谋求更大的市场竞争优势。其中，专利战略是企业知识产权竞争战略中最为重要的组成部分，被视为企业发展的生命线和护身符。企业专利战略作为企业运用专利手段寻求市场竞争有利地位的整体性谋略，通常会涉及专利权的获得、保护、排除，专利技术的开发，专利技术的实施，专利许可证贸易，专利信息应用，专利技术及其市场的控制与反控制，专利管理，专利诉讼等多方面的环节，以应用目的为标准，主要应包括专利取得战略、专利实施战略、专利保护战略、专利与市场结合战略、专利进攻战略、专利信息跟踪战略等。而标准则是另外一种战略手段，通过标准必要专利可以实现专利与标准的融合。标准必要专利是指从技术方面来说对于实施标准必不可少的专利②，或指为实施某一技术标准而必须使用的专利③。随着标准的推广，使

① 冯晓青：《企业知识产权管理》，中国政法大学出版社 2012 年版，第 236 页。

② EWCA CIV 2344，英国上诉法院关于 UNWIRED PLANET 诉华为专利费纠纷上诉案判决书，2018 年 10 月。

③ 广东省高级人民法院《关于审理标准必要专利纠纷案件的工作指引（试行）》（2018）。

得标准必要专利具有了一定的强制性。因此企业可以考虑在参与标准制定时，规划一些标准必要专利，以实现对相关市场的控制。

第三节　知识产权运用的主要形式

在市场经济中的知识产权，只有真正被运用起来才能产生利益，才有保护的价值。当今世界，知识的财富化趋向日趋明显，知识产权的有效运用意味着知识产权的价值得到了实现，财产权得到了认可，从某种程度上，可以说是运用使知识产权的存在有了意义。如前文所述，知识产权运用的形式多种多样，本节对知识产权运用的几种主要形式进行介绍。

▶ 一、知识产权转让

知识产权转让，是指知识产权出让方与知识产权受让方根据与知识产权转让有关的法律法规签订的权利转让合同，将知识产权权利由出让方转移给受让方的法律行为。

（一）专利权转让

专利权转让的标的是专利权人转让依照专利法所享有的财产权利，即专利技术的独占权或专用权。专利权人通过转让其权利，一方面可以获得经济利益；另一方面也可以使先进技术得到推广传播。

《专利法》（2020）第10条规定，专利权转让的当事人应当订立书面合同，并向国务院专利行政部门登记，由国务院专利行政部门予以公告。专利申请权或者专利权的转让自登记之日起生效。

通常情况下，专利转让合同应该包括下列内容：(1) 专利名称和专利号；(2) 双方当事人信息；(3) 转让方向受让方交付资料；(4) 交付资料的时间、地点及方式；(5) 转让费及支付方式；(6) 专利权被撤销和被宣告无效的处理；(7) 过渡期条款；(8) 税费；(9) 违约及索赔；(10) 争议的解决办法以及其他条款。

专利权转让生效后，受让人取得专利权人地位，转让人丧失专利权人地位。专利权转让合同不影响转让方在合同成立前与他人订立的专利实施许可合同的效力。除合同另有约定外，原专利实施许可合同所约定的权利义务由专利权受让方承担。另外，专利权转让合同签订以前，转让方已实施专利的，除合同另有约定外，合同生效以后，转让方即应停止实施。

（二）商标权的转让

商标权的转让，是指商标权人依法将其注册商标转让给他人的行为。由于商标权转让的对象是注册商标，因此也可以称为注册商标的转让。在注册商标转让关系中，商标权人为转让人，接受商标权的一方为受让人。注册商标转让是商标权人处分其权利的方式之一，也是实现商标经济利益的一种重要途径。

根据我国《商标法》（2019）第42条规定，转让注册商标，应在平等自愿的原则基础上，由商标权人与受让人签订商标转让协议，并共同向商标局提出书面申请，经商标局核准公告后才能生效。在转让注册商标时，如果转让人在同一种商品上注册的近似的商标，或者在类似商品上注册的相同或者近似的商标，应当一并转让，不得保留，否则就会出现一个商标在相同或类似商品上有两个注册人同时使用的现象，进而影响消费者对商品来源的判断。显然，这是为了维护商标的区别功能，防止产生误认或者混淆，保证商品的正常流通秩序。

通常情况下，商标转让合同应主要由以下部分组成：(1) 转让人和受让人的名称或姓名和住所；(2) 转让的注册商标名称或图样以及注册证号码；(3) 转让价金；(4) 转让价金的支付日期和方式；(5) 受让人保证使用受让商标的商品或服务质量的措施；(6) 向商标局申请备案义务的履行；(7) 违约责任；(8) 双方认为需要约定的其他内容。

（三）著作权的转让

著作权转让是指著作权人在法定有效期内将其著作财产权的部分或全部转移给他人的法律行为。不论作品的著作财产权是全部还是部分的转让，受让人都会因此而成为该作品的著作权人。正是由于这样的原因才会导致对于一件作品可以同时存在着包括作者在内的多个著作权主体。

转让著作权时应注意以下几个问题：(1) 由于著作人身权与作者的人格利益紧密相关，因此能够被转让的仅仅是著作财产权，而不包括著作人身权。(2) 著作权转让与作品载体的所有权无关，作品原件的转移并不意味着著作权的转移。(3) 著作权转让的内容可以有选择地进行，著作权人可以将使用权中的不同权能，如翻译权、信息网络传播权、改编权、摄制权等，分别转让给不同的受让主体；也可以将不同艺术形式的改编权让渡给多个不同的人；甚至还可以将出让的权利按地区分配和按年限划分。(4) 著作权转让是一种重要的民事行为，大多数国家法律都要求订立书面转让合同。

通常情况下，著作权转让合同应包括下列主要内容：(1) 作品的名称；(2) 转让的权利种类、地域范围；(3) 转让价金；(4) 交付转让价金的日期和方式；(5) 违约责任；(5) 双方认为需要约定的其他内容。

▶ **二、知识产权许可**

（一）知识产权许可的概念

"许可"是指在所有权不发生转让时，其使用权进行的转移，在市场中一般称为许可证贸易。许可，也称为许可协议，由三大要素组成：被许可方必须有权利人的许可授权；所许可的内容必须受法律的保护和制约；必须要明确被许可人的权利义务和许可人的权利保留内容。许可是对知识产权的许可：一项协议可能覆盖专利、著作权、商业秘密、技术秘密、商标等任何一种当地法律允许的知识产权，而任何一种知识产权分为若干权利项，根据许可协议，按双方认可的方式授予或保留。

许可的主要好处就是缩短产品进入市场的时间、减少市场推广的资金和人员耗费,即通过授权方式,在短时间内进入原来不能达到的地区或服务领域,从而达到占领市场、获得利润的目的。此外,它还有利于许可人声誉和信誉的提高。因为在许可的同时,有关企业或科研单位的技术、服务等信息随之传播,如果技术或服务质量有问题,就会直接影响到许可证的出售,也就影响了许可人的利益。如果技术、服务等过硬,无需广告,要求许可的厂商也会纷至沓来。但是它也有不足之处,就是公司对产品生产环节的控制程度下降,如果通过颁发制造许可证,许可人放弃了对制造过程和产品质量的各个细节的控制,有时会产生技术秘密外泄等知识产权纠纷问题;又如果通过颁发销售和发行许可证,许可人放弃了对广告宣传、销售渠道,甚至价格政策的控制,从而产生失去与顾客的联系、对市场的了解度下降等问题,进而影响产品的改进和新产品的研发,并且在收益上容易对他人产生依赖,一旦市场发生波动,自己将处于比较被动的局面。

(二) 专利权的许可

1. 专利许可的概念

专利许可指专利权人或其授权的人有权与被许可人订立专利实施许可合同,许可其在一定范围内使用专利,并支付费用。《专利法》(2020)第 12 条规定,任何单位或者个人实施他人专利的,应当与专利权人订立实施许可合同,向专利权人支付专利使用费用。被许可人无权允许合同规定以外的任何单位或者个人实施专利。

2. 专利权许可类型

专利实施许可的种类很多,根据不同的分类法可以有许多种类。按被许可人享有实施权的排他程度不同可以分做独占实施许可、排他实施许可和普通实施许可。所谓独占实施许可,是指专利权人在独占实施许可有效期间,许可被许可人享有其全部专利实施权,被许可人以外的任何人,包括专利权本人,都不得实施该项权利。但专利权仍然属于专利权人,待实施许可期限届满,专利权人将再度享有全部实施权。排他实施许可是指专利权人将许可他人实施专利的权利仅仅授予被许可人,在实施许可有效期间,专利权人不得再度许可任何第三人实施该项技术,但专利权人本人仍保留实施权,即专利权人本人仍可以实施该项专利。而普通实施许可的被许可人则不享有任何意义上的专有实施权,专利权人不仅自己可以实施其专利,而且还可不受限制地再许可他人实施其专利。

根据发放专利实施许可的人是否是专利权人,可将专利实施许可分为主许可和分许可。主许可与分许可互为依存。主许可即专利权人自己颁发的专利实施许可,分许可则是由被许可人依据专利权人在主许可中的授权再向他人发放的专利实施许可。分许可从属于主许可,如果主许可中没有特别授权,被许可人不享有发放分许可的权利。另外,根据许可合同的对价是许可使用费还是被许可人自己专利的实施权,还可分出一种交叉许可。所谓交叉许可,是指专利权人之间通过相互交换自己专利的实施许可而达成的一种许可方式。这种许可方式实际上就是专利领域中的"易货贸易"。

一般而言，强制许可也属于专利实施许可的一种类型。与其他许可方式不同的是，这种许可合同中的国家干预是一个非常重要的因素。所谓强制许可，是指在法定的特殊条件下，未经专利权人同意，他人可在履行完毕法定手续后取得实施专利的许可，但仍应向专利权人缴纳专利实施许可费。这种法定手续通常是报国务院专利行政部门审核、批准。

《专利法》第四次修正新增了一种许可类型——开放许可，专利权人自愿以书面方式向国务院专利行政部门声明愿意许可任何单位或者个人实施其专利，并明确许可使用费支付方式、标准的，由国务院专利行政部门予以公告，实行开放许可。就实用新型、外观设计专利提出开放许可声明的，应当提供专利权评价报告。专利权人撤回开放许可声明的，应当以书面方式提出，并由国务院专利行政部门予以公告。开放许可声明被公告撤回的，不影响在先给予的开放许可的效力。

任何单位或者个人有意愿实施开放许可的专利的，以书面方式通知专利权人，并依照公告的许可使用费支付方式、标准支付许可使用费后，即获得专利实施许可。开放许可实施期间，对专利权人缴纳专利年费相应给予减免。实行开放许可的专利权人可以与被许可人就许可使用费进行协商后给予普通许可，但不得就该专利给予独占或者排他许可。当事人就实施开放许可发生纠纷的，由当事人协商解决；不愿协商或者协商不成的，可以请求国务院专利行政部门进行调解，也可以向人民法院起诉。

（三）著作权的许可

著作权许可是指著作权人在保留其著作权人身份的前提下，允许他人在一定的条件下行使其著作权。所谓一定的条件是指除了使用费以外，还包括对使用方式、时间和地域范围等方面的限制。一般情况下，著作权人可以根据意思自治原则自由处分著作权，从而决定是否将作品许可给他人使用。但是，法律还特别规定了法定许可和强制许可两种特殊情况。

法定许可，是指根据法律的直接规定，以特定的方式使用已发表的作品，可以不经著作权人的许可，但应向著作权人支付使用费用，并尊重著作权人的其他权利的制度。强制许可，是指在特定的条件下，由著作权主管机关根据情况，将对已发表作品进行特殊使用的权利授予申请获得此项权利的使用人的制度。①

著作权转让与使用许可都是著作权人行使著作权的途径，著作权人通过转让或许可，可以达到利用著作权获取相应的经济利益。不过著作权转让与许可是两种不同性质的法律行为：（1）在著作权的许可使用中，著作财产权的主体仍然是作为许可人的著作权人，被许可人必须依赖于许可人的权利存在才能对抗第三人的侵权行为；而在著作权转让中，原著作权人对转让出去的权利不再拥有主体资格，被转让的权利由受让方拥有和行使，受让方可以独立地以著作权人的身份对抗第三人的侵害

---

① 吴汉东主编：《知识产权法（第五版）》，法律出版社 2015 年版，第 105 页。

其受让的权利的行为。(2) 在著作权许可使用中,一般许可中的被许可人不能因权利被遭受侵害而独立地提起侵权之诉,只有专有许可中的被许可人才具有这样的资格,而且起诉的诉因仅限于侵害被许可权的情形。相比之下,在著作权转让中的任何受让人都有权对侵害其权利的行为提起侵权之诉,而起诉的诉因则为侵害其著作财产权。

（四）商标权的许可

1. 商标许可的概念

注册商标使用许可,是指注册商标所有人允许他人在一定期限内使用其注册商标。在使用许可关系中,商标权人为许可人,使用注册商标的人为被许可人。使用许可关系建立以后,商标权人并不丧失该注册商标专用权,被许可人只取得注册商标使用权。许可权是商标权的一项重要内容,没有这一权利,商标权作为一种"产权"是不完整的。同时,它又是一项从属权利,是从专用权派生出来的一项权利,商标权人可以行使,也可以不行使。

商标许可使用合同的主要内容包括:(1) 许可人与被许可人的名称或姓名和地址;(2) 许可使用的注册商标名称或图样、注册证号码、许可使用的商品或服务的种类和名称;(3) 许可使用的时间和范围;(4) 许可费标准和支付办法;(5) 被许可人有关许可使用商标的商品或服务的质量保证措施;(6) 向商标局申请备案义务的履行;(7) 违约责任;(8) 双方认为需要约定的其他内容。

2. 商标许可的方式和种类

商标使用许可合同包括独立的许可协议,也包括在其他合同中的商标使用许可条款。在许多情况下,商标许可是技术转让合同、成套设备进口合同等综合性的、含有知识产权其他方面内容的合同的组成部分。通过技术转让合同,被许可人采用专利技术或非专利技术生产经营某项产品,因而可以使用许可方的注册商标。除了技术合同外,特许经营、连锁经营也包括商标的使用许可。在特许经营关系中,商标使用许可是构成双方权利义务关系的基础之一,被许可方使用许可方的商标等知识产权从事经营活动,许可方向被许可方提供技术指导、人员培训、物流配送,使被许可方的产品或服务达到许可方的统一标准。

根据被许可人使用权的效力范围,商标使用许可合同分为以下三种类型:(1) 普通许可。即许可人允许被许可方在规定期限、地域内使用某一注册商标。同时,许可人保留自己在该地区使用该注册商标和再授予第三人使用该注册商标的权利。(2) 排他许可。即许可人允许被许可方在规定期限、地域内使用某一注册商标,许可人自己可以使用该注册商标,但不得另行许可他人使用。(3) 独占许可。即许可人允许被许可方在规定的期限、地域内独家使用某一注册商标,许可人不得使用,也不得将统一注册商标再许可他人使用。

商标许可使用不得强制进行。强制许可存在于专利权、著作权领域,当自愿许可交易成本过高或者在公众利益所需的特定情况下,可以对专利权、著作权实行强制许可。商标的强制许可是不允许的,这是因为商标是用来区分来源的标志,使用的商标差异越明显,区别效果越好,而强制性地让某个商标被他人使用,无论怎么说都是毫无意义的。①

▶ 三、知识产权质押

知识产权质押是指知识产权权利人将合法拥有的专利权、注册商标专用权、著作权等知识产权中的财产权为质押标的出质给债权人,债务人不履行到期债务或者发生当事人约定的实现质权的情形,债权人有权就该知识产权中的财产权予以变现优先受偿的一种法律行为。

一般而言,知识产权质押须签订知识产权质押合同。《民法典》(2020)第444条第1款规定:以注册商标专用权、专利权、著作权等知识产权中的财产权出质的,质权自办理出质登记时设立。《民法典》(2020)第444条第2款还对知识产权出质人的义务作了具体规定,即知识产权中的财产权出质后,出质人不得转让或者许可他人使用,但是出质人与质权人协商同意的除外。出质人转让或者许可他人使用出质的知识产权中的财产权所得的价款,应当向质权人提前清偿债务或者提存。

国家知识产权局2020年公布了《注册商标专用权质押登记程序规定》,2021年出台了新的《专利权质押登记办法》。国家版权局2010年公布了《著作权质权登记办法》。2019年8月,中国银保监会、国家知识产权局、国家版权局联合印发了《关于进一步加强知识产权质押融资工作的通知》,进一步推动银行保险机构扩大知识产权质押融资。要求大型银行、股份制银行指定专门部门负责知识产权质押融资工作。鼓励商业银行通过单列信贷计划、专项考核激励等方式支持业务发展,对于知识产权质押融资不良率给予更高的容忍度,力争知识产权质押融资年累放贷款户数、年累放贷款金额逐年合理增长。

▶ 四、知识产权运用的其他形式

除了上述列举的知识产权运用的主要形式以外,知识产权运用的形式多种多样。例如,知识产权的产业化,即企业应将拥有的知识产权成果适时有效地转化应用于企业产品生产、服务创新、商业模式创新或技术方案优化,努力使企业知识产权价值最大化;企业在掌握核心技术的基础上,参与地方、行业和国家标准制定,提升企业核心知识产权的市场价值和产业控制力;进行知识产权布局,就具有竞争潜力的技术或设计申请知识产权,占领行业制高点,以便在市场竞争中为企业经营目标服务;将专利作价作为技术出资或入股,建立合资公司或者组建知识产权专营持股公司;将具有可预期收入的知识产权资产或者权益作为基础资产,并以其未来所产生的现金流为支持,通过结构化设计进行信用增级,并在此基础上发行证券产品以获得融资,实现知识产权的证券化,盘活存量知识产权资产,增强知识产权资产的流动性。②

---

① 吴汉东主编:《知识产权法(第五版)》,法律出版社2015年版,第284页。
② 曾维新:《中国知识产权证券化发展现状及实践模式总结》,载《中国发明与专利》2021年第7期,第64—71页。

附录一　专利申请流程图

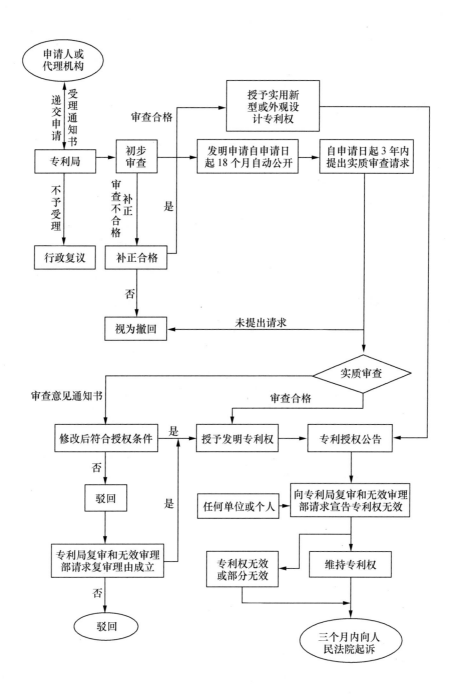

附录二　商标申请流程图

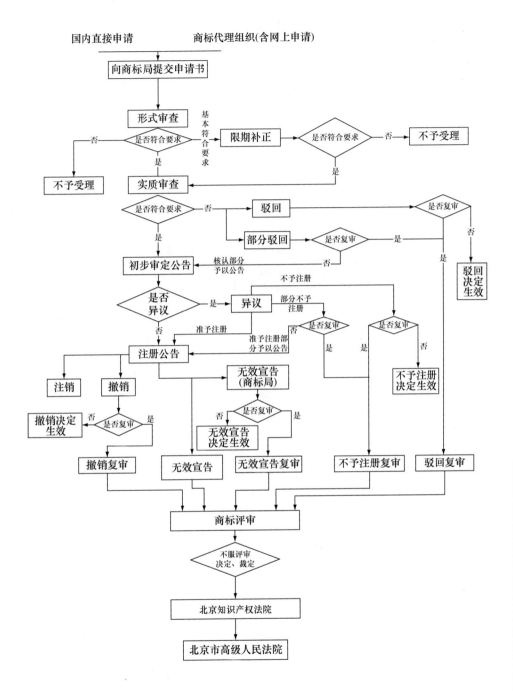

国内直接申请　　　　商标代理组织(含网上申请)

第四版后记

随着政治、经济、文化的不断发展,在世界范围内,知识产权对社会发展的各个方面都正在发挥着越来越重要的作用。纵观世界知识产权法律体系的发展史,知识产权制度与经济发展、技术进步的关系极为密切。从 1474 年威尼斯共和国颁布的世界上第一部最接近现代专利制度的法律,到英国 1709 年制定的世界上第一部著作权法《安娜法》,再到国际社会分别于 1883 年、1886 年缔结的《巴黎公约》和《伯尔尼公约》,对当代世界知识产权制度仍在产生影响。

20 世纪 80 年代,中国实行改革开放政策之后,中国的知识产权制度建设迫在眉睫,分别于 1982 年、1984 年、1990 年颁布了《商标法》《专利法》和《著作权法》,这三部法奠定了中国知识产权制度的基本构架。同时,中国在 1980 年加入世界知识产权组织,1985 年加入《巴黎公约》,1992 年分别加入《伯尔尼公约》和《世界版权公约》。在历经数十年知识产权立法、修法和加入国际条约的历程后,中国知识产权制度的建设步入了新的发展阶段。

中共十八大以来,以习近平同志为核心的党中央把知识产权保护工作摆在更加突出的位置,部署实施了一系列知识产权重大战略,中共十九大报告提出“倡导创新文化,强化知识产权创造、保护、运用”,中共二十大报告强调要“加强知识产权法治保障,形成支持全面创新的基础制度”。2021 年国务院分别发布《知识产权强国建设纲要(2021—2035 年)》和《“十四五”国家知识产权保护和运用规划》,前者从知识产权制度、知识产权保护体系、知识产权市场运行机制和知识产权公共服务体系等各方面对知识产权工作进行全面建设，致力于更加深度参与知识产权全球治理，后者计划在知识产权保护、运用、转化和国际合作方面取得新突破，完善知识产权法律政策体系，提高司法保护和行政保护水平。

随着《国家知识产权战略纲要》《知识产权强国建设纲要（2021—2035 年）》《"十四五"国家知识产权保护和运用规划》的实施以及知识产权法律法规的完善和普及，"依法确认和获取知识产权""充分利用和保护知识产权""依靠知识产权求得更好的发展"正在成为全社会的主流意识。我国知识产权事业不断发展，走出了一条中国特色知识产权发展之路。截至 2023 年 4 月，《著作权法》已完成了第三次修正，《专利法》和《商标法》已完成了第四次修正，具备中国特色的知识产权法律制度业已形成。与此同时，伴随当前国际形势的风云变幻，知识产权国际保护和中国知识产权保护面临着更多挑战和难题，需要进一步完善中国知识产权制度并培养更多有识之士。

在这种社会背景下，不同行业和不同领域的人们，特别是各类高校中非法学专业的同学们学习和掌握有关知识产权的基本知识已成为必需，但由于平时本专业学习压力较大而难以花费更多的时间和精力来进行系统的学习和深入的研究。这时，就需要一本内容比较全面精湛、概念准确、阐述透彻、整体简明扼要、通俗易懂、能够利用较短的时间就可以掌握知识产权基本知识，并且能够学而致用的教材。本书就是基于这样的学术定位和服务目的编写的。

本书由北京理工大学法学院曲三强教授担任主编，参加编写的人员均为我国著名高校知识产权法研究方向的法学博士，普遍从事了多年的知识产权法教学、科研、管理和司法实践工作，具有比较深厚的学术功底和知识产权法实践经验。

本书由主编曲三强教授负责统稿，陶乾教授负责统筹修订工作，各章节撰写人如下：

第一章　曲三强、孙国瑞

第二章　侯仰坤

第三章　郭德忠

第四章　朱　冬

第五章　李　华

第六章　杨华权

第七章　仇蕾安

对于在本书的编写和出版过程中给予支持和帮助的各界同仁深表谢意！